創造力研究

毛連塭◇郭有遹◇陳龍安◇林幸台　合著

作者簡介

毛連塭

學歷

國立台灣師範大學教育學士

美國北科大碩士

畢堡德大學教育博士

經歷

小學教師，大學教授，台東縣、高雄市及台北市教育局長，教育部國教司長，台灣省政府副秘書長，台北市立師院校長，教育部教育研究委員會執行秘書，國立教育資料館館長

郭有遹

學歷

國立台灣師範大學教育學士

國立政治大學教育研究所碩士

美國馬里蘭大學人類發展學教育博士

現任

美國博爾州立大學教育心理學系榮譽教授

美國斐陶斐榮譽學會美中分會會長

陳龍安

學歷

國立台灣師範大學教育學博士

現任

實踐大學企業創新與創業管理研究所及家庭教育與兒童發展研究所教授

中華創造學會理事長

台北市立教育大學創造思考與資賦優異教育研究所、

國立台北護理學院醫護教育研究所兼任教授

林幸台

學歷

國立台灣師範大學教育研究所碩士

美國喬治亞大學哲學博士

經歷

彰化師範大學輔導系系主任

彰化師範大學輔導研究所所長

國立台灣師範大學特殊教育系主任兼所長

現任

國立台灣師範大學特殊教育學系及復健諮商研究所教授

序　言

　　本書從構思到完成已近十年。十年前，在一次偶然的聚會裡，幾位對創造力研究有興趣的朋友，大家有感於創造力在國內的研究落後於國外甚多，除少數學者偶而撰文介紹外，幾乎看不到這方面的氣氛。

　　回想當時，台灣在政治戒嚴和聯考至上的時代，教育上強調標準答案，家長要求標準答案，教師只好教標準答案，考試也只能有標準答案。因此，創造思考教學被視爲異端；政治上鼓吹的是統一思想；社會上又充滿了模仿文化，到處看到的是盜版的唱片、仿冒的商品、食衣住行等，無一不在模仿先進國家的文化。

　　十年來，我們一方面本著自己的專長收集資料，分頭撰寫本書，一方面個別發表文章。我們開始開設創造力有關課程，指導學生撰寫碩博士論文，鼓勵有興趣的朋友撰文介紹創造力，同時，提倡創思教學，成立中華民國創造學會，藉以匯集有志者共同投入研究。我們從無到有，我們期望在一片「創造文化」的沙

漠中，完成「不可能的任務」，開拓出「創造的園地」。

　　十年後的今天，我們終於有了初步的成果，研究創造力的學者越來越多，專論篇數日增，創思教學也已融入一般教學中，成為教學的常規。然而，我們不敢滿足現狀，我們希望這是第一本創造力研究的集體成果，但非最後一本。眼看發展創造力的環境與時代已經來臨，創造力也必能增進人類的幸福！有待我們努力耕耘下去！

毛連塭　謹誌

二〇〇〇年七月

目　次

第一章

緒論

第一節　發展創造力的必要性

一、人人都有創造力，都需要加以發展

　　人類的創造力，不是有與無的問題，而是多與少的問題。創造力正和智力一樣，有些人比較富有創造力，有些人則較缺乏，即使智能不足的小孩子，也非完全沒有創造力。完全看我們是如何界定創造力而定。人類在成長過程中，由於教育和環境的影響，有些人學會了常常運用其創造力，有些人則讓創造力埋藏在心中而不願加以運用，實在可惜。創造力和智力一樣，也是人類的一種重要的人力資源，若未能加以開發、運用，則形同浪費。所以，發展每個人的創造力也就是發展每個人的人力資源，教育界能夠充分發展每個人的創造力，社會才能有豐富的人力資源，民族才能茁壯進步，國家才能富強。

　　不僅有科學才能者需要發展其創造發明的能力，語文優異學生也需要發展其文學創作的才能，藝術家更是如此。政治家必須發展其創造力以能決策繁雜困難的政治和社會問題，以改善人民生活。體育家更需發展其創造力以締造佳績。教師更需培養創造力以改善教學，並知道如何指導學生發展創造力。一般人也需要培養創造力以處理日常生活問題，改善生活水準，進而培養欣賞創造的態度。社會大眾對創造力的鼓勵和欣賞，正是發展創造力的重要環境。

二、創造乃是社會進步的動力

　　自古以來，人類運用其智力吸取前人的經驗，累積經驗，更運用其無窮的創造力，繼續延展經驗，創新文化。人類智力和創造力的交互運用，構成了人類一部日新又新，精益求精的文明發展史。因此，人類的生活困境獲得解決，生活情境更加方便，生活品質更加提昇。當然新的文化也可能產生一些負面的作用，所以需要運用更多的智慧和創造力來消除這些負面的影響，進而轉化阻力為助力，使人人活得更滿意。

　　人類為滿足需要或解決問題，必須善用其智力和創造力。初民智能未開，經驗有限，其所想出來的新方法或新點子，也許是在嘗試錯誤中的偶然發現，也可能是意外作為的結果。然而，由於人類智慧的進步，嘗試錯誤式的意外發現越來越少，透過思維過程所創造出來的新觀念、新方法，或新產品越來越多，對於創造力的研究，在當前瞬息萬變的時代中，自然受到格外的重視。

　　所謂「創造力」，就是人類一種創造的能力，也就是造出前所未有的事物或想法。從發明家的觀點來看，「創造」乃是始造出前所未有的事物。如發明汽車、電燈等。就思想家來說，「創造」乃是提出一種前所未有的觀念或想法。就科學家而言，一種前所未有的科學理論或原理的發現，或是科學技術的發明，都是一種創造。數學家發現新的公式，哲學家提出新的哲學理論，經濟學界導出前所未有的新學說，也都是一種有價值的創造。這些新發明、新理論、新學說或是新事物都使原來的理論、學說或事物得以提昇成為較高層次的轉變。最後，這種新學說或理論是可

以重複驗證的，而非偶然一次而已。所以夏克森和梅西克
（Jackson & Messick, 1967）認為創造前應包括新穎、價值、轉變
和複驗四大特性。

　　從教育的觀點來看「創造」，應有別於前面的說法。一般所
謂「創造」，不僅造出自己未曾有過的觀念或事物，同時，也是
在該文化中尚未有人曾經做過或想出過。然而，兒童年齡尚小，
如果能夠達到上述的標準固然可喜，但是教育的重點應在於教導
學生創造的思考方式和過程，至於結果並非絕對重要。易言之，
即使前人已經發現或創造出來的事物或想法，如果兒童尚未知
悉，也可以用來做為「創造」教學的教材，讓兒童在學習創造思
考的過程中逐漸培養創造力，也讓創造品成為創造思考的自然結
果。畢竟事物的完成，是人們先有想法，再有辦法，也才有作
法，終底有成果產生。

三、傳統教學有待改進

　　傳統教學重視標準答案，過度重視標準答案便阻礙了兒童創
造能力的發展。記得從前有一些老師出了一道題目：（　　　）是
愛國的表現。小朋友提出許多答案，只有「反共」是正確的答
案，其他全部都是錯誤。理由是課本中的課文是「反共是愛國的
表現」，所以除了這個標準答案外，其他都不標準。兒童在這種
傳統教學的方式下，如何可以培養其創造力呢？有一次我到一所
小學去參觀，正值課間操時間，指揮的同學在司令台上喊著：
「向前看齊」的口令，小朋友都向前舉手。再喊「向前看」時，
小朋友也都跟隨口令把手放下。如此連續喊了五次口令，小朋友

也連續做了五次「向前舉手」和「手放下」的動作，但是，最後隊伍的行列還是歪的，這不禁使我感觸良深。可能許多小朋友在聽到口令做動作時已經不加思索，不用思考力了，他以為「向前看齊」就是舉手，「向前看」就是把手放下，沒有想到「向前看齊」的口令，旨在提醒你向前看齊。如果小朋友運用思考力的話，即使不把手舉起，而能向前看齊，也已達到了目的，這種傳統教學的結果，使學生只重形式，不重結果，對創造力的發展危害甚巨。

我們是一個重視成績的民族，每位家長都非常斤斤計較成績，而標準答案都是可以讓大家勉強「接受」的方式，所以教師雖有心想改變，也常常會遭遇很多無謂的困擾，惟有提倡創造能力的培養，才能改進傳統的教學方式，也惟有改進傳統教學才能發展兒童的創造能力。

其次，在資優教育方面，由於大班教學的結果，資優兒童仍然必須和其他同學求其一致，他們必須背誦標準答案，爭取高分，雖然許多研究證明智商在120以上者，其成績的好壞往往決定於創造力而非智力。但是許多教師仍然不鼓勵資優兒童運用其創造力。甚至父母親也擔心兒童發展創造能力的結果會影響其做人處事的行為和學科的成績，尤其創造能力特高的學生並不受到應有的激勵，反因受遏止和壓抑，致使其所受的傷害也最大。

四、符合時代潮流和未來的需要

當前時代，日新月異，人人求新求變，各方面不斷創新發展。尤其在冷戰結束，共產制度瓦解之後，各國莫不以經濟發展

爲第一要務。而經濟的發展是以貿易爲首要，商品必須要有人買
賣才是具有經濟性。基於人類喜新厭舊的心理，銷路最好的商品
往往是新推出且爲大家所喜愛的產品。因此，各國都在設法改良
產品，推陳出新，使商品更美觀，更實用，更符合大家的購買意
願。易言之，各國均投注相當大的心力於研究發展和創造上。許
多公司行號也都在辦理創造力的訓練研習，希望全體員工都能發
展其創造力，並應用於實際工作和生產上，以期改造、改良或創
新產品。

　　許多人都認爲日本的學校也很重視標準答案，重視學校成
績，其民族性則在模仿而非在創新。然而何以日本的商品能夠暢
銷全球，所向無敵，其故安在？在系英一夫的一次演講會中他說
明了其中的道理。在第二次世界大戰日本戰敗之後，他服務的航
太工業停止了研究，零式戰鬥機當然也就停止了生產。在失望悲
痛之餘，乃集合同志好友成立了日本研究創造發明協會，希望延
續戰敗以前的智能開發於和平用途。鑑於日本戰後經濟蕭條，民
生凋疲，必須發展經濟方足以救亡圖存，要發展經濟必須要有商
品。原本其生產的原料僅是供日本人自用，然而戰爭期間他們研
究發展出許多新方法、新技術或新理論，這些新科學發現，必須
轉化爲新產品才能有助於人民生活的改善，而這些新產品必須轉
化成新商品才能大量生產銷售出去，也才能有助於經濟發展。易
言之，他們確立了新理論、新技術、新產品和新商品四個階段。
根據他們的經驗，每階段約需十年的研發工夫。同時，他們提出
了「臭皮匠」哲學的理論，也就是一個諸葛亮不如三個臭皮匠。
易言之，與其培養一位像愛迪生一樣的人才，不如培養十位智能
中上的人才，共同思考，激盪腦力。因爲像愛迪生一樣的人才難

覓，可是十位中上智力者卻較容易找；十個人以腦力激盪的方式
所創造出來的成果將是相當可觀的。由以上的事例可以說明日本
人在學校之中，如何運用其經驗、智能，加以研究發展與創新，
因而使日本國力在數十年內已達世界前茅的水準。

　　由於工商界的內在需求，造成工業社會的求新求變，因而引
起教育界和心理學界對創造力研究的重視。在一九五五年以前的
創造力研究論文寥寥可數，但自一九五五年至一九六五年十年間
在心理學論文摘要中增加了七倍之多（Guilford, 1970）。目前各
界都在重視創造力的研究和運用，在此複雜多變的世界局勢和社
會現狀下，人人必須充分運用其智力配合其創造力以克服困難，
解決問題，進而改善人民生活，提昇生活品質。

第二節　創造力的涵義

　　所有心理學者、教育工作者都很熟悉「創造力」這個名詞，
但是如果要他說出「創造力」這個概念的定義，卻人言言殊，莫
衷一是。簡言之，「創造力」乃是人類一種「創造」的能力，所
以，討論「創造力」之前，宜先探討「創造」的概念。

　　創者始也（中文大辭典），始造也（中文辭源），另有別出
心裁之意（形音義綜合大字典）。造者就也，乃行事有成之意。
故從辵。凡事必須自己有所成就始可告人，故從「告」聲。（正
中形音義綜合大辭典）又造者始也，作新也（中華辭海）。合言
之，創造乃是發明或製成前所未有的事物（中文辭源）。所以創
造力可說是發明或製成前所未有之事物的能力。當代英文大辭典

也有類似的看法，它將「創造」解釋爲「賦與存在」（to bring
into being），所以，創造力乃是賦與某些新事物存在的能力。
　　中外學者對於創造和創造力的概念各有不同的說法，主要是
由於各家所看的角度及所持的觀點不同所致。茲舉數例說明如
下：

一、主張創造乃是創新未曾有的事物，這種能力謂之創造力。

1.紀謝林（Ghiselin, 1952）認爲創造乃是主觀生命中改變、發
展和進化的過程，因而形成新穎、有用、且可接受的結果，
此種能力謂之創造力。
2.給茲和傑克森（Getzels & Jackson, 1962）認爲創造乃在修正
已知，探索未知，進而組成新知。此種認知形式即爲創造
力。
3.巴隆（Barron, 1969）同意創造乃是賦與存在的說法，因而
認爲創造力乃是賦與某些新事物存在的能力。
4.仙德林（Sanderlin, 1971）認爲創造乃是無中生有，所以，
創造力乃是一種無中生有的能力。
5.奧斯朋（Osborn 1957）認爲創造產生對本身具有價值的新構
想或新領域，其能力也就是創造力（呂勝瑛等譯，民71）。
6.吉爾福特（Guilford, 1985）認爲創造乃是個體產生新的觀念
或產品，或融合現有的觀念或產品而改變成一種新穎的形
式，這種能力也就是創造力。
7.魏爾斯（Wiles, 1985）認爲創造力乃是刻意把不同事物，觀

念連結成一種新的關係的能力。

此外，傑克森和梅西科（Jackson & Messick, 1967）以及陶倫士（1971）也都和以上學者一樣主張新穎、獨特應是創造的本質，但許多學者認爲還不夠，應加上價值性、轉化性和精緻性等特質，才能使創造更具意義。例如：波隆（Vernon, 1989）將創造力界定爲「個人產生新創或原創的理念、見識、組合、發明或藝術作品，其爲專家鑑定爲具有科技、審美或社會價值者」。除創新性外，特別強調成果的可接受性、適當性和價值性。雖然價值性也許會因時而異，但仍有加以強調的必要。

二、主張創造是一種生活的方式，能夠具有創造性生活的能力就是創造力。

1. 馬士洛（Maslow, 1959）認爲創造在求自我實現，自我實現的創造力表現於日常生活中，做任何事均具有創新的傾向。
2. 霍爾門（Hallman, 1963）認爲創造與其說是一個人可能生產新事物，不如說是一種生活方式。
3. 莫斯塔卡斯（Moustakas, 1967）認爲創造乃是以自己的方式體驗生活、認識自己，和發揮自己的才能。這種能力就是創造力。

例如有一個人和別人打賭住進鬼屋，住進之前，心裡非常害怕，許多人告訴他各種方法，如念「正氣歌」、「四書」、「符咒」。住進之後，陰風凜凜，至爲可怕，他運用各種方法，都不

能去除心中的恐懼。最後，他念頭一轉，自認未做虧心事，何必怕鬼，鬼也是人變成的，沒有什麼可怕，因此，便蒙頭大睡，最後舒舒服服睡到天亮。可知改變生活心態，可以改變生活方式和情趣。

　　總之，創造應該是生活的一部分，以生活爲體裁，以發揮創造才能爲標的，藉以創新生活型態，改善生活內涵，而達到自我實現的理想。

三、主張創造乃是問題解決的心理歷程，所以，創造力也就是解決問題的能力。

1. 杜威（Dewey, 1910）將創造視爲問題解決的心理歷程。所以創造力乃是一種問題解決的能力。
2. 陶倫士（1962）認爲創造乃是對問題形成新假設，修正或重新考驗該假設，以解決問題。此種能夠解決未知問題的能力謂之創造力。
3. 潘尼斯（Parnes, 1967）認爲創造乃是運用認知、想像和評鑑的功能，以發現事實、問題、概念，以及可接受的解決方式。這也就是所謂創造性問題解決法。
4. 鄭石岩（民73）認爲創造力是個人有效處理新問題的能力。

　　以上學者主張，創造力的發揮可以有效的解決問題，但並非認爲所有問題解決的活動都具有創造性。若以已知的方法來解決已知的問題，或以已知的方法未經改變用來解決未知的問題都不能算是運用創造力。必須以創新的方法或經修正而更有效的方

法，來解決已知或未知的問題，才算是具有創造性的問題解決活動。這種創新方法或修改方法的能力稱為創造力。

四、創造是一種思考歷程，在思考過程中運用創造力，在思考結果表現創造力。

1. 杜威（1910），波爾亞（Polya, 1957），和潘尼斯（1967）都認為創造乃是運用創造思考以解決問題的過程。
2. 陶倫士（1969）認為創造思考是一序列的過程，包括覺察問題的缺陷、知識的鴻溝、要素的遺漏等，進而發覺困難，尋求答案，提出假設、驗證及再驗證假設，最後報告結果。
3. 鍾恩（Jone, 1972）認為創造力是學生運用變通力、獨創力和敏覺力將常用的思考方式改變成不尋常及產出性的思考方式。
4. 張玉成（民72）認為創造思考的過程始於問題的覺知，繼以心智活動的探索，方案的提出，而終於問題的解決和驗證。在思考過程中須保持求新求變，冒險探究的精神，並表現出敏覺、流暢、變通、獨特，和精進的特質。

　　總之，創造思考方式比較不同於一般思考方式者，乃在於創造性思考比較常用水平思考而非垂直思考，較常用擴散性思考而非聚斂性思考。但是都應遵循邏輯思考的規範，尤其在科學創造思考方面。

五、創造是一種能力，也就是創造力。除了上述主張創造力是創新的能力和問題解決能力外，許多學者更從分析的觀點提出有關創造力的主張。

1. 吉爾福特（1956）認為創造力的因素應包括(1)對問題的敏感力；(2)流暢力；(3)創新力；(4)變通力；(5)綜合力；(6)重組或再定義的能力；(7)複雜度；(8)評鑑力。一九六八年重新修改為包括流暢力、變通力、獨特力、再定義和精進力。

2. 泰勒（Taylor, 1959）認為科學的創造力應包括表達力、產出力、發明力、創新力，和應變力等五項。

3. 陶倫士（1964）認為創造力可能是一種發明能力、產出性能力、擴散性思考能力，也可能是想像力。

4. 威廉斯（Williams, 1971）認為創造力應包括流暢力、變通力、獨創力，和精進力等認知能力。

5. 羅文惠（Lowenfeld）認為創造力應包括敏感力、流暢力、變通力、獨特力、再定義能力、抽象能力、綜合能力和聚斂能力（Davis & Scott, 1971）。

6. 魏爾斯（1985）認為創造力應包括三種能力：(1)視覺力和知覺力；(2)語彙的能力；(3)繪畫的能力。

7. 嘉德納（Gardner, 1983）認為創造力（他稱為智力）可包括語言的、邏輯數學的、音樂的、空間視覺的、軀體視覺的和社會或個人的六大領域。

六、主張創造是一種人格傾向，具有創造傾向者更能發揮其創造力的效果。

1. 馬士洛（1959）認爲自我實現的創造力直接從人格中產生，做任何事都有創新的傾向。具有問題解決或產出性特質，這是一種基本人格的特質。
2. 羅吉斯（Rogers, 1959）認爲創造是一種實現自我，發現自己潛能的傾向。
3. 美伊（May, 1959）認爲創造是面對一種強烈的人類及其世界的意識。
4. 史坦（Stein, 1967）認爲創造者是一位邁向成功的人，具有好奇的需求，自我決定和接受挑戰的勇氣，具有強烈的動機和獨立自主的情懷。
5. 潘尼士（1967）認爲放鬆的創造性人格可以使運思的結果產生不同的組合。
6. 賈馥茗（民65）認爲創造性的人格傾向是具有自由感、獨立性、幽默感、堅持力、勇氣等特質。
7. 洛基（Rookey, 1977）認爲創造行爲表現的情感領域即爲創造人格傾向，包括冒險性、挑戰性、好奇心和想像力等。

　　總之，有些人性格拘謹，不願做任何新的嘗試。反之，有些人不願墨守陳規，勇於嘗試新的事物或想法。創造的活動往往出現在後者。

七、創造力乃是將可聯結的要素加以聯合或結合成新的關係，這種能力即是創造力。

1. 梅尼克（Mednick, 1962）認爲創造力乃是創造者爲特殊需要或有用目的，將可連結的要素加以結合而成新的關係之能力。

2. 潘尼士（1966）認爲創造性行爲乃根據內外在特殊刺激而來的反應（事物、文字或符號），產生至少一種以上的獨特組合，以增強反應或反應類型。

3. 泰勒（Taylor）認爲創造力乃是將零碎或無關的訊息組合成新產品的能力（毛連塭等譯，民76）。

4. 魏爾士（1985）認爲創造乃是刻意將不同事物，觀念連結成新的關係，此種能力稱爲創造力。

5. 阿瑞提（Arietil, 1976）認爲創造力乃是運用早已存在的，可以利用的材料，用無法預測的方式去加以改變。

　　總之，許多模式的建立，往往觀察某種事物的元素，進而發現其間的相互關係，因而結合成新的模式。例如：筆者研究創造力時，發現各學者所討論的創造力雖有很大的差異，但是其間無非包括創造者、創造過程，和創造品，以及創造環境四者（也就是4P）。此四者之間可以形成筆者所建議的「研究架構」（參見第二章第二節）。

八、綜合論：許多學者主張創造是一種綜合性、整體性的活動，而創造力乃是個人整體的綜合表現。

1. 賴東（Lytton, 1972）認為創造力代表力量、權威和卓越，而希斯克（Sisk, 1981）更認為是一種建設性的力量，以合作的姿態，強調共享精神的建立。
2. Gardner & Gruber（1982）發現創造天才乃是天賦、家庭、動機和文化因素融合的結果。
3. 高萬（Gowan, 1972）認為創造力乃是從認知的、理性的到幻覺的、非理性的連續體，應該以整合的態度加以看待。
4. 費爾古生（Ferguson, 1973）認為人類的智力和情意、自由和紀律、推理和直覺、實與虛、原級與次級過程、混亂和秩序等都能在大腦中保持創造的和諧。
5. 克拉克（Clark, 1983）提出創造力環的理論，主張必須思考、情意、感覺與直覺合為一體，方能發揮創造力。
6. 郭有遹（1985）認為創造乃個體群體生生不息的轉變過程，以及智、情、意三者前所未有的表現。
7. 波洛和米芒（Borrow & Milburn,）認為可以從獨創、品質、數量、過程和問題解決等方面來了解創造力的概念。
8. 紀丁（Keating, 1980）認為本質上創造力應包括內容知識、擴散性思考、批判性分析和溝通技巧四方面。
9. 李錫津（民76）認為創造力乃是創造性人物，以其原有的知識為基礎，發揮其好奇、想像、冒險、挑戰的人格特質，運

用其習得的創造技能，透過慣用的創造性歷程，表現出流暢、變通、獨特、精進的能力，獲得新穎、獨特、稀奇、與眾不同，以及利人利己的觀念、行為或產品的總合。

綜上所述，可知創造乃人類社會進步中不可或缺的一種生活方式，人類為不斷滿足生活需求，提昇生活水準，必須不斷以創新的方法，發明新的事物或觀念，以解決生活中所面臨的問題。具有創造性人格特質者，雖然較有創造的傾向，但是，必須以創造力為基礎，運用統合的整體力量，透過思考的過程，才能無中生有，推陳出新，創造、發明、賦與存在，最後達到滿足需要和解決問題的目標。此外，對於下列觀念的釐清，有助於對「創造」和「創造力」的了解。

1. 創造是一種目標導向的活動。創造者必須心中有所構想或期望，然後努力以致之。非目標導向的發明只能算是一種意外的收穫，而不是有意的創造活動。

2. 創造與其說是「無中生有」，不如說是「推陳出新」、「賦與存在」。其實，所謂「無中生有」的「無」並非絕對的「無」，而是尚未存在於人類（或創造者）的知識範圍內。經由潛意識或前意識的釋放（靈感），經驗的重整或重組，現有事物的改良或組合而形成新的事物。進而精益求精，提昇其精緻性和價值性。

3. 經驗的增加與累積對創造力的增進有益無害，思考習慣的固著對於創造力的發揮才是有害無益。兒童並不比成人更具有創造力，只是成人易受固著的思考習慣所影響。成人如能使創造的心靈解凍，其創造力仍然可加以發揮的。

4. 藝術和科學的創造在某些方面有相同之處，但在某些方面卻有相異之處。先前的經驗對於藝術和科學的創造都有助益。但是科學的創造發明往往植基於先前的經驗之上，藝術的創作則非完全以先前經驗爲基礎，它可隔代、隔空創作。

5. 創造力包括創造者的偉大創造力和普通人的平凡創造力。一般人不一定有偉大的創造力，但是可以有平凡的創造力。兒童不一定有偉大的創造力，但是可以有平凡的創造力，所以在評量兒童的創造成品時，不可以成熟創造者的標準視之。

6. 從理性創造力到非理性創造力之間形成一連續體如下（Gowan, 1972）：

7. 創造思考包括原級思考過程、擴散性注意力、水平聯想，以及認知釋放等方式，方能產生創新的理念。

8. 「創造性教學」、「創造思考教學」和「創造力教學」三者有別。所謂「創造性教學」（Creative teaching）是指教學具有創造性，使教學生動、活潑、多變化，而非以培養創造力或創造思考爲目的。「創造思考教學」（Teaching for creative thinking）係以培養兒童創造思考技能爲目的。「創造力教學」（teaching for creativity）乃以培養兒童創造力爲目的。當然「創造性教學」也可以培養創造力和創造思考技能，端視教學目的而定。

9. 創造須有所成，且能以之告人。所以紀丁特別強調溝通技

能，視之為創造力的四大要素之一。此種說法和綜合大辭典的看法一致。

　　總之，各家創造力的定義雖然不同，但如詳加分析，可以發現各定義間的體用關係如圖1－1所示。本質上創造力乃是一種創新的能力，所以原創可說是創造力的必備要件。而創造之「用」乃在於解決問題，滿足需要。有「用」才有「價值」。體用之間乃是重要的創造思考過程。包括修改原案、改變觀念、推陳出新、合舊成新、別出心裁和無中生有等。創造性的人格特質非為創造力之本體，但卻是創造力能否發展成創造思考的關鍵因素。而整個創造活動都是人類的一種生活方式，可以稱為創造性的生活型態。此創造活動能否產生、持續、能否有效達成，端視能否有支持性的環境而定。

表1－1　創造性表徵和個人特質之理論關係

個人特質 \ 創造性表徵	知覺組織強度	意象能力	轉換能力	精神分裂性思考	用藥	報告夢的能力	有意創造解決問題的能力
自由的知覺組織	－	－	－	＋	＋？	？	－？
聯覺感	？	＋？	？	－？	＋	？	？
自發性意象	＋？	＋	＋	－？	？	＋	＋
有意識的知覺組織	＋	＋	＋	－？	？	？	＋
形式內的轉換	＋	＋	＋	－	？	？	＋
形式間交互轉換	？	＋？	？				＋？

　（＋）表示正相關，（－）表示負相關，（？）表示無相關或關係不明。

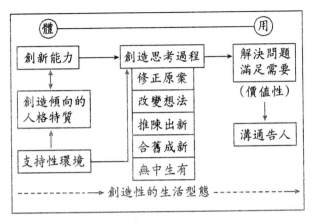

圖1-1 各家創造力定義的體用關係

第三節 創造力的理論

布斯和曼斯飛（Busse & Mansfield, 1980）以及其他學者曾就心理學的理論和創造力訓練的方式探討有關創造力的理論，謹歸納分別說明如下：

一、精神分析學派的理論

精神分析學派討論創造力的人物和文章不少，其理論重點雖然不完全一致，但是都強調潛意識或前意識的釋放作用。他們認為人類都有與生俱來的本能需慾。而尋求滿足這些本能需慾的動力便成為生命的驅力。本能需慾必須獲得滿足，驅力才會消失，

否則可能會有三種情況，第一是被抑制而進入潛意識狀態，一旦有機會被釋放，則可能以異於原型的狀態出現，例如轉化為文學或藝術的創作。第二是未能完全被抑制而與自我或超我相衝突，在此情況之下，如獲得釋放也有創作的現象。第三是直接昇華為創造的驅力。

精神分析學派對於創造力的理論大都建立在對於精神官能症患者的觀察。因此認為文學或藝術的創作和本能需慾未獲滿足者的幻想或白日夢有相同的現象。這些理論仍然受到相當大的質疑。

從古典心理分析學派的觀點來說明創造過程是，當「自我」自願放棄其控制，使前意識的部分得到自由流通的機會，也就是個體能夠暫時退化到想像的世界中，把待解決的問題和其想像力相結合。理性控制的想法是無法產生新理念的，只有在理性暫時失控的時候，前意識的想法才能得到自由的機會，一些創新的想法也才會產生，所以此派認為創造力乃是一種控制退化的能力（Kitano, 1986）。

精神分析學派對「意識」與創造力的關連有相當分歧的看法。佛洛依德認為創造性的幻想是操弄意識中的情緒和想法的結果，但是他也同時肯定潛意識對創造力的影響。柯力士（Kris, 1952）則認為當前意識和潛意識中的內容進入了意識層時，創造力才會產生。榮格（Jung, 1923）也認為創造力是一種從不受意識控制的心理機制和集體潛意識所轉換而來的。

二、完形心理學派的理論

　　完形心理學派對於創造力的理論，主要包括經驗的重整或事物的改進、知覺的趨合現象和頓悟等三方面。

　　完形學派認爲，問題解決就是將問題情境重新組織和重新架構。柯勒（Kohller）於第一次世界大戰期間，曾經在大西洋的一個小島上，研究被關在一個大籠子中的猩猩，這籠子的地上只有幾根木條，它如何去摘取掛在簍子外不遠的香蕉。柯氏的報告中指出，在猩猩解決問題的過程中出現了許多密集式的覺察。華勒士（Wallas）所提出人類解決問題的過程中和猩猩有相當多的類似，華氏認爲人類解決問題的過程有下列四階段：⑴預備期（收集資料）；⑵潛伏期（暫時將問題擱置一旁）；⑶啓蒙期（對問題的解決有了點子）；⑷驗證期（確定那點子是否眞的有效）。研究顯示，過去解決問題的模式常因固著，而妨礙了人類尋找一些新的方式來解決現在的問題。

　　人類在成長過程中已獲得相當多的經驗，也製作了很多的事物，但是爲了更有效地滿足生活上的需要，或更方便於生活問題的解決，乃有重組舊經驗或修改原有事物的活動，這就是創造的現象，經過重組的新經驗仍能代表舊經驗，經過修改後的新事物可代表原有的事物。例如經過重整後的家庭生活仍然是家庭生活，但是比原來的家庭生活更快樂。經過修改的杯子仍然是杯子，但是比原來的杯子更好用，或更美觀精緻。

　　其次知覺趨合的現象乃是完形心理學派「局部代表整體」的主要理論。知覺趨合主要包括視覺趨合（visual closure）和聽覺

趨合（auditory closure）。當我們看到房子的一部分，就知道是房子，看到動物的某一特徵，就可以知道是某一動物，對於一個有缺口的圓形或三角形，我們會自然加以趨合而認知圓形或三角形，此謂之視覺趨合。又當我們聽演講時，如演講者講得很快，我們無法一字一句聽得清楚，但是可以有自然趨合的心理現象，仍然可以了解其意。此謂之聽覺趨合的現象。這種「局部代表整體」的趨合現象乃是一種重要的創造思考過程，當然完形趨合現象也建立在舊知識、舊經驗的基礎上，使我們可以從已知推測未知，有利於問題的解決。甚至在文學上可以由未完的結局，讓讀者去推想可能的結局，在藝術上也可以運用這種方式表現在藝術作品上，以增長創作的空間。

　　九〇年代，暢銷的兒童讀物，其故事的過程和結局是可以讓兒童選擇的，如果你認為主角是這樣做的，那麼你就翻到哪一頁閱讀；如果你認為主角是那樣做的，那麼你就翻到哪一頁閱讀。結局也可以讓你去預測的。

　　創造思考過程中常常會有頓悟的現象，完形心理學家認為可能是因素接近（contiguity）和情境相似（similarity）的結果，當新情境和舊情境具有相近或相似的要素時，這些要素就代表了整個的情境，因而有頓悟的情況產生，如同整體事件的轉化而領悟。

三、連結論

　　Spearman（1931）認為新觀念的產生乃依據三項原則：(1)經驗原則：每人都有其獨特的認知或感覺經驗；(2)關係原則：當一個人接觸到兩樣事物時，就會連結其間的關係；(3)相關原則：當

給與一件事物時，個體便會依其經驗產生新關聯的事物。

梅尼克（1962）認為聯想或連結有層級性。以字辭聯想為例，以「桌子」為刺激字時，最近也最可能的反應字是「椅子」，其次是「吃飯」或「寫字」。「成功」就較不易產生聯想。聯想有垂直聯想和水平聯想。垂直聯想乃是同類或同性質的聯想，水平聯想則是不同類或不同性質的聯想。梅尼克主張有創造力的人較能做水平聯想，而無創造力者較傾向於垂直聯想。在水平聯想中，越能聯想較遠層的事物者，其創造力越高。因此，梅尼克特別據此原理編成了遠層聯想測驗（Remote Associative Test），用以測量創造力。

梅尼克（1962）認為「創造力乃是創造者為特殊需要或有用的目的將可連結的要素加以結合而成新關係的能力。」例如彈簧、椅子和起動器本無相關，可是組合在一起便成為飛行跳傘器。這種新組合的實用性和組合程度便成為判斷創造性的標準。梅尼克認為創造力受個人的經驗條件所影響，經驗越多、越廣越可能產生創造性、實用性的解決方法。另一影響組合的條件是認知型態，包括組合的方式及處理問題的方法等。認知型態不同的人可能對同樣的事件，產生不同的組合，而產生不同的創造品。又各人處理事情的方法不同，其組合或運用手邊資訊的方式也不同。

四、知覺──概念理論

創造是一種重要的心理活動，其與知覺必然會有若干程度的關係。在科學和藝術創造的過程中，人類能夠善用其視覺和聽覺

意象，操作視覺和聽覺符號，以察覺事物間的相互關係，這些知覺過程，正是創造行為的一部分。因為知覺乃是在神經系統中組織訊息的過程，而創造行為乃在產生新訊息的表徵。

從視障或聽障者的創造力研究中，也可以看出知覺和創造力的關係。創造成果多數有賴繼續不斷努力的知覺過程，當失去視覺和聽覺後，其視知覺和聽知覺無法在創造行為中產生適當的作用，因而影響創造成果。

茲以圖1-2的積木為例說明之。我們對積木之視覺焦點不同可能產生不同的圖形組織，因而產生不同的心理表徵。這種不同的知覺監控過程，可能影響新心理表象的過程，繼而影響創造行為和創造成果。

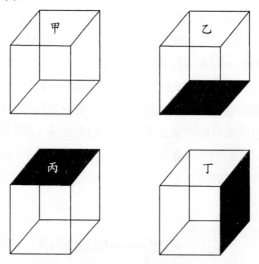

圖1-2　圖形視覺焦點與心理表徵

　　從知覺過程的觀點來看，有些因素可能影響創造潛能。第一為鬆散的不隨意訊息組織過程，不隨意的訊息組織過程越嚴謹，思想的過程越自動化，越無法產生創造行為；當其鬆動時，比較能夠析出創造潛能。第二是監控過程的能力（The power of executively controlled process）。如空間選擇性注意力，心理意象的運作，和心理表徵的過程等，都與創造潛能的發揮有關。有些創造行為有賴於開放的心理過程，有些卻需嚴格的監控能力。在某種程度的監控過程會調整形象的合成和組織，因而可使單一物理刺激產生多重知覺表徵。這種過程乃是產生新意象的一種作用。

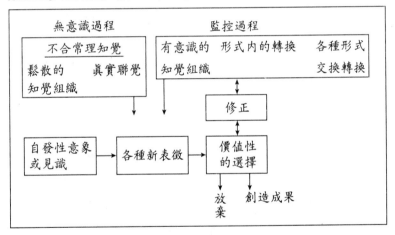

圖1-3　無意識過程和監控過程對創造思考的貢獻

　　薛巴（Shepard, 1981）認為：(1)能夠察覺事物關係的知識和發現其關係轉換的規則，可能是創造思考的一種心理運作的基礎；(2)能使不隨意的心理過程脫離原始資料，可能是產生創造思考的初步作用。

　　易言之，當人類能夠知覺特定事物的原理，且能發現各特定
事物間的共同屬性及其關係，便可以創造新的概念。概念是現代
人類文明的最大發現，有了概念，人類可以透過分析和綜合的方
法繼續產生新的概念，也就可以繼續創造新的理論，方法、技
術，或新事物。

五、人文心理學派的理論

　　人文心理學派對於創造力的看法，特別重視創造者的非認知
特質，也就是創造性的人格特質。一個具有創造潛能的人，如果
沒有創造的意願，其創造力無法表現。有些人累積很多經驗卻無
法轉化成新的作品，只會像倉庫一樣地堆積經驗而不能創新，有
些人可以將累積的經驗，像工廠一樣轉化成新的成品，一念之間
而已。有創造傾向的人，較能推陳出新，而缺乏創造傾向者常常
是因循舊制，蕭規曹隨。所以創造動機在創造活動中至為重要。
羅吉斯（1959）認為創造力的主要動機是一個人實現自我、發現
自我潛能的傾向。他認為必須在以下幾種情境下才能產生創造
力：(1)對經驗持開放的態度，對曖昧有容忍力，對觀念的界限有
彈性；(2)具有內控性人格；(3)喜歡嘗試新觀念。

　　至於上述支持性環境的產生，有賴下列條件：(1)接納至高無
上的人生價值；(2)去除外在的價值標準；(3)同理心的了解；(4)心
靈的自由。

　　馬士洛（1968）特別強調自我實現與創造力的關係，他主張
自我實現式的創造力是源於人格而且表現在日常生活中。他認為
自我實現型的創造者較不自制，勇於表達想法和慾望而不怕別人

的恥笑，自我接納、自我超越、自我統整和愉快的失序。

安德生（ Anderson, 1959 ）強調人際關係與創造力的關係，必須彼此承認對方的獨特性和人格尊嚴，然後才有創造之可能性。

總之，人文心理學派特別重視創造者的創造傾向和人格特質，以健康、自然、和諧、發展的獨特潛能，達到自我實現的人生目標。

六、認知──發展理論

人類爲解決新的問題經常要運用其創造力。因此，認知心理學派特別強調創造力乃是一種認知的、理性的作用。尤其在解決科學問題時，常常要以智力作基礎，運用邏輯思考的方法，達到創造性解決問題的目的。這種創造力的形成，也和智力一樣，隨著智能的成熟和創造思考的訓練、創造態度的培養而逐漸發展出來。

人類創造力和原級認知過程及次級認知過程有關。柯力士（ 1952 ）認爲創造者較能交替使用原級認知能力及次級認知能力。他認爲原級認知過程和次級認知過程在創造思考過程中形成一連續體，二者居於此連續體之兩邊。無創造力者往往固著於一方，因此，無法做更多的變通思考。

Martindale（ 1989 ）認爲柯力士（ 1952 ）、梅尼克（ 1962 ）和 Mendelsohn（ 1976 ）的認知理論其實是一樣。柯力士的原級認知過程和梅尼克的水平聯想，以及 Mendelsohn 的分散注意力實說明人類認知過程的相同現象。

七、心理計量理論

　　吉爾福特和陶倫士等認為創造力是一種心理作用的歷程，可以從測驗的結果看出其表現。吉爾福特所提出的智力結構模式（SOI）提供了創造性思考歷程一個很有效的說明。此模式指出人類的思考可以從思考的內容、運作和結果三方面來探討，相當於輸入、運作和輸出的思考過程。在五種思考運作方式中，擴散性思考乃是從既有的知識上，以不同的、創新的方式來產生新的知識。許多創造力的理論乃源於擴散性思考的主張。

　　吉爾福特以因素分析的方法找出在擴散性思考中幾種不同的能力；(1)四種類型的流暢力（語文、聯想、觀念和表達）；(2)三種類型的變通力（本能的變通力、適應的變通力、重新定義的變通力）；以及(3)原創力。流暢力通常指的是對於一個任務能夠以各種不同方式來達成的能力。變通力指的是有別於自己想法的能力以及在一些相似的資料中，找出一新的解決方式的能力。原創力指的是對事物有獨特而不尋常反應的能力。吉爾福特最後還提出擴散性思考的第四部分：精密力，指的是提供相關詳細資料的能力。

　　陶倫士則採用吉爾福特的理論而應用之於評量訓練創造力的效果。陶氏的創造思考測驗包括語言和圖形的形式，用來測量流暢力、變通力、原創力和精密力。

　　吉氏和陶氏的主張一直都受許多人的質疑，特別是在他們所指出的這四個創造力向度和一般智力是否有區別上，許多學者都曾提出他們的疑點，但是不論如何，他們兩人對創造力的研究和

理論的建立都有很大的貢獻。

八、互動理論

　　另有一些學者主張創造的活動不是單純的個人事件，而是個人因素、情境因素和社會環境互動的結果。例如籠中有一隻鳥，我們只看到鳥在籠子裡的行為，但是，如果打開籠子，鳥會不會有不同的行為？互動說主張鳥的行為表現，端視其與情境互動的結果而定。同理，人類的創造行為，不只受到環境所影響，尤其受到創造者和情境的互動所影響。互動理論所提出互動模式包括前因事件，個人的認知因素、人格特質、情境與社會因素等。圖1－4說明了這些因素和創造行為之間的完形關係。

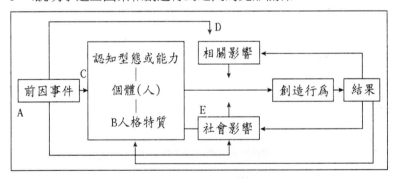

圖1-4　創造行為互動模式

　　此模式可以 $CB = F(A \times B \times C \times D \times \cdots\cdots \times AB \times AC \times AD \times \cdots\cdots \times ABCD)$ 方程式表示之。CB 為創造行為，A 為前因事件，B 為人格特質，C 為認知型態，D 為情境因素，E 為社會環境，創造行為乃是這些因素互動的結果，茲分別說明於後：

㈠前因事件

　　個人經驗背景之特性可能影響個人的創造力。包括性別差異、潛能大小、增強之背景，以及早期社會化情形等。高登（Galton, 1869）對於天才創造者的生平研究而寫成《遺傳的天才》，郭次爾等（Goertzel, et al, 1978）出版了一本《三百位天才者的人格》。西曼頓（1986）將郭次爾的資料加以分析結果發現：「散文文學作家多來自市區；軍人來自小鎮；婦女較易成爲作家演員；男人較趨向成爲運動員、政治家及藝術家；無神論者較多成爲軍人、散文作家、科學家或改革家；文學作家多來自不幸家庭。幸福家庭多出現科學家、宗教領袖、哲學家、勞工領袖、編輯出版家和改革者；改革者、藝術家、詩人、散文作家、科學家、精神醫師、政治改革家等都接受較正式的教育，而運動員、勞工領袖、商人、通靈者、藝術改革者則較少正式教育。……」。由此可知前因事件影響創造力，但影響程度如何則有待進一步研究。

㈡認知因素

　　許多學者認爲智能係爲創造力的必要條件而非充分條件，智能成爲創造力表現的限度。故重視創造力的認知、策略和思考方式。高創者在解決問題時往往較低創者更能思考，更能反應，也更有效力。

　　⑴擴散性產出能力：依據吉爾福特（1967）的設計，智能結構（SO1）中的運作層面包括擴散性思考，其配合內容層面的視覺、聽覺符號、語意和行爲等，和結果層面的單位、類別、關係、系統、轉換、含義等六種而產生流暢、變通、獨特、精密等能力。吉氏特別強調轉換的能力。

(2)認知風格：各人解決問題時可能採取不同的策略或方式，稱爲認知風格。包括場地依賴（field dependence）和場地獨立（field independence）。場地獨立者善於分析環境因素，能區別相關與無關因素。場地依賴者則無法分出重要與不重要因素。Bloomberg（1967）發現認知風格和創造力有關。

在大腦偏用方面，吉爾福特認爲右腦型者較偏向擴散性思考，詹秀美（民79）以國小學生爲對象，研究其創造力的相關變項，結果發現右腦型較優於變通力，左腦型較優於精密力。準此，左右腦在創造力上都扮演要角。

(3)其他認知因素：多數人認爲擴散性思考與創造力有關，但懷爾斯亭和泰利芬格（Firestien & Triffinger, 1983）認爲聚斂性思考和創造力也有關係，他們認爲：「沒有聚斂性思考能力，也就沒有行動，更無所決策。」所以創造力應包括擴散性思考和聚斂性思考。卡洛（Carroll, 1985）發現「理念的產生」（idea production）對創造最有關係，其中包括聯想流暢、表達流暢、圖形流暢、觀念流暢、語言流暢、字的流暢、實現觀念的流暢，以及獨創性等。

(三)人格因素

伍德門（Woodman, 1981）認爲創造力和人格理論有密切關係，他從三方面來說明創造行爲。即精神分析、人文主義及行爲主義三派。精神分析學派強調創造是一種前意識和潛意識的作用。人文主義者認爲創造乃自我實現。而行爲學派認爲創造行爲和其他行爲一樣，都是刺激反應或增強作用的結果所習得的新行爲。

有些人研究內外制握和創造力的關係。內制握者相信行為結果另有報應，外制握者相信運氣。葉德雷和波連（Yardley & Bolen, 1986）發現外制握型女性在非語文流暢和變通方面優於外制握型的男性。而創造性較高的男性多為內制握型的人，而女性則反是。庫馬（Kumar, 1981）發現對文字、科學、藝術等有興趣者往往較有創造性；喜愛家事和戶外活動者反是。

這些非認知成分的人格因素，使高創者在解決問題時更能思考，更用心，更有興趣。

九、綜合理論

綜合理論認為創造力的理論不是單一的，而是多元的。它企圖綜合各家說法而提出一種綜合性的看法。它認為文學藝術和科學的創造可能有其異同之處，並非完全一致。創造力有時是一種理性的表現，有時卻是非理性的表現，它需要智能的基礎，也需要有知覺、認知、聯想、趨合和符號化、概念化的能力，更需要有創造性的人格特質和環境。所以創造力可以是一種獨特的能力，也是一種綜合的能力。

柯拉克（Clark, 1983）提出創造力的「統合模式」（the Intagrative Model），她的「創造力環」理論認為創造力乃是直覺、情意、感覺和思考等功能的統合作用，如圖1–5。

Amabile（1983）認為創造力不能只視為人格傾向或普通能力，而是人格特質、認知能力和社會環境的綜合。如表1–2所示必須將工作動機，特殊領域技能和創造力關聯技能統合運作才能有效解決問題，另見圖1–6。

圖1-5　創造力環*(Clark, 1993)*

表1－2　Amabile 的創造因素理論（*Amabile，1983*）

	特殊領域技能	創造力關係技能	工作動機
內容	■特殊領域知識 ■必備專門技能 ■領域關聯特殊才能	■適切認知型態 ■啓發新創意的知能 ■誘導式工作型態	■工作態度 ■對完成工作的知覺
來源	■先天認知能力 ■先天知覺和動作技能 ■正式和非正式教育	■訓練 ■創新理念的經驗 ■人格特質	■內在工作動機水準 ■內外在社會環境壓力 ■減少外在壓力的個人認知能力

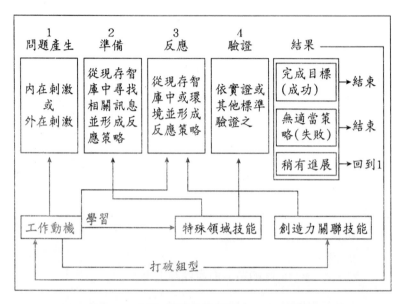

圖1-6　創造力因素架構*(Amabile, 1983)*

綜言之，有關創造力的各種理論和實證性的文獻雖然很多，但是，其中大致有六個共同點：

(1)不論創造力之定義為何，創造力總是與新奇和實用價值有關。因此，如果你的想法或產品很創新獨特但卻無實用價值，它就不符合創造力的要件。

(2)創造力並不是藝術工作者的專利，任何領域都需要創造力。

(3)創造力和智力之間並不是絕對並存的關係。智商高的人未必有高創造力，創造力高的人未必是高智商者。

(4)任何人只要願意開放心胸來接納各種不同的經驗都有可能擁有相當的創造力，當然，有些學者主張，能夠產生真正

長遠重大貢獻的創造力通常會和高智力或高才能有所連結。

(5)創造力是可以經由刻意的培養產生的。

(6)創造力與人類長遠的福祉息息相關，藉著創造力，人類文明才能不斷成長和延續。

了解創造歷程有助於對於創造力的培養。一個了解創造歷程的老師，才能布置一個幫助兒童產生創造性思考的環境。最後綜合歸納如下：

(1)提供兒童免於阻礙創造力發展的環境，如：外在的價值判斷等。

(2)幫助兒童看重自己的想法。

(3)不要太早下判斷。

(4)練習有彈性的想法。

(5)培養創造性的行為。

(6)想像創造力是可以培養、增進的。

第四節　創造力的基礎

一、創造力的生理學基礎

從生理學的觀點來看，創造力乃是大腦的一種特殊功能。從六〇年代後期起，一些學者開始提出創造力和大腦中的某些部位

的功能有關的說法。因此，主張藉刺激大腦某部位來發掘創造力
之奧秘的理論便應運而生。阿瑞提（Arieti, 1975）認為人類最高
級的心理過程乃發生在 TOP 區和 PE 區。TOP 區包括額葉
（T）、枕葉（O）和頂葉（P）。外界來的訊息在此被加工、綜
合成更高級的心理結構。它通過胼胝體與對立的腦半球中的對應
區相連繫。也和額葉、舊皮層相聯繫，並通過神經網絡伸展到其
他區。

　　TOP 如無 PE 區的協同合作就無法起作用。PE 區有四項功
能：⑴集中注意；⑵預見未來；⑶有計畫地依序執行；⑷進行選
擇。二者統合作用，才能形成最高級的心理功能，如概念、假
設、聯想、論理、審美、科學研究和綜合等，當然，包括創造的
心理歷程在內。

　　對於大腦皮膚的功能，基本上許多學者都主張大腦可分為左
右兩部分，各有不同的資訊處理功能。左腦主管語文、分析、抽
象、邏輯等功能，且專司右半身的所有功能。右腦則主管非語
言、統整、部分、具體、本能和想像力，且專司左半身的所有功
能。兩個半腦只是在如何處理訊息的過程上有所不同，而不是它
們特長於處理某些訊息。有些學者主張右腦是創造力的發源地，
因此認為培養創造力的方法就是多使用富想像力的右腦來達成目
的。有的學者則認為創造力主要是兩個半腦互相合作的結果。一
般認為個體在幼年時即已建立偏好右手（左腦）和左手（右腦）
的習性，偏右手型的人有較邏輯、理性的特徵，偏左手型者則被
認為是較具創造力的人。

　　有關半腦特性的研究早自一八六一年時就由布洛卡（Bro-
ca）所提出，其後蘇倍累（Sperry, 1961）曾以一個大腦神經原已

嚴重受損的病人為研究對象，主試者將一隻湯匙放在病人的左手邊，一把刀子放在病人的右手邊，然後問病人你看到什麼，病人的回答是「刀子」，這個反應也證明了語言能力是存在於左半腦的說法。當主試者要求病人用手去拿他所看到的東西時，他拿了湯匙，這個反應證明了右半腦是主司非語言和具體性的功能。

　　另外一項研究的結果亦證實了大腦和創造力之間的關係：

⑴當視覺資訊同時都會進入左、右半腦時，研究結果顯示左半腦較易處理語言訊息，右半腦則較易處理空間的訊息。

⑵不同的聽覺訊息在左右腦的處理效率亦有不同。經右耳傳入左半腦的訊息中，語句是最有效被處理的訊息，經左耳傳入右半腦的訊息中，音樂旋律是最有效被處理的訊息。

⑶當訊息是與數理或語言有關時，左半腦的腦波活動會非常的活躍，當訊息是與空間有關時，右半腦的腦波活動會相當的活躍。

⑷卡茲（Katz, 1978）的研究就指出，用催眠或大麻刺激右腦時會促進創造力的產生。

　　其他的學者對以上所提的也有以下的幾點質疑：

⑴將對腦部受傷之病患研究的結果應用到一般人身上似乎並不妥當，因為亦有研究指出，當個體的某半腦受傷時，另一半腦就會自動承接其任務，繼續運作。

⑵實驗室中的研究結果似乎也不適合完全應用到實際生活中。

⑶雖然有些研究者宣稱他可以專門刺激某半腦來看能力是否增加，但並無法證明他所刺激的確實只是某半腦，完全和

另一半腦無關。

(4)雖然發現右腦和創造力之間的關聯，但是不可否認仍有其
他因素會影響一個人的創造力，例如自信心。

許多研究大腦與創造力的學者們都認為一般的學校環境中並
沒有提供右腦型的學生更多成長的環境，反而是多方壓抑。梅耶
士（Meyers）建議老師們能在教學活動中多以價值澄清、水平式
思考訓練等來彌補這些不足。梅氏也建議可以在教學活動中放入
生物回饋、放鬆訓練等方法來輔助。以生物回饋法的方式可以使
個體較容易產生 alpha 波，alpha 波的出現表示大腦沒有處在複雜
的運作中。若能多產生 alpha 波將有助於創造力的產生。有些研
究結果亦指出加強右腦的功能會使個體較易接觸到自己的前意
識。

二、創造力的心理學基礎

(一)創造力與個別差異

許多學者雖然主張每個人都有創造力，但是每個人的創造力
均存在著相當程度的個別差異。甚至於個體內的流暢力、變通
力、獨創力和精密力也有不同。對於創造者個別差異的研究不
少，謹就人格和認知風格或能力兩方面加以討論，茲分述如下：

1.人格上的差異：了解創造者人格上的差異，主要來自三方面
的研究。

(1)人格理論家從綜合人格理論方面來解釋創造者人格上的差

異。

(2)研究各領域傑出創造者的人格特質，試圖找出人格和創造
能力的相關。例如巴隆和哈林頓（ Barron & Harrinton,
1981 ）經十五年的研究，發現創造者的人格特質為穩定、
審美、價值、興趣廣泛、精神充沛、不厭煩、獨立判斷、
主動、自信、有解決問題之能力和自知之明。

(3)人格特殊領域：如內外控、心理上男女氣質、獨斷或自戀
等。

2.認知風格或能力上的差異：每個人的創造力不同，其認知風
格也有不同。創造力的認知因素，如場地獨立和場地依賴、
創造思考及問題解決風格、認知複雜性、擴散性思考、聯想
力、觀念流暢力、想像力，以及語文流暢力等都被認為重
要。其中尤以吉爾福特的智力結構模式特別受到重視，此模
式中的擴散性思考能力和創造力的關係最為密切。不僅每個
人在智力結構模式的表現不同。同一人在該模式中的各項能
力也有差異。有些人的擴語單能力可能很好，但擴符系能力
可能不好。

　　每個人的注意廣度不同，Mendelsohn（ 1976 ）認為各人注意
廣度的不同會造成創造力的差異，能同時注意四件事物的人較只
能注意兩件事物者可以產生更多的類比。又創造者較非創造者喜
歡分散的注意力（ defocused attention ），雖然創造者也需能集中
注意，但非狹窄的注意力（ narrow focused attention ）。

　　各類人才的創造高峰年齡各有不同。科學家約在二十五至三
十五歲，心理學家及社會學家稍遲，約在三十至四十歲，建築師

甚至遲至四十歲以後。西曼頓（1984）認為在成為專家之前，創
造力最旺盛，成為專家之後，因已認知各因素的重要性、相關性
和適當性，反而缺乏創作的動機。

㈡創造力與記憶力

　　創造乃在產生先前未有之新訊息，而記憶乃在記起以往曾經
驗過之事物，二者似乎沒有關係。但若深入探討，可能發現記憶
力對創造力也有幫助。例如巴列特（Bartlett, 1932）發現在經驗
重組過程中，有些資訊會消失，新資訊會增加進去，這種重組的
過程不是只有資料的改變位置，可能包括想像的重造。例如：許
多藝術作品都是依據前人的藝術工作經驗。作家所用的創新語
言，也是過去曾經記憶過的。

　　過去的注意經驗可能會助長或抑制創造力。我們常常習慣以
過去學過的方式或策略來解決問題，減少了解決策略的彈性。但
是許多新理念或新創意都植基於過去的研究成果；若無過去記憶
中所得的知識將無法「無中生有」，產生新知識。

　　情境理論認為由於情境因素，某些知識可能較他種知識更有
助於創造力的作用。例如：對不尋常事件的記憶較記憶一般事件
更有助益創造力，記憶抽象知識較記憶具體知識對創造力更有幫
助。例如從天花板上吊下二根線，二者之距離大於一個人所能
及，要他把二條線結在一起。通常他不知找鉗子結在一線上當做
鞦韆擺動，以利與他線相接，在此情境下，過去經驗對他的創造
解法並無助益。但如要他利用鉗子移開熱鍋時，過去的經驗情境
便有幫助。故情境影響了過去經驗對於創造力的遷移作用。依此
觀之，知識能否遷移到創造作用，視知識所用之情境和所為之情

境而言。也就是應檢視學習經驗和創造表現的關係。

　　創造性問題解決法不僅要記得已學過的知識，更必須能夠應用此知識於新的問題情境中。在此知識遷移過程中，通常不給與提示，若給與提示，則非創造性的解法。例如我們如果提示可以用鉗子做擺子，則非其所創思。

　　創造思考可以說是先前經驗和解決新問題間的橋梁。許多研究發現這種自主性遷移失敗的因素之一，乃是先前學習工作和新問題之間的相似性太低，如所提供之學習經驗和欲解決之問題的相似性越高，其自主性遷移的可能性越大。例如：先教軍官帶兵攻城，因路上布雷，無法一次派五百位上陣，必須分批、分途，才能達到攻城的目的；然後再提出如果有癌症，用藥太多或太少都不行，如何處理，此二者有相似性，便易於遷移。此外，個人的興趣、目標、期望和自主性遷移都有相關。

㈢創造力與統合認知

　　創造過程是一種認知過程，包括知識技能的獲得，知識轉換成新形式，再形成有用的成果。在此過程中，統合認知亦扮演重要角色。茲以華勒士（1970）的思考過程為例，說明統合認知在創造過程中的作用。

　　華勒士所提創造思考的第一階段是準備期。創造者在此階段致力於獲得與創造有關的必備知識與技能。此時，統合認知的主要功能有二：(1)調整知識的認知表徵之狀態；(2)監視其知識是否足夠、彈性，以備重組或改造。

　　第二階段為醞釀期。在此時期創造者透過自由或無意識或半意識的心靈作用逐漸浮現創思的意象。此時，統合認知應是無意

識的，任何有意的監控活動都會使創意消失或難於形成。

第三階段爲豁朗期。在此時期創造者已形成創思成果。統合認知則應適時給與評估。

第四階段爲驗證期。此時期可說是創造成果的驗證包括二種統合認知能力。一種是依據內在標準來驗證或修正；第二種是依據外在標準來驗證。例如作者寫完文章之後，重新再閱讀一遍，其目的在檢視是否符合自己的理念，此係爲第一種統合認知。隨後，又再做第二次重讀，此時完全以專家的立場來看這篇文章，這是第二種統合認知。

驗證或修正時的統合認知是在有意識的狀況下進行的。且同時可以注意到外在標準。這種統合認知的技能是可以透過經驗和練習加以改進的。

總之，認知能力和統合認知能力在創造過程中的各階段都居於重要的地位。我們如能對此問題深入加以研究，可能對認知和統合認知的了解也有幫助。

㈣創造力與理性思考

理性發展是否也是一種創造過程？這個問題看來似乎矛盾，其實不然。許多學者（Moshman, & Lukin, 1989）提出理性也是一種創造性建構的主張。他們以一位十三歲的兒童爲例加以研究。該童對下列論句分類並排序。

(1)假如大象大於狗，狗大於老鼠，則大象大於老鼠。

(2)假如大人年紀大於嬰兒，嬰兒年紀大於兒童，則大人的年紀大於兒童。

(3)假如狗大於老鼠，大象也大於老鼠，則狗大於大象。

⑷假如狗大於大象，大象大於老鼠，則狗大於老鼠。

⑸假如嬰兒年紀大於大人，嬰兒年紀也大於兒童，則大人年紀大於兒童。

⑹假如老鼠大於狗，老鼠也大於大象，則狗大於大象。

⑺假如大象可能是動物也可能是植物，而大象不是動物，則大象是植物。

本研究旨在了解兒童討論詞句妥當性的觀念。該童首先無法分辨何者妥當何者不妥當。往往依內容、人物或其他特徵來分類。然後要孩童依合乎邏輯的順序排出，結果是依1,2,3,4,5,（6,7）排序，此係依各句有多少叙述真實而定。然後經過多次練習，透過自己反省和建構，終於能依妥當性來分類和排序。

理性推理包括歸納和演繹二種方式。不論歸納法或演繹法都需要靠個人的省思才能由前提導引出結論。而新的認知必須建構在舊的認知經驗上。故有創意的建構乃是理性推理的基礎。

三、創造力的社會學基礎

社會心理學家不認為創造力是一種能力或特質。他們認為係社會氣氛和當代精神形成了創造的理念。（Brannigan, 1981）西曼頓（1978）列出許多不同國家、不同時代的作曲家、哲學家和作家，再以統計方法求出社會情境如戰爭、社會穩定性、人口分布等和創造成果之關係。結果有相關，雖然不顯著。

創造社會學致力於研究特殊的社會或環境條件如何影響一個人的創造行為。許多研究已證明社會互動對於創造力的重要性。

個人所生長的團體，如家庭、友伴、同僚等對其創造行為的發展
都有影響。Torrance（1963）和 Staw（1984）也發現工作場所也會
助長或阻礙員工的創造行為。亞馬比爾（Amabile 1983）研究社
會環境對創造行為的影響包括社會助長作用、示範、動機取向
（Motivational orientations）、評價性期望（evaluation expecta-
tions）、獎賞、工作壓力和機會等。結果發現對評估的期望可能
損傷創造力，內在動機會助長創造行為，外在動機反而有害。故
外在獎賞不一定有利，團體或個別作業利弊互見。示範有助於表
現，但只是相似的表現而已。

　　Ekvell & Tangeherg Andersson（1986）研究工作氣氛和創造力
的關係（包括挑戰性、支持、多點子、機動、衝突等），結果發
現自由、自主和民主氣氛對創造力的發揮有關。其原則是⑴任何
事情都有可能，絕不固著；⑵您可以創造您的現實；⑶追索您自
己的想法；⑷對所有規劃加以懷疑。

　　在科學研究上常常發現兩位科學家在不同地點同時發表同樣
研究成果或理論，許多的研究成果乃是一系列研究計畫的一部
分。因此，科學創造多為集體的創作而非個人的天才表現而已。

　　一個人的創造力往往只能從創造成果中表現出來，沒有創造
成果往往無從了解其創造潛能，因此許多年輕藝術家的作品常不
容易得到賞識，許多藝術創作也都在作者死後才被肯定。而且這
些藝術作品往往和作者所處的社會環境有關，例如愛斯基摩人特
具三度空間能力，因而在石雕上有特殊的造詣。所以，藝術創作
往往有較大的文化差異。

　　創造力的研究，強調環境、個人（包括人格及能力）、過程
和成品。個人創造力能否發展，個人的創造性人格特質能否培

養，創造過程能否順利進行，都與創造性、支持性的社會環境有
密切關係。尤其創造成品重視價值性的認定，其與社會的價值觀
有相當的關係。某一時代認為有價值的，另一時代可能否認為如
此，反之，在某一時代不被認為有價值的，卻在後來某一時代被
視為無價之寶。許多藝術創作都是如此。

　　創造力的理論也因時代之不同而有差異。例如：柏拉圖
（Plato）認為詩的創作來自美感，所以特別重視靈感在藝術創作
中的價值；亞里士多德（Aristotle）重視創造的產出性活動；康
德（Kant）認為創造力是一種隨性的，非依規則進行的創新活
動；高登（Galton）強調創造力的遺傳因素，佛洛依德主張創造
力的潛意識功能。此後，人文學派的出現，強調人格特質和自我
實現，以及人格與環境的互能關係。認知學派強調創造力的理性
成分和創造性問題解決的涵意。社會的變遷影響創造力理論學家
的研究方向，因而提出不同的理論。

　　從歷史上來看，我們也常常發現不同的時代，不同的社會背
景，會有不同的藝術和文學創作。例如古希臘時代乃是戲劇、哲
學和雕刻的黃金時代。十四、五世紀則是繪畫和建築的黃金時
代。

　　環境和社會因素對創造力的影響尚包括物理環境、文化、團
體或組織氣氛、時間、工作壓力、期望水準，獎懲條件及角色模
範等。陶倫士（1964）發現下列因素會影響創造思考能力的發
展：

　⑴教育程度
　⑵男女差別待遇
　⑶不當地排除幻想

⑷限制操弄和好奇心

⑸對權威人士或同儕關係產生恐懼或順從感

⑹不當地強調某些機械性的口語技巧

⑺過度強調「預防」和「成功」

⑻缺乏嘗試想法的機會

另在實驗中發現下列變項影響創造思考能力的作用和產生：

⑴團體的組成（同質或異質）

⑵競爭

⑶授予思考原則

⑷「暖身」教學（數或量）及練習（詳或不詳）

⑸獎賞（尊重、鼓勵、自評等）

⑹鼓勵學生珍視自己的想法

　　傳統上多數學者都認為創造力是一種天生的能力。不過，諸如高登、陶蒙、巴爾特（Burt）和庫克士（Cox）等也都不否認天賦會受環境所影響，如同智力和認知能力也會受到人格、驅力和熱忱所影響一樣。如果有所謂創造力的基因的話，也不會完全決定一個人的創造力，遺傳的天賦只是賦與發展的潛能，以後就要看環境的影響了。

　　Amabile（1983）歸納許多研究發現：有助於創造潛能發展的環境是給與創新活動的高度責任感，少行政干擾、高工作穩定度。

　　總之，適合於培養適應良好的人之環境並不一定是適合於培養有創造力者的環境。互動理論的觀點強調前因事件、社會環境

和情境對創造力具相當的影響作用。

四、創造力的教育學基礎

　　從教育的觀點來探討創造力，可以從「創造力是否可以培養」，如果可以，「應如何來進行」兩方面著手。

㈠創造力是否可以加以培養

　　一個人的創造力從遺傳和環境的觀點來看，創造力的可教育之程度，至少有下列三種可能性：

　　⑴完全來自遺傳，後天無法改變。

　　⑵創造的表現是先天和後天交互影響的結果。

　　⑶創造力要素中部分成份是可以訓練的，部分是先天遺傳的。

　　就第一項來說，創造力的教育訓練可能性甚少。不過，這種說法已不被多數學者所接受。目前多數研究者都贊成第二種和第三種說法。因此，創造力的可以訓練性受到相當的重視。陶倫士（1965）杜波諾（de Bono, 1970），和潘尼斯（1963）等都認為從小開始就應給兒童擴散性思考訓練，然後逐步發展為創造性問題解決之能力。

　　不過，許多心理學家如孟斯費、布西（1978）、馬金（1968）等卻不贊成這種說法，他們舉出科學家和藝術家的創造都非以腦力激盪，水平思考等方式進行。而且教育訓練的可遷移性也非必然。

　　陶倫士曾調查一百四十二種研究，發現其中三分之二證明教

育訓練對擴散性思考力的增進有幫助。

　　中外許多研究也證明創造力的某些要素是可以經由教導而提昇的。茲舉例摘要說明如下：

1. Reese 和 Parnes（1970）以一百八十八位高中生為對象，經十三週創造性問題解決訓練，結果發現實驗組比控制組進步得多。

2. Gold（1981）以一百二十位中年級 EMR 學生為對象，經九週實驗教學，結果發現實驗組學生無論在語文或圖形的流暢性，變通性和獨創性方面均有很大進步。

3. Bennett（1982）研究創造性戲劇對於六年級學生創造思考能力之影響，結果發現實驗組優於控制組。

4. Kolloff 和 Feldfusen（1984）以普度創造思考訓練方案研究對自我觀念和創造思考能力之影響，結果發現實驗組高中生的語文和圖形獨創力均優於控制組。

5. 賈馥茗（民60）以小學六年級學生一百三十六名為對象，研究教學創造力，結果發現創造思考教學對數學題解創造力之發展有正面的效果。

6. 林幸台（民63）以國中二年級資優生為對象進行創造思考教學，結果發現可助長創造力的發展。

7. 其他的學者如張玉成（民72）、陳龍安（民73）、陳榮華（民74）、李錫津（民76）等的研究，也發現創造力可以透過創造思考教學而增進。

　　有些學者質疑這種測量分數的增加，是否為教育訓練的結果，或是其他因素所致，有待進一步研究。

㈡如何培養創造力

　　綜上所述，如果創造力可以加以訓練的話，則宜從小加以培養，在教育訓練過程中應注意消除阻礙創造力發展的因素，激發促進創造力發展的因素。使人人的創造潛能可以最大發展。

　1.宜從小開始培養。

　　人類初生，除先天本能外，對於外界刺激尚無有意義的反應，也就無所謂智能表現可言。待大腦逐漸發展，嬰兒開始能夠覺知、認識、區辨、理解事物，也逐漸從成人或父母學到一些知識和處事的方法，兒童年齡漸長，大腦日漸成熟，更能透過思維來進行抽象學習的活動，因而能夠領會概念，理解原理原則。這些都是大腦展現在智力作用上的功能。就另一方面來說，嬰兒對於外界的刺激，偶然會以其他方式來反應，這種嘗試錯誤式的反應，並不具有創造性思考的本質。因為不是兒童有意義的思考活動。當兒童大腦漸發達，經驗日漸累積，思考能力逐漸發展，他開始會透過思維，以不同的方式來理解事物，以不同的方法來處理問題，甚至能夠發明製作新的事物。這就是大腦展現在創造力作用上的功能。

　　嬰兒初生之時，多半為本能的反射動作和被動地對刺激加以反應。年紀漸長，神經功能較為成熟之後，嬰兒開始由被動的接受變成主動地去覺知、接觸或學習新的知識，以後甚至於主動嘗試新的方法和製作新的事物，這種由被動變為主動的態度，乃是創造性態度的本源。因為創造本質上是積極主動的作為，而不是消極被動的接受。能積極主動，然後能求新求變，未達目標，決不終止，這也就是創造性的人格特質。所以，創造性的人格特質

必須與創造力的同時加以培養發展，在教育過程中，培養兒童創造思考的技能。

　2.如何培養創造力

　　欲培養、訓練或增進創造力，除要有支持性、創造性的環境外，宜從排除阻礙創造力發展的因素及激發助長創造力的因素二方面著手。實際上阻礙創造力發展的因素和助長創造力發展的因素，二者可能是一體之兩面。宜同時加以考慮。茲分別說明如下：

　　⑴排除阻礙創造力發展的因素：

　　　陶倫士（1962）認為抑制創造力發展的因素包括(a)要求成功，限制冒險或追求未知；(b)要求順應同儕團體或社會壓力；(c)不鼓勵探索，想像或追究；(d)刻板的性別角色；(e)墨守先前觀點；(f)專制權威；(g)不重視白日夢；(h)因果；(i)立即批判。

　　　克利普納（Krippner, 1967）認為下列觀念會阻礙創造力的發展：(a)每樣東西必須有用；(b)做每件事必須成功；(c)每件事必須完美；(d)人人必須喜歡你；(e)你不可離群獨處；(f)你必須集中注意；(g)你不可脫離文化的性別角色；(h)不可過度表達情緒感覺；(i)不能模稜兩可；(j)不可動搖文化之船。

　　　詹伯爾（Chamber, 1973）認為抑制創造力的教師是：重視死記、齊一作業、不熱心、不重創造，和不接納不同的意見。

　　　教師如果(a)太強調整齊畫一；(b)過度重視時間因素；(c)認為熟練才能生巧創造；(d)過度教學；(e)重視學生間的相互

比較，則會影響學生創造力的發展。

⑵促進創造力發展之因素

陶倫士（1962）認為促進創造力發展的因素，包括(a)重視不完全的開放情境；(b)允許並鼓勵發問；(c)多提問題並設法加以解決；(d)允許負責與獨立性；(e)重視自我創新的探究、觀察、疑問、感覺、分類、記錄、詮釋、推理、推論和溝通；(f)提供多種語言經驗。

安德森（1968）、陶倫士（1962）和魏摩士（1968）等認為教師的下列行為有助於增長創造力：(a)進行多樣性活動（包括擴散性、聚斂性和評價性等）；(b)少做記憶性活動；(c)為診斷而評估，非為判斷而評估。若只強調錯字、文法、標點等成績會抑制原創力；(d)提供運用創造性知識的機會；(e)鼓勵自然表達接納氣氛；(f)提供豐富刺激；(g)提出啟發性問題；(h)診斷原創性；(i)鼓勵學生珍惜新觀念；(j)提供非評價性實習機會；(k)教導學生創造性思考技能和研究方法。

安德森（1968）和弗洛姆（Fromm, 1698）等認為下列情意方面的因素可以助長創造力：(a)提供充實而富變化的刺激環境；(b)提供適性的教材教法；(c)明確的教育目標；(d)允許不同意見的交換；(e)提供友善而無威脅的環境和資訊；(f)減少不安氣氛；(g)統整紛歧的意見；(h)允許個別差異；(i)滿足學生嗜好。

總之，下列項目乃是促進和抑制創造力的重要因素：

⑴民主和權威：民主的態度可以助長學生的創造力，權威的

態度反之。

⑵尊重個體可以助長創造力，強調團體要求則反之。

⑶重視社會讚許較社會壓力更能助長創造力的發展。

⑷允許失敗較只求成功對創造力的發展更有幫助。

⑸開放較偏見有助於創造力的發展。

⑹強調因果歷史觀不利於創造力的發展。

⑺積極態度較能發揮創造力，消極的態度反之。

⑻延緩批判較立即批判更有利於促進創造力。

⑼男性較女性有創造力。

⑽限制不利於創造力的發展，教師應盡可能居於協助的立
　場。

　　詹伯爾（1973）認為助長兒童創造力的教師乃是⑴妥善準
備；⑵隨機應變；⑶容多納異；⑷激發智性活動；⑸熱忱；⑹敬
業；⑺多給學生鼓勵少責罵。

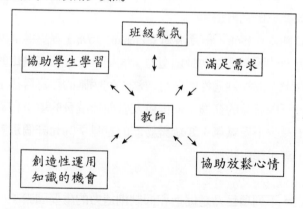

圖1-7　教師是創造力發展促進者*(Guenter, 1985)*

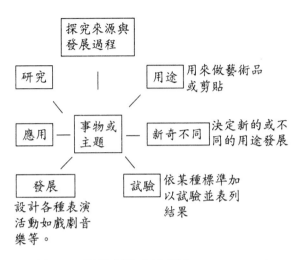

圖1-8　激發創造力途徑*(Guenter, 1985)*

　　昆特爾（Guenter, 1985）認為教師乃學生創造力的促進者如
圖1－7而教師可以從各種途徑來激發學生的創造力，如圖1－8。
教師可以營造班級氣氛，安排創造性的環境，引發學生需求的動
機，但延續需求的滿足，教導學生放鬆心情，解凍固著想法，進
而採取各種途徑，如探索來源或發展途徑，用途為何，和現有的
有何不同，再經驗證、發展、應用，在研討的過程，協助學生創
造性地運用知識，終於習慣創造技能，完成創造成品（主題或事
物）。

【本章參考資料請參考第二章末，第114頁。】

第二章

創造力研究的發展

第一節　創造力研究的歷史發展

　　人類和其他動物之不同，在於人類具有創造力。自古以來，人類就會運用其創造力以創新工具，改變環境，以改善生活，創造文明，所以人類文化進步史實際上也就是一部人類創造史。雖然對於人類創造力的系統研究是近年來的事，但是許多有智之士早已注意到人類創造的現象與發展，企圖探其奧祕。從歷史發展來看，可以分成三個階段。第一階段稱為前心理學階段，第二階段稱為心理學階段，第三階段稱為後心理學階段（Maggari - Book, 1994）。

一、前心理學階段

　　人類早在心理學發展之前，就已對某些創造人的特殊創造力感到驚奇而加以研究，此階段因缺乏心理學的理論基礎，故稱為前心理學階段。此階段又可分為二個時期，第一時期為神學與哲學時期，第二時期為科學時期。茲分述於下：

㈠神學與哲學時期

　　早期人類思想，因深受基督教文化的影響，相信上帝七天創造了世界，人類乃是上帝創造的產物，人類之所以有創造力乃是上帝所賦與。人類的創造靈感乃是上帝所賜。在此時期，有二個觀念阻礙了創造力的研究與發展。其一為社會階層，認為上帝賦

與某些階層的人有創造的能力，其他則否。如此，中低階層者大多認命而不能有新的主意。其二爲性別歧視，在「男人的王國」裡，上帝並不賦與女人創造的能力，因此，阻礙了女人的創造活動。直到文藝復興之後，人文主義興起，人的價值和能力重新被肯定，人類的創造力乃開始有新的見解。

(二)科學時期

　　學者一旦肯定人類的創造力非上帝的意旨（The will of God），而是人類與生俱來的本能，在超越神學和哲學的思想束縛之後，便企圖以科學的方法來研究創造力，如高登（1869）和 Lombroso（1895）等開始以觀察實證方式和收集數據的方法來研究創造力的問題。尤其對於天才遺傳方面的研究頗有成就，但是，仍然不能列爲心理學研究的階段，因其尚不符合構成心理學的要件。但已爲後來對創造力的科學研究奠定了基礎。

二、心理學階段

　　心理學發展成爲一門學派之後，創造力研究成爲心理學的重要領域，就地理位置和文化觀點而言，此階段也可分成二個時期，其一爲以歐洲學者爲代表的時期，終止於第二次世界大戰結束，其二爲以美國學者爲代表的時期，至今仍在發展中。茲分述如下：

(一)第一時期

　　此時期係以歐洲心理學者如佛洛依德（Freud）、魏泰邁

（Wertheimex）、鄧克爾（Dancker）和其他心理學家爲主，重在對創造理論的建立、創造過程的探討和創造人類的了解等。

(二)第二時期

　　第二次世界大戰以後，人文和科技學術研究的重心由歐洲逐漸地移向美國，首先是美國心理學會主席吉爾福特（1950）批評美國教育缺乏培養學生創造力的課程，呼吁教育重視學生創造力的培養，尤其其所設計的智力結構模式，將擴散性思考等重要創造思考能力納入其中，成爲一種重要的智力因素，對創造力的發展大有助益。其後，奧斯本（Osbom, 1953）更提出有效的創造思考技巧，稱爲腦力激盪術，潘尼斯受其影響而應用於問題解決上稱爲創造性問題解決，開啓了應用創造力的熱潮。尤其是陶倫士等人相繼成立創造力研究中心，對於創造力教學做系統的研究，證實創造力的可敎性。許多創造力方面的測驗和創造思考技巧逐漸發展出來，至今仍然有許多新的研究發表。

第二節　創造力研究的基本架構

一、創造活動的要素

　　創造乃是創造人和創造品之間的一種生生不息的關係。（郭有遹，民72）創造人創造了成品，這些創造品又會成爲創造人的一種智能，做爲創造人再新創造的基礎。易言之，創造的活動應

包括創造人，創造行為和創造品三要素。如果沒有創造人，則沒有創造的主體，自然沒有創造行為和創造品。有創造人而無創造行為，也沒有創造品之產生。創造人有創造行為而無創造品，也不能說已經有了創造。必須三者俱備，才能說已完成了創造的活動，見圖2－1。

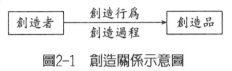

圖2-1　創造關係示意圖

二、創造力研究的基本架構

人類對研究創造力的興趣，由來已久。早在柏拉圖時代，就對創造力加以探討，其後雖有不同的主張提出，但真正對於創造力的科學研究，應始於吉爾福特於一九五〇年在美國心理學會（American Psychological Association）發表演說，呼吁心理與教育學界重視創造力的研究與發展之後。其代表作《智力的結構》（Structure of Intellect）更是日後創造力研究的基本模式。

陶倫士（1974）認為可以從下列四方面來看創造力：

⑴某種理念，表情或作品。

⑵產生上述成果的認知歷程。

⑶運用上述歷程的人。

⑷影響該創造人能力的環境。

易言之，包括創造成果、創造歷程、創造人和創造性環境四方面，除了創造性環境係屬支持性環境外，其餘三項可說是創造

活動的三大要素。所以研究創造力，基本上乃是在研究「創造人」，「創造行為」，和「創造品」三者間的關係（參看圖2–1）惟各人觀點不同，故研究範圍各有所偏。有人從創造人本身去研究，包括創造力，創造的動機，創造人的特質及創造思考的技能等。也有人從創造的行為去研究，包括創造思考過程的內外在行為等。另有人從創造品（創造的成果）去研究，包括有形的具體創造品和抽象的觀念或理論的創造。甚至超乎三者之外，研究足以助長創造力，創造動機，創造技能，和創造行為的創造性環境。歸納而言，對於創造力的研究，應包括下列各項，並根據各要素間的關係，建立圖2–2的理論架構：

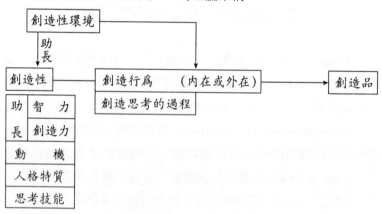

圖2-2　創造力研究的基本架構

　⑴創造的潛能：包括普通能力，特殊能力和創造力等。
　⑵創造的動機：研究人類何以要創造。
　⑶創造人的人格特質。
　⑷創造人所需的創造思考技能。

⑸創造的行為。

⑹創造品或創造成果。

⑺創造性環境。

　　上列各項要素，對於創造人的創造活動都是非常重要的，但要發揮適當功能，必須各項要素的綜合運作，才能提供創造人最有利的創造條件。缺少其中一項或數項，都會減弱創造的可能性。表2－1是根據 Necka（1986）的創造才能型態學（The typology of creative talent）所繪製的。從表2－1可以看出創造性環境、動機、人格、創造能力，和技能五者對創造活動的相關情形。必須五者具備，才能成為一位成熟的創造人。缺少任何項目，雖然也有創造的可能性，但較難有成熟的創造活動。其中尤以創造性環境最為關鍵，沒有創造性環境，則無法培育創造人的動機、人格和創造思考技能。缺乏創造動機，則創造活動無由產生，缺乏創造人格特質，則無法完成創造活動，缺乏創造能力，則無創造可言。

　　沒有創造思考技能，無法成為成熟的創造人。過去對於創造力的研究，由於實驗或研究方法的限制，比較偏重個別要素的研究，或要素間的相關研究，但創造活動是一種綜合的運作功能，如何從整體功能運用的觀點來探討創造活動，乃是我們應該努力的方向。

表2-1　創造才能類型圖

要素	環境	動機	人格	潛能	技能	創造才能類型
要素之有（＋）無（－）	＋	＋	＋	＋	＋	成熟的創造者
	＋	＋	＋	＋	－	年輕的創造者(缺乏技能)
	＋	＋	＋	－	－	好表現的創造者
	＋	＋	－	－	－	好表現的幼稚創造者
	＋	－	＋	＋	＋	浪費創造才能者，但如配合其他條件可為好的學習者
	＋	－	－	＋	＋	浪費創造才能者，易受挫的專業創造者
	＋	－	－	－	＋	易受挫的專業創造者
	＋	－	＋	－	－	非創造者，但可為成功的學習者或工作者
	＋	－	－	＋	－	幼稚的創造才能者
	＋	－	－	－	＋	受過教育的好表現創造者
	＋	－	＋	＋	－	浪費的創造才能，但如善用人格特質可為成功的學習者或工作者
	＋	－	＋	－	＋	易受挫的專業創造者
	＋	＋	－	＋	－	不成熟的創造者
	＋	－	－	－	－	非創造者

說明：五項要素中，環境為必要條件，無創造性環境，則無法發展其他各要素，故各欄均記為「＋」。

㈠創造潛能

　　人類的創造潛能，存在於大腦中。由於大腦的作用，表現出智力和創造力的功能。過去的研究，認為智力和創造力二者是個別不相關的能力（圖2-3），吉爾福特的智力結構模式則包括擴散性思考能力在內，也有研究創造力的專家學者主張創造力中應有智力的因素（圖2-4）。實際上，創造力和智力的關係應如圖2-5所示。二者之間具有共通的要素。

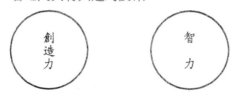

圖2-3　創造力和智力係不同能力

圖2-4　創造力和智力互相包涵

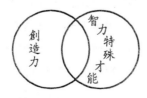

圖2-5　創造力和智力具有共同要素

研究者大多同意：智力和創造力都是一種中間變項，無法直接測量，但是可以用以解釋前置變項與結果變項間的關係。其次，許多研究者也從特質的觀點來看智力和創造力。從特質的四個條件：(1)長期穩定；(2)個別差異；(3)先天性；(4)可預測性來評估，則智力較創造力更符合這四個條件。

經分析結果發現創造力和智能具有某種關係。尤其在科學方面更甚於藝術方面。惟二者屬中度而非高度相關。陶蒙預測三百位傑出天才者之平均智商至少130。而庫克士認為平均應在140－155之間。最低100最高190，只有16%低於120。若依行業分類，哲學家約147，作家約140，科學家約135，藝術家為122，軍人為115。

吉布生和賴特（Gibson & Light, 1967）以魏氏成人智力測驗（WAIS）測量一百三十一位大學科學家，結果發現他們雖非在天才班，但在科學創造研究上都有貢獻。化學家和數學家的智商為130，農學家為121.7。

陶蒙發現高創造力者往往有高智商，但也有例外，馬肯農（Mackinnon, 1962）認為智力和創造力的相關可能有某一限閾，例如在120以上，創造力和智力的相關可能就不那麼顯著了。

許多學者如吉爾福特和陶倫士等都認為人類的創造力也和智力一樣呈常態分配，例如一位家庭主婦布置客廳、安排花園，裁縫師設計衣服和達文西作畫都要用到創造力。所以他們所設計的簡易創造力測驗，人人都可做，程度卻不同。波隆雖不反對人人都有創造力的說法，但不認為呈常態曲線，而是成為丁曲線，例如50%的創造成果都是只由5%的科學家所完成，不過朴來士（Price, 1962）卻認為呈 S 曲線，因為最後還是緩和下來。這些

是因為創造潛能所受環境的影響，其互動具相乘性而非相加性所致。

　　創造力與智力的關係，也可以從一般的智能作用想像來探討，例如：記憶需要智力，而記憶力對創造力也有幫助，無記憶力則無法充實創造所需的材料。創造力需要想像力，而想像力也需要以智力為基礎。只是想像的方式不同而已。他如分析、綜合、批判、評鑑等高層思考能力，無一不需要智力和創造力的互惠互補才能發揮最大的作用。易言之，創造力和智力都是大腦的作用，本質上相同，只是運作的方式和態度不同而已。例如：當我們看到桃花時，我們通常會想起古人的詩句而吟首「人面桃花相映紅」，此係普通智力的作用，但是如果您不想引用古人詩句，而另吟一首前所未曾吟過的獨創詩句，您就開始創作了一首新的詩。又如當您遇到問題有待解決時，如果您從經驗中去尋求過去學過或用過的方法來解決，您就是運用以普通智力為基礎的問題解決法，如果您不想採用慣用的方式來解決，而想改用一種未曾用過的新方式來解決，您就是運用以「創造力」為基礎的「創造性問題解決法」。再就特殊才能而言，某畫家看到某一風景，如同張大千之某一名畫，因而加以臨摹抄襲，維妙維肖，充分顯示其特殊才能，這只是智力部分的表現而已，如果他從經驗中去尋求各種素材，畫法、理念等，而不願以慣用的方式表達出來，改以未曾畫過的方式表現出來，則就運用了以創造力為基礎的特殊才能。音樂家亦然。當他看到某一情景，因觸景生情而彈奏了一段貝多芬的月光曲，充分顯現其智力部分的特殊才能。如果當時他不願以已有的歌曲來表達，而突然心血來潮，另行寫出一曲新的月光曲，此時，他就運用了創造力部分的特殊才能了。

　　創造力並非獨立於智力的普通因素之外（Yamanato, 1965）
智力乃是創造力的必要而非充分條件。雖然創造力的發展需以智
力爲基礎，但智力並非創造表現的保證。許多人主張智能思考應
包括創造思考，創造力也是另一種心理功能，在過程和人格特質
上和智力有重複之處（Schubert, 1979）。

　　以往心理學家認爲智力乃在調適自己以順應環境，而創造力
常不依正規而行，其實不然。陶倫士期在求生訓練中融入創造
力，其解決問題之效用和一般智力無異。

　　從創造力的發展過程來看，創造的行爲只有在媒介中才能表
現，例如 MR 兒童 Clemons 能成就雕塑作品，須有若干智力表
現。

　　西曼頓（1979）發現庫克士所研究的三百零一位創造天才中
除智力因素外，尚需家庭背景、典範良師及正式教育等因素所影
響。若不考慮人格和環境因素，創造力與教育程度之相關呈 U
型，太多教育使其越趨向傳統而乏創造傾向。受過研究所以上敎
學者難發揮創造天才。

　　Estes（1985）認爲智力是一種適應行爲，而創造力往往在某
時代無法見容於當地環境。例如科學發明，政治創見或商品創作
等。高智者往往抑制創造力以產生符合社會的行爲。長期而言，
這種抑制對個人或社會都是不利的。爲免於此缺失，Krippner
（1983）建議可給與高智高創者另闢創造活動的管道。

　　單獨分出智力和創造力是不必要的。一件事往往是智力和創
造力的合用，其份量視工作性質而定。智力和創造力是一種混合
且互補的心理能力。

　　如果教育方法得當的話，智力和創造力二者可以互相助長。

增進智力必然有助於創造力的增進，而創造力的增進，也必然有
助於智力的增進。

㈡創造的動機

　　人類之所以有創造的行動，乃是因爲他有創造的慾望，創造
的動機可以說是創造行動的原動力。沒有創造的動機，則無創造
行動之可言。所以研究人類爲什麼要創造，成爲研究創造力的重
要課題。

　　陶倫士（ 1970 ）認爲創造性的需求（ Creative needs ）或動
機，包括下列幾項：

　　1.好奇的動機

　　人類生而其有好奇心，因而有探求未知的慾望。許多人更因
好奇而創造。

　　2.面對困難，接受挑戰的動機

　　　（ Needs to meet challenge and to attempt difficult tasks ）

　　創造人往往比較願意面對困難，勇於接受挑戰。

　　3.專心致力完成工作的動機

　　　（ Needs to gain oneself completely to a task ）

　　創造人面對困難、挑戰而不退縮，專心致志，堅毅不移，終
能解決問題，或創新方法或成品，完成工作。

　　4.追求眞理的動機（ Needs to search for the truth ）

　　創造性問題解決者對於相信的事務，會大膽假設，小心求
證，不達眞理，絕不罷休。

　　5.顯現獨特性的動機（ Needs to be different, to be individual ）

　　創造人期望跟別人有所不同，希望展現其獨特性，更希望與

他人彼此互相尊重其獨特性。

　　6.其他爲滿足個人基本需求的動機

　　如生理需求、安全需求、歸屬需求、尊重的需求，和自我實現的需求等。

　　人類創造動機的來源，各家說法不同，茲分述於後：

　　1.心理動力學理論

　　佛洛依德認爲創造動機乃是個體期待獲得快樂的情緒狀態。蓋人生而具某些需慾，表現出來的稱爲驅力，當需慾未能滿足時，便存在著不愉快或緊張的狀態，個體爲獲得快樂，消除緊張，驅力會運用原級思考過程朝向尋求滿足需慾的目標，就成爲創造的動機。所以創造動機乃是原級思考能量的釋放。

　　2.操作制約理論

　　行爲學派主張創造動機乃源於刺激——反應的連結和增強作用的結果。溫士敦和貝克爾（Winston & Baker, 1985）認爲個體創造力的表現主要有三個條件：⑴在環境中有某些人、事、物的刺激，對個體產生了有意義的學習價值；⑵個體受到該特定刺激的影響而聯想到其他可行的措施，或彈性調整某些作法，因而在心中產生了新的點子或新的想法，這就是創造動機的產生；⑶把這些新的點子或新的想法加以實行或試用。最後再加以評估。所以創造行爲來自於創造動機，而受區辨性刺激，操作制約反應，及其後果事件之連結所影響。

　　單就創造動機而言行爲學派學者主張創造動機乃是制約學習的結果。當個體有某種創造動機產生，立刻受到正增強，則創造動機不僅會持續下去，而且以後有類似的情境，也比較會產生新

的創造動機。若創造動機發生時，不僅未能受到鼓勵，反而受到懲罰或消極否定態度，則創造動機將無法持續，且以後遇到類似情境，將只採取慣用的方法，而不願意運用創新思考的方法來處理問題，也就是不再有創造的動機了。

3.歸因理論

有關創造動機的歸因理論是由阿馬比爾（Amabile, 1979）所提出的。他認為創造是一種內在自然發生的行為，不是藉助於外在誘因的。所以歸因論主張創造動機應歸因於內在的誘力。他認為當個體知覺到其努力工作是由於內在誘力時，其內在動機會增強，若知覺到的是外在誘力時，內在動機將會減低。易言之，當個體從工作本身的因素得到樂趣，其創造動機將會持續增強，若是從外在的獎賞得到樂趣時，在外在獎賞消失後，創造動機也將隨之消失。故認為外在獎勵的歸因有害於內在的動機，創造動機應發源於內在動機，而非外在的誘力。

4.社會學習論

此派理論對於創造動機的看法和歸因論有相似之處。歸因論認為創造動機是以個體的認知信仰或對自己的行為知覺為基礎。另一方面，在個體被激勵去創作時，社會學習論又與操作制約論相近。社會學習論和歸因論都強調認知的重要，然而，社會學習論認為個體對其能力的認知（又稱自我效能）和期望乃是創造動機的基礎。

個體可以從工作成就中認知自我效能，更可從進步中覺知自我效能的提高。社會學習論認為獎賞不僅有誘因的價值，且可提供個人自我效能的資訊，例如收費高的音樂會較收費低者具有較高成就水準的表徵。因此，此派對獎賞的重視程度與操作論或歸

因論不同。操作論認為獎賞自然成為刺激反應間機械的或非認知的連結。歸因論認為獎賞是利用誘因使覺知其活動，因而喪失工作本身的動機。而社會學習論卻認為獎賞能提供動機的誘因，此近似操作論，又可以增加個人對自我效能的覺知。研究證驗（Blom & Zimmerman, 1984）效能資訊的提供，不僅不會降低內在動機，而且有助於提高創造動機。

5.期望本位理論

（Theory of An Expectancy Based Motiviation to be Creativity）

雷維士（Lewis, 1984）認為創造的動機受到第二種期望（expectancy）所影響，(1)是對創造本身及其成果的期望；(2)是對因

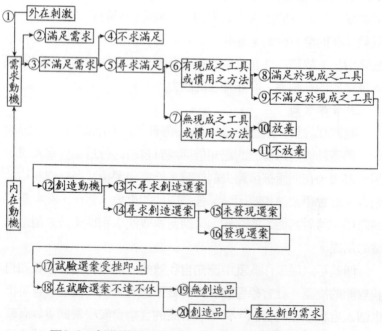

圖2-6　創造動機的形成、發展和創造過程之關係

創造成果而獲得獎賞的期望（相當於 Vroom 的工具性誘力）。個體對於創造成就的期望和對於成就後獲得獎賞的期望都可以引發創造的動機。此二種期望可以單獨發生作用，也可以共同發生作用，若共同發生作用，將可更增強創造動機。

　　從動機心理學的觀點來看，人類為滿足需求，才有行為之產生，創造行為亦然。依圖 2-6 所示，當人類的需求產生之後，可能立即獲得滿足，也可能無法獲得滿足，若屬後者，一般採取二種途徑，一是不求滿足，一是尋求滿足。人類如採取前項行動，則不會有後續行動，也就不會發生創造的行為。如採取後者（尋求滿足），則會繼續尋求滿足的工具或方法。此時也有二種途徑，即有現成的工具或慣用的方法，或無現成之工具或慣用的方法，如屬前者，則人類往往採用現成的工具或慣用的方法以滿足需求，這是人類的心理慣性，往往以最方便、最容易的方式來反應。這種反應方式，便無後續性的創造行動之可言。但是，有些人不願意滿足於現成的工具或慣用的方法，因而繼續尋求其他未曾有過的工具或方法，此時，創造的動機和行動，便會持續下去。另外，當人類尋求滿足動機而無現成的工具或慣用的方法可資運用時，可能放棄尋找其他非常用的工具或方法，也可能不願意放棄，而繼續尋求滿足的其他非常用工具或方法。此時，創造的動機和行動也會持續下去。這是創造動機發動之處。創造動機產生後，有些人可能雖有創造動機，但不尋求創造的選案，則創造行動僅止於此，必須創造人繼續尋求可能的創造選案，才有持續的創造行動。創造人在尋求選案的過程中，可能無法發現選案，也可能經過反覆研究後發現有選案。若無法發現選案，則必無創造成品。若發現選案，而不去試驗，或稍經試驗而受到挫折

就停止試驗，也無法有成功的創造品，惟有一再試驗選案，屢經挫折而不終止，終底於成，才能有成功的創造品，也才完成了創造的行動。

　　欲激發兒童創造的慾望，可以從下列幾方面著手：

1.利用內外在誘因引起學生創造思考的動機。

2.實施目標導向的教學，以期學生在未達目標前，繼續嘗試各種方法以達目標。

3.教學多元化，以滿足學生創新好玩的慾望。

4.激發學生責任感，使學生能負責任而發生創造的慾望。

5.給與學生探求新知的機會，增進其控制環境的能力，以激發其創造的慾望。

6.協助學生以藝術、文學等作品來溝通表達情感。

7.鼓勵學生追求自我實現。

8.不要讓學生太容易滿足，也不要不能達成目標，滿足需要。太容易或不能滿足需求都無法維持創造的動機。惟有適度的難度，有成功的機會也有失敗的經驗較能維持創造的動機。

9.兒童一旦有創造的慾望產生，就應該立刻予以增強。使隨時產生新點子，肯用腦子去思考各種創新的方案。

㈢創造人的人格特質

　　昆特爾（Guenter, 1985）探討美國有關創造力研究的文獻歸納成三大類：智力和能力、人格特質，以及教育訓練等。可知對於創造人人格特質的研究，已是創造力研究的三大主流之一。重要名家如羅吉士、弗魯姆、吉爾福特，和馬士洛等都重視這領域的研究。許多研究也都證明創造人的確具有某些獨特的人格特

質。

　創造人究竟有何種人格特質，各家說法不一，茲舉數人說明
之。

　巴隆和哈林頓（ Barron & Harrington, 1981 ）認爲創造人的人
格特質如下：
　1.重視經驗中美的品質
　2.寬廣的興趣
　3.喜歡複雜的工作
　4.活力充沛
　5.具有充分的獨立判斷性
　6.具有高度自主性
　7.具直覺性
　8.對自己有充分的信心
　9.對自己的內在矛盾和價值衝突具有解決和調適的能力

　謝克洛士（ Shallcross, 1981 ）認爲創造性的人格有下列特
徵：
　1.對經驗的開放性
　2.具獨立性
　3.具自信心
　4.有冒險的意願
　5.幽默感，喜歡參與智性活動
　6.具有對試驗的振奮性，享受感
　7.對問題或關鍵具敏感性
　8.不怕失敗

9.反因循或因襲

10.具個人勇氣

11.變通性

12.偏愛複雜性

13.具目標導向

14.較具內控的特質

15.具獨創性

16.自我依賴性

17.具堅持力

18.具好奇心

19.具觀察力

20.自我肯定

21.對亂序的接受性

22.具高度動機

23.對不確定的忍受性

24.求新的傾向

　　總之，創造人的人格特質可歸納如下：好奇心、冒險性、挑戰性、想像力、專注力、獨立思考、直覺力、貫徹始終、自信心、開放性以及勇於面對困境。

　　為使讀者更能了解創造人之人格特質的塑成過程，茲再就動機的理論，參考圖2－6來說明創造人應具有何種人格特質、何以該種人格特質有助於創造人的創造活動。

　　從動機心理學的觀點來看，創造人人格特質和需求動機的形成，發展和需求滿足的過程有密切的關係。茲分別說明如下：

1.當需求的動機無法獲得滿足時，有積極尋求滿足的勇氣。
2.有現成的工具或慣用的方法可以滿足需求時，不滿足現況，
　而勇於尋求新的工具或方法。
3.無現成工具或慣用方法可以滿足需求時，仍不放棄，繼續尋
　求可以滿足需求的其他工具或方法。
4.當創造的動機產生時，不因循苟且，而能多方努力尋求創造
　選案。
5.當創造人獲得創造的選案後，須經試驗才能證實，創造人不
　會因試驗受挫而灰心、退縮。反之，勇於面對困難，面對挫
　折，百折不回，堅持到底，貫徹始終，不達不休。
6.在需求動機的形成、發展和滿足的過程中，在開放的心靈，
　敢於冒險，富於想像，能獨立判斷，獨立思考，能自動自
　發，對於創造的選案或解決的方法深具自信，且善於運用直
　覺和頓悟的能力，敢於嘗試，以追求理想爲職志，而不安於
　現狀。

　　從上述特質可知，創造人的人格特質，並非創造人才具有，
一般人如能在需求滿足的過程中，給與適當的訓練，仍可以培養
這些人格特質。這些人格特質，乃是一位成功的學習者、工作者
或創造人所必須具備的。一位缺乏創造動機、創造能力，和創造
技能的學習者或工作者若具有這些人格特質，可以在學習上或工
作上獲得成功，然而不一定能有創造品。但是一位具有強烈創造
動機，豐富創造能力，和熟練的創造技能的創造人，若具有這些
人格特質，在這些要素的相互激盪下，將可能創造出可貴的成
果。

　　許多的研究證實人類在兒童時期具有較多的創造人格特質，年紀漸長之後逐漸消失。從人類發展的觀點來看，也許可以說明這種現象。

　　當嬰兒剛剛出生，一切需求均仰賴父母或成人的提供別無選擇，兒童可以獨立移動之後，他有更多的可能方式來滿足其需求，但是一方面由於兒童一旦有了需求都希望立即滿足，一方面家長也習慣於採用最方便最容易的方式來滿足兒童的需求，無法讓兒童自己去試探，尋求其他的方式。年紀漸長，經驗、知識也較豐富，本可運用較多的方式來滿足需求，但因人類的慣性心理，不願多花時間、精力去改變習慣，尋求新的滿足方式，因此，創造的人格特質越來越無法發展。如果我們要培養兒童的創造特質，宜自幼小時期，給與機會學習延宕滿足需求，練習試探各種滿足需求的方式，則可於發展智力的同時，兼具發展創造力之作用。如此，就不會像阮汝體所說的：「創造力在幼小兒童中像流鼻涕一樣的普遍，但在成人中相當少見」，也不致於像柯拉克（Clark, 1987）所說的：「越有創造力的孩子越不喜歡學校」。

㈣創造思考技能

　　從表2–1所示，可知一位創造人如果有能力，有動機，也有創造的人格特質，而沒有創造思考的技能，仍然無法成為一位成熟的創造人。因此，創造思考技能的培養，在創造思考教學中應是一項重要的課題。創造的過程，也就是創造思考技能的運作過程，創造過程中每一階段的長短，因創造的性質之不同而有不同。例如：有些創造活動在醞釀期，百試不明其解，因此，嘗試

運用各種創造思考技能；有些則在預備期之後，立即豁然開朗，甚至不知道已運用了創造思考技能。其實，在創造過程中，創造思考技能的運作應是主要角色。因此，研究創造思考技能者，在創造力的研究領域中為數最多，而且已建立相當完整的研究模式。如吉爾福特、威廉斯、陶倫士、魏爾斯等的研究都可供參考。

㈤創造性環境

環境對發展創造力的重要性，正如環境之於智力發展的重要性。人類的智能，在大腦的成長發展，配合環境的交互作用之下，相輔相成，逐漸發展，創造力亦然。人類的創造力和智力一樣，藉著大腦的成長發展和環境的適當刺激，本可和智力一樣的發展，可是，人類在發展和受教育的過程中，從小受到鼓勵的是智力的因素，而非創造力的因素，因此，創造力無法和智力一齊獲得成長。易言之，人類從小就有優異的智能發展環境，卻沒有適當的創造力發展環境，甚至可以說是阻礙創造力發展的環境。

所謂「創造性的環境」，就是一個可以孕育創造人的創造動機，培養創造人人格特質，發展創造人創造思考技能，以助長創造行為的環境。也就是一個支持性的環境。

欲提供創造性的環境可下列幾方面著手：
1.建立創造的氣氛：如熱忱、安全、開放合作，獨立、擴散、幽默、溫暖、支持、獎勵等。
2.重視「人性」層面，而非「聖賢」層面。人人都可能有錯誤，但能不怕錯誤，勇於嘗試創新。
3.發展學生創造的途徑。

4.鼓助多種感覺的學習。

5.少權威領導，多鼓勵獨立或合作學習。

6.不過於強調整齊或齊一，尊重獨特性。

7.不過度重視時間因素，給與學生足夠的思考時間，因爲有些創造需要一段時間的重組舊經驗醞釀新方法。

8.不做學生間的相互比較，尊重個別性。

9.減少結構限制，讓學生能夠跳出結構，重新構想新的方案。

10.增強自我的意識和信心。

11.社會應給與創造人適當的讚許，對於創造品應給與適度的肯定。

12.提供放鬆的環境，例如：減少規則的限制或允許創新規則，加強友誼，增進溫暖的氣氛，增強師生的共同支持，對表現良好者予以正增強，少用批評、控制、冷淡、縱容，如圖2－7。

　　創造性環境在創造力的發展和創造的過程中都具有重要地位。在兒童發展過程中，有創造性環境才能培養創造的人格特質。在動機發動之時，創造性環境有利於創造動機的產生，並維持相當的強度，在發展創造思考技能時，創造性環境有利於其學習和練習。在創造的過程中，創造性環境有利創造行爲的持續進行，貫徹始終。甚至於創造的成品，如果能夠有良好的創造性環境，更能顯現其價值，所以創造性環境可說是創造力的溫床，是創造活動的必要條件。

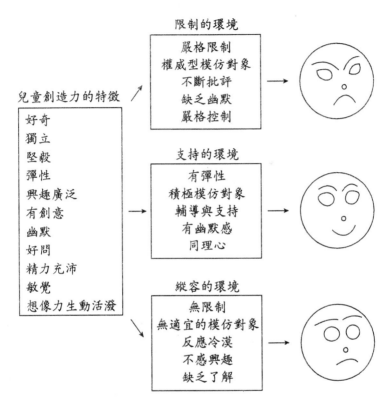

圖2-7　不同的環境對兒童創造力發展之影響

㈥創造行爲

　　創造行爲可說是創造人爲滿足創造動機所進行的以目標爲導向的行爲。因採取的創造思考技能和策略之不同，創造行爲也可能會有所差異。例如：潘尼斯（1966）認爲創造行爲乃是根據內在或外在特殊刺激而來的一種反應，或反應類型，通常稱之爲事

物、文字或符號等。而且至少有一種以上的獨特組合，以增強反應或反應類型。梅克爾（Maker）則認爲創造行爲是一種知識、想像和評價的作用，而其所產生的結果兼具「獨特性」與「價值性」。易言之創造行爲乃是創造人在產生創造動機後，直到創造品完成之時所表現的行爲。也就是在創造的過程中，創造思考技能運作時所能表現的一切內外在行爲。

　　內在的創造行爲乃是創造思考運作的過程，創造人針對創造的動機，運用創造思考的技能，以內在思考行爲的方式，尋求動機的滿足。

　　外在創造行爲包括運用各種肢體，實物、動作、符號或其他有形的行爲來配合內在的思考行爲，以滿足創造動機的需求。例如音樂的創作往往透過音樂家的寫譜、彈琴，表現或記錄內在的思考運作過程，最後獲得成功。

　　內外在的創造行爲必須密切配合而不可分的，但有些創造活動，如學術理論的建立，往往較偏重內在的創造行爲，而舞蹈或體育技巧的創作則必須以外在創造行爲爲基礎，才能使內在創造思考行爲得到印證。

　　當然並不是所有的創造行爲都會有頗具價值的獨特創造品，但是創造行爲必定有創造的成果。從創造思考教學的觀點來看，我們所強調的應該是創造思考過程中所表現的創造行爲，而不是斤斤計較於創造的成果。期望於創造人在未來有豐富的創造能力和成熟的創造思考技能之後，將會有更豐碩、獨特的創造成果。不過，在創造思考教學過程，如果能夠有點新的創造成品出現，也是樂於見到的。

　　創造思考過程的研究可溯源於杜威（1910）的五段問題解決

法，當時雖未特別提出創造思考的過程，但在問題解決過程中，多少會用到創造力。歐森（Olson）認為創造歷程可分成五階段，包括(1)確認有價值的問題；(2)界定真正的問題；(3)開放觀念尋求答案；(4)運用直覺和判斷力找答案；(5)提出解決辦法。華勒士（1926）提出創造思考過程的四個步驟，這是一般學者最常引用的過程，包括(1)準備期；(2)醞釀期；(3)豁朗期；(4)驗證期。馬肯農（Mackinnon, 1963）則提出(1)準備期；(2)困知期；(3)退縮期；(4)領悟期；(5)驗證期等五階段。其後謝克洛士（Shallcross, 1981）另提出五段創造思考的主張，包括(1)導向期；(2)準備期；(3)概念化期；(4)評鑑期；(5)執行期。史田（Stein, 1967）則歸納成三個階段包括(1)假設形成期，透過敏覺、鬆弛和靈感形成假設；(2)假設驗證期；(3)溝通告知期，將結果告知他人。

　　總之，對於創造思考過程的主張，雖然各人說法稍有不同，但是都是始於問題的發生和確認，從舊經驗中去尋求各種解決或創新發明的策略與方法，經長期（或短時期）思索及得出假設，繼而驗證假設，若屬可行，則加以執行並告之他人這是合乎邏輯的思考方式。

(七)創造品（Product）

　　創造品乃是創造活動的最後成果，也是創造人創造能力的具體表現。沒有創造品，則創造人的創造能力無從表現。

　　邇來對於創造力的研究，或以創造的過程為重點，或以創造的成果為重點。由於創造人之創造力的研究，和未來的創造行為或創造實績缺乏密切的必然關係，因此，許多研究者改變研究方向，從創造的成果來研究創造行為。其主要方式有二：(1)以測驗

的結果來代表創造力；諸如陶倫士的創造力測驗是從這個觀點出發來鑑定具有創造力的創造人；(2)以作品來評量創造力如作品的多少，被引用的次數等。

　　創造品可能是創造活動的有形成果，也可能是無形的成果。有形的成果包括建築物、工具、樂曲、舞蹈或藝術品等。無形的成果包括於觀念的建立、新理論的發現、滿足需求或解決問題的新方法等。然而，不論是有形的創造成果或是無形的創造成果，都必須以具體的形式表達出來，否則無法保持這些創造品，也無法和他人溝通。

　　最後，創造品應兼具個人價值和社會價值，具有個人價值的創造品固然不能謂不是創造成果，但如能兼具社會價值，則更可明確地顯現創造品的地位。因爲有些個人的創造品可能他人已創造而自己不得而知，如果社會公認的創造人具有更高的公信力。

　　對於創造產品的評量，有採用層級式的評量方式，有採用規準式的評量方式，例如泰勒（1975）曾根據創造產品的性質與複雜性而將創造分爲五種層次：(1)即興式的創造；(2)技術性的創造；(3)發明的創造；(4)革新的創造；(5)深奧的創造。可供評量參考。而陶倫士則以流暢性、變通性、獨創性和精密性做爲整體創造產品的評量標準，傑克森和梅西科（1967）認爲創造的產品應根據(1)新穎，(2)價值，(3)轉相，(4)精粹等四項標準來評量。這四項標準可以評量個別創造產品的創造價值。

　　創造品或創造成果雖然是創造行爲所欲達成或獲得的最後標的。但是，創造是一種朝向目標的活動或心理歷程。在需求問題或理念發生之初，就可能已在心中浮現創造之標的，這種標的物可能發展成爲未來的創造品或成果。創造的標的物，參考吉爾福

特的意見，可以細分爲實物、模式、圖片、符號、數學、語文、思想、態度、風格、行爲、動作等。這些標的物的創新，可以從內容、形式和功能等三方面的變化來運作。在運作過程中，每一方面都可以有變與不變的可能。一共有八種變化。此八種變化中，有一種均不變的組合，也就是保持原狀，不屬於創造的範圍，其餘七種變化的組合都可合乎創新的涵意。當然其變化的情況有大小，多少的不同。惟其基本原則應合乎價値性、精美化、便利性、經濟性和多用性的原則。茲分別說明如下：

1.內容方面的變化

　　也就是要素、元素或材質的變化。易言之，可以採用不同的材料、元素或要素以製造相同形式或不同形式的東西，具有相同的功能或不同的功用。例如可以紙材代替陶瓷製作茶杯，其形式，功能可以相同，可以不同。惟其原則是更堅固、更輕便、更易取得材料，更經濟、省錢，或製作過程更簡單等。

2.形式方面的變化

　　也就是形狀、外觀或樣式上的變化。形式的創新可以採用相同的材料內容，也可以採取不同的元素。功用上也可以相同，也可以不同。例如同樣材料的茶杯，可以改變其形狀或樣式，使看起來更美觀、用起來更舒適、方便，攜帶更容易。

3.功能方面的變化

　　也就是用途或作用上的變化。例如相同內容、形式的茶杯，可以有不同的功能。當然也可以變化茶杯的材質，內容或形狀以達到改變功用的目的。改變茶杯的功能，可以使其用途更多樣化、方便使用，或較原來的功能更強等。

　　表2－2所示，乃是將這二個向度（創造的標的和創造運作方

式）加以列聯，可以看出創造活動的多樣性，也可以做為創造思
考教學選材的參考。前述已將創造的運作方式舉例說明。茲再就
創造的標的分別說明之：

1.實物

包括各種實物在材料內容、元素、要素或形狀，樣式，以及
用途、功能上等改變創新等。

2.模型

如各種建築模型、機械模型或玩具模型等。

3.圖形

包括建築圖形、美工圖形、廣告圖形、照片或幾何圖形等。

4.符號

如音符、點字、數碼或其他聲、光符號、電子符號。

5.數字

包括各種數字的變化。

6.語言

如創作文學，文章改寫，小說或其他語意的新用等。

7.思想

包括現實、想法、主意、原理以及理論的改變或創新等。

8.態度

改變態度可以改變生活和人際關係；輔導上常用此方法。

9.風格

改變風格可以改變氣質和觀感等，如文章風格的改變，演戲
風格的改變，甚至個人處事風格的改變，都會令人耳目一新。

10.行為

改變態度、思想、風格都可能改變一個人的行為。但是行為

表2-2　創造標的與創造運作方式列聯關係

創造運作方式 / 創造標的	X 內 容 (2)不變	X 內 容 (1)變化	Y 形 式 (2)不變	Y 形 式 (1)變化	Z 功 能 (2)不變	Z 功 能 (1)變化	備　　註
實　物　(A)							
模　型　(B)							
圖　形　(C)							
符　號　(D)							
數　字　(E)							
語　文　(F)							語文如創作文學、文章改寫、小說或其他語文的運用等。
思　想　(G)							思想包括觀念、想法、主意、原理以及理論改變或創新。
態　度　(H)							改變態度可以改變生活和人際關係。輔導上常用此方法。
風　格　(I)							改變風格可以改變氣質和觀感等，如文章風格和繪畫風格。
行　為　(J)							
動　作　(K)							

說明：(1)創造運作方式有2^3種變化。

(2)$X_2Y_2Z_2$全部無變化，不屬創造活動。

(3)其餘七種變化包括 $X_1Y_1Z_1$，$X_1Y_1Z_2$，$X_1Y_2Z_1$，$X_1Y_2Z_2$，$X_2Y_1Z_1$，$X_2Y_1Z_2$，$X_2Y_2Z_1$等。

的改變也可單獨進行。例如：教師可以改變教學行爲的內容（不同的材料），也可以用相同的教材但是採取不同的形式如以創造思考教學代替傳統教學方式等。更可以相同教材，相同方式達到不同的教學目的，例如培養兒童的創造力。

11.動作

　　如體育運動、舞蹈、珠算，或其他動作技能的改變。動作技能的改變往往使成績更佳，姿態更美、技術更精進，動作更圓融。

　　上述創新變化，依據價值性、精美性、方便性、經濟性的法則，可以構成圖2－8、圖2－9，所示的各種規則。這些規則可以提供教學創造思考的參考，也可以做爲評估創造成果的依據。

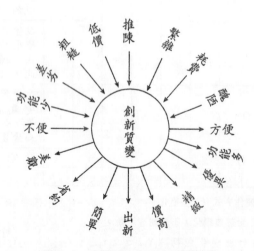

圖2-8　創造思考的質變模式

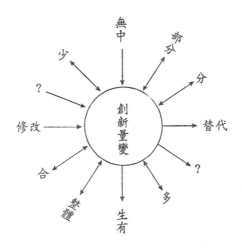

圖2-9　創造思考的量變模式

三、創造力研究的分析架構

　　羅德士（Rhodes, 1961）從有關文獻中歸納出下列四項與創造力有關，即⑴創造人（person）；⑵創造歷程（process）；⑶創造成果（products）；⑷創造環境（press）。此四者成為創造力研究的主要內容。昆特爾（1985）又從能力、人格特質和教育訓練三方面來分析有關創造力研究的文獻。我們可以綜合這二個向度，成為分析有關創造力研究的架構，如表2－3。此分析架構不僅有助於我們對於創造力的了解，也有助於我們了解創造力研究的進行方向。例如：高登（1869）對於天才創造人遺傳的研究乃是研究創造人的創造力（P2 × A）。

表2-3　創造力研究的分析架構

成果（語言或藝術）（P1）	創造者（P2）	創造過程（P3）	創造環境（P4）
智力(A)與創造力(C)			
人格特質（T）			
教育與訓練(E)			

註：取自 Guenter, C.E.（1985）The histoical influences of crealivity and its measerewent in American education, 1950 - 1985 p.61。

　　郭次堡（1978）的「三百位天才者人格」經西曼頓（1986）的分析研究屬於創造環境與創造力的關係研究（P4 × C）社會學家對創造力的研究大多屬於此類。人格理論學家的研究則較重創造人的人格特質（P2 × T），許多心理學家更從智力或創造力的高低分析其創造成果之差異（P1 × AC）。華勒士的研究重創造力的運作過程（P3 × L），Reese 和 Pornes（1970）對高中生創造性問題解決能力的訓練方案之研究則屬教育訓練與成果之關係（P1 × E），國內學者陳榮華、李錫津、林幸台、陳龍安、張玉成、張世慧等的研究也多屬此類。至於創造性環境對於教育訓練的影響和創造過程的訓練效果，以及人格特質和創造過程的關係似乎較少研究。有興趣者可以多在這方面來探討。

第三節　創造學的建構

一、涵義

　　所謂創造學（Creatology）乃是研究創造力的科學。對於創造力的研究一向是屬於心理學門的範圍。實際上，除了心理學外，其他各行各業、各門各派都有創造的行動和成果，值得我們加以研究。所以，創造學應該是一門科際整合的科學，包括社會學、心理學、經濟學、教育學、計量學、管理科學、組織理論、電腦科學、藝術、人文及其他科學等。

　　創造學能否成為一個獨立的學門，值得探討觀察。所謂學門（disciplinarity）是指認知範圍中某些統一的專門化知識而言。（Fetrie, 1992）包括(1)有核心概念；(2)有理論架構；(3)有研究方法；(4)有研究工具和(5)有研究目的。Phenix（1962）則認為學門乃是教與學的知識。其標準為(1)分析單純化；(2)統整協和化；(3)動力學的狀態。所謂「分析單純化」也就是一個學門必須簡單易懂而無困惑。創造力學係一種科學整合的科學，其眾多的理論、方法、模式的確不易整合，但是在一九九〇年國際創造會議中已同意從創造人、過程、成果，和環境四方面來研究。部分符合了「分析單純化」的條件。

　　所謂「統整協和化」，係指學門有其展示模式或關係的概念架構，也就是指能區別異同的綜合概念架構，例如：Welsch

（1980）曾檢討研究創造力定義的二十位主要作者，結果發現了
一些共通性的意義。最早企圖從有關創造力的文獻探討找出其共
通性者爲 Rhodes（1962）。最近者如 Sternberg（1988）也在做這
方面的努力。此次世界創造力研究大會中，Murdock、Isaksen、
Vosburg 和 Lugo 等分析現有的文獻，發現創造學已具有此屬性。
但因其各領域關係複雜，故仍需繼續努力整合。

　　所謂「動力學狀態」乃指該學門的知識仍在繼續不斷成長
中，近年來有更多的專家學者投入該學門的研究，且相互分享經
驗，在期刊上陸續有文獻報告，而研究著作也相當發展。預期未
來將會持續增加。

　　從以上三個條件來看，創造學已具有了學門的潛力，假以時
日將可以逐漸成形。

二、創造學矩陣

　　以矩陣的方式來表現創造學，可以涵蓋創造學的科際整合本
質。該矩陣包括兩個向度，橫軸代表創造的概念系統，縱軸代表
與創造有關的社會系統。以創造力的社會系統言，包括個人、小
組組織和文化。以概念系統言，則修正 Rhode（1987）的4P 理論
（Person、Process、Product、Press）。爲避免各向度中個人的要素
之重複，在橫軸的4P 中融合 press 和 person 爲能力（bility），參
見表2－4。

表2－4　創造學矩陣（ *Maggari － Beck, 1993* ）

項目\\類別	能力	過程	成果
個人	創造者的能力、技巧和人格等	個人創造的過程	個人創造的成果
小組	小組創造的方法和特質 創造小組之特質	小組創造的過程	小組創造的成果
組織	組織創造的特質 創造的組織的特質	組織創造的過程	組織創造的成果
文化	社會的創新 文化的創新 創新社會與文化	文化和社會創新的過程	文化和社會創新的成果

　　橫軸的能力（ A_1 ）、過程（ A_2 ）、成果（ A_3 ）三要素和縱軸個人（ B_1 ）、小組（ B_2 ）、組織（ B_3 ）、文化（ B_4 ）四要素組成交叉矩陣共 $3 \times 4 = 12$ 種。此架構可適用於社會、政治、經濟、教育、心理和科學等方面的創造力研究。

　　若再加以進一步細分，橫軸的能力（ A_1 ）、過程（ A_2 ）和成果（ A_3 ）三要素，各要素均可就事實（ C_1 ）和規範（ C_2 ）以及量（ D_1 ）與質（ D_2 ）二個向度來說明，見表2－5。就能力言， $C_1 D_1$ （事實×量）向度代表創造力的數量。例如：陶倫士認為創造力包括流暢力、變通力、獨創力和精密力等四項。 $C_2 D_1$ 代表創造力幾項創造的準則。 $C_1 D_2$ 代表創造力的高低， $C_2 D_2$ 代表創造準則的優劣性。同樣地，對於過程和成果也可以做相同的分析。

表2-5　創造學矩陣細目分析表（*Maggari - Beck, 1993*）

項目　　層面	能力		過程		成果	
	質	量	質	量	質	量
事實						
規範						

三、個人創造力

　　構成創造學矩陣縱軸的第一要素為個人。個人的創造力、創造思考技巧、創造人格或特質、創造過程或行為，以及創造成果向為創造學者所關心而積極加以研究，至今仍然受到相當的重視。即使研究小組創造力、組織創造力或文化創造力仍然無法忽視小組中，組織中或文化中的個人因素，沒有個人創造力的表現，就無法展現小組的創造力，更無法展現組織和文化的創造力，表2-4中的創造人可為個人、小組、組織或文化。

　　對於個人創造力的研究，除了探討其與智力的關係外，相當重視歸因的理論。也就是研究個人的創造力究竟來自個人的氣質或是外在的情境，何者影響較大。卡梭夫（Kasof, 1995）從共變原則，突顯原則和偏見原則三方面來探討這個問題，他認為有些創造力係以氣質為主，有些則以環境為主，有些則為氣質與環境互動的結果。但是，因受前述之原則的影響，我們很容易把個人的創造力歸因於氣質。茲分述如下：

㈠共變原則

此原則在討論創造學、創造時間和創造情境三者之間的共變關係。有些創造力的表現因人而異，有些卻是多人相同（共識性）；有些在不同時代的相同情境表現相同的創造力，有些在不同時代的不同情境也表現相同的創造力（一致性）；有些個人在相同的情境均表現相同的創造力；有些在其他相同的情境也不會有相同的創造表現（歧異性）（Kelly，1973）。凱利（Kelly，1973）認為低共識性和低歧異性之創造表現可歸因於氣質，高共識性和高歧異性者則歸因於環境因素。其他則為氣質與環境的互動。

㈡突顯原則

以觀戲為例，觀眾較容易為大刺激所吸引，也較注意演員而非情境。一般而言，觀察者較注意新奇、突顯之特質，因而會高化特質，例如：樂隊合奏中較突出者會被注意。編舞者不若舞者受到重視，創作者不如歌手受到注意，因舞者和歌者都較突顯。

㈢偏見原則

一般人易把好的、成功的事項歸自己，把不好的、失敗的事項歸因於他人或情境。此種歸因上的偏見也會產生在創造表現的歸因上。創造人常把成功的、良好的創造表現歸因於個人的特質，而把創造的失敗歸因於環境。而成功的創造表現較易受到注意。

　　總之，個人創造力的表現或爲個人之氣質或爲環境之影響，或爲氣質與環境互動之結果，端視該創造力表現之性質而定，惟一般而言，我們較易歸因於氣質。由於環境影響的因素較爲複雜，故較不容易加以研究。

　　其次，研究個人創造力的另一重點是「是否可教」（Isaksen & Mardock, 1993），許多研究結果都證明創造力是可以教導的。

　　至於如何激發個人創造力，教導其發揮創造力也是許多創造學者研究的重點（Treffinger, 1993），許多學校也都提供創造思考教育課程，實施創造思考教學，以改變教學型態，提供教學品質。

四、小組創造力

　　歷年來，創造學者對於創造人的研究，大多著眼於個人創造力和創造經驗的探討，諸如吉爾福特、陶倫士等創造大師的名著也是以個人的創造活動爲研究重點，甚少涉及小組、組織和文化的創造等。其主要原因乃是早期研究創造力者多爲心理學家，較少社會學者或政治、經濟學者。Kasof（1995）探討一萬篇有關創造力的研究論文，其中87%係有關個人創造力的研究，時至今日，創造力研究的範圍越來越廣，已非單純心理學所能涵蓋，涉及政治、經濟、社會和文化的層面越多，已儼然成爲一門科際整合的科學。因而創造力學者於一九九〇年在水牛城集會時便提起了「創造學」（Creatology）的主張，在創造學的基本架構——創造學矩陣（Creatology matrix）中，對於創造力的研究便提出了個人、小組、組織和文化的創造等四方要素。本文僅就小組創造的

方法提出說明，供研究創造力者參考。

　　當今的時代趨勢，合作研究的必要性越來越重。至少在科學研究領域是如此，Kasof（1995）就曾說，以後的科學研究將是小組創思的時代，一批學者合成一研究群，共同致力於某主題的研究，非單獨個人所能成就的。當然個人的創造力會表現在其中，如何使個人的創造力在小組創思活動呈現相加相乘效果，而非相減相除效應，是值得我們研究的課題。

(一)涵義

　　以往實施創造思考教學大都以個人為主要對象，創思者各自以其個人的創造能力，進行創造思考活動，其成品係為個人創造的結果。然而，個人的創造能力有其限度，若能相互激盪，將可產生更大的創思效果。小組創思法因此而產生。俗語說：三個臭皮匠勝過一個諸葛亮，就是這個道理。

　　所謂小組創思法，就是以小組的方式來進行創造思考的活動。小組成員不宜過多，以六人左右為宜，首先對某一主題各自提出新主意，然後每位成員以他人之主意為基礎，藉以激發其新的想法，如此可以獲得最大的創思效果。

(二)模式

　　小組創思法自六○年代以來已發展出許多模式，且廣泛地應用於工業界和企業界，用以解決問題，提出新策略或創造新產品。其主要模式包括腦力激盪術、六六對論法、635創思法、書寫創思法、換卡法、對質法、基本分合法、快速創思法和型態創思法等。茲分述如後：

1.腦力激盪法

在小組討論中，爲增加流暢性以收集更多的主意而有腦力激盪法的設計。此法除普通用於創思教學外，工商企業界和行政界也經常使用以期收集更多的想法。採用此法時，主持人的引導和主持技巧至爲重要，小組成員的合作配合也很重要。主持人首先必須營造和諧的團體氣氛。不預先對任何人存有偏見，盡可能導引每個人發言，遇有獨占發言，或偏離主題的情形時能適時予以導正。主持人和小組成員對任何人的意見均不做批判，鼓勵其他成員搭便車，但不阻斷他人的發言。惟此法的缺點是主持人必須善於主持討論，否則常常海闊天空，浪費時間，小組成員若缺乏民主風度，常會破壞和諧的氣氛而無法得到應有的效果，小組成員若說明不清楚或記錄不明確時，常會曲解原意。

2.六六討論法

此法係以六人爲一小組，每人發表意見六分鐘，所發表的意見可以是自己的想法或引述他人的意見，也可以是承繼前一位小組成員的意見，加以增潤，惟不宜批判。各人發表後可以討論，也可以申述。最後獲得適當的結論或成果。

採用此種方法，因爲發言的時間有限，較不能做深入而徹底的探討，因此，所討論的題目，盡量是大家所熟悉的，有接觸的，或是能經驗到、體會到的爲主。又此種方法使每人均有表達意見的機會，可訓練即興發表意見能力。

3.635創思法

此法係由德國心理學家羅巴克（Rohrbach, 1965）所創。羅氏於一九六五年首先將腦力激盪法和分合法用之於創造性問題法，以教導學生有效地解決問題。但是，在實施過程中，羅氏發

現工商企業界的使用者有若干困難，例如：主持人缺乏主持能力，討論的規則和技巧不足等。因此，修正腦力激盪法和分合法而創立635創思法。其方式是，以六人為一小組。圍坐成一圈，每人分給一張紙，先就某一共同主題寫出三個主意，然後傳給隔壁的小組成員。每個接過他人傳來創思作業單之後，仔細閱讀其主意，然後以此為基礎加上新的主意，這種新加上去的主意最好不要和自己原來已提出來的主意相同，否則就得不到更多新的主意。如此輪換五次，有新主意可以加入，無則可免，最後將結果攤開來，共同評價可行方案。因此法的小組成員六人，每人提出三項新主意，輪換五次，故稱為635創思法。

此法在很多方面優於傳統的腦力激盪法，尤其在命名或提出新策略方面，本法較為有效。而且參與者不必一邊聽一邊想，造成干擾。

4.換卡法

635創思法也有其缺點，也就是在輪換過程中，相互間有感到壓力或必須等待之苦。例如：當甲要傳給乙時，若乙還有新主意尚未寫完，甲必給乙形成壓力，且甲也必須等乙寫完才能交創思卡給他。若乙已寫完而甲尚未完成，則有相似情況發生。為補救這些缺失，乃修正635法為換卡法。其方式仍為六人一小組，每人可先用創思卡就某一共同主題寫下新主意，然後置放二人中間或投入六人中間的「創思庫」中，也可以先準備若干已寫有新主意的創思卡置於創思庫中，然後每人再取一張空白的創思卡，各別寫上新主意，然後再將第一張創思卡投入創思庫中，並取出他一張，此卡的創思主意可以判斷參與者想出更多新的主意。進行二、三十分鐘後，將卡分類排出，共同評鑑後可行之方案。

5.面質法

　　此法採取分合法中的強迫適配法（force – fit）。首先提供參與者刺激字或詞，參與者分析這些刺激字詞並使與主題的內容、功能、方法或待解之問題產生關聯，因而產生新主意。刺激字詞的提供可以運用各種感官材料，但是，經過實驗研究結果，以視覺圖片為最佳。實施時，可先以圖片做為材料（以五張為宜）配合特殊背景音樂，讓參與者撇開問題而進入放鬆的境界。然後採用較細節的圖片，以刺激參與者產生和問題情境相對質的現象。此時，小組成員可以說出自己的想法，彼此互相加以新主意。此階段可用到五到七張圖片，時間約四十分鐘。

　　此法可以和換卡法合併使用。材料是十張圖片，三張供參與者放鬆之用，七張做為激發新主意之用。參與者以二十分鐘時間觀察後面七張圖片，藉以產生新主意，然後每位各分給一張創思卡，參與者將新主意寫在卡片上，隨後互相交換，並加入新的想法，最後再收集分類評鑑之。

6.分合法

　　此法為郭東（Gordon）所創。用以教導學生對於熟悉的事物產生新的主意。也就是讓思考者從新奇的面向來看舊的事物或觀念。如此便於產生新的創見，或以利問題的解決。採用分合法時，學生常用隱喻、類比的思考策略。Gordon（1972）說明用分合法解決問題時，可分成兩個過程，其一為創新過程，其二為學習過程。所謂創新過程係把熟悉者變成不熟悉者。其方式為應用隱喻法將不熟悉之事物類比為該熟悉之事物（直接類比），其次把自己比喻為該不熟悉之事物（個人類比），必要時可將該熟悉事物加以符號化（符號類比）。所謂學習過程係將該不熟悉事物

透過其經驗的運用而形成另一新的事物或創意。由原物→分→合
→新物的過程達到創思或解決問題的目的。此法可與創造性問題
解決（cps）相輔相成。個人與小組均可用。

　7.快速創思法

　　此法乃引用創思十二原則研發而成。莫拉瓦的創思十二原則
如下：

　　⑴把事物倒過來看。

　　⑵從另一層次來看問題。

　　⑶跳開系統。

　　⑷向前進一步想一想。

　　⑸不要太大步。

　　⑹統整一下。

　　⑺把二種不相關的想法連在一起。

　　⑻把部分融入整體之中。

　　⑼個別思考每一部分。

　　⑽別人怎麼做。

　　⑾預測未來情勢或可能性。

　　⑿去除不必要的部分。

　　莫洛兒（Morona）將創思十二原則加以改編成問答方案，讓
參與者快速回答，以小組進行方式為宜，藉以激發更多新的主
意。茲試擬問題：

　　⑴如果倒過來看會怎樣？

　　⑵可以從另一個角度或另一個層次來看嗎？

　　⑶如果您跳開您現在的職位、工作或制度來看會有什麼結

　果？

　⑷想想下一步會怎樣？

　⑸中間缺漏了什麼？

　⑹如果把現有想法統整一下會怎樣？

　⑺請把二種以上的不相關主意聯想在一起？

　⑻把不同的部分合成整體，會如何？

　⑼請仔細思考每一部分，和解決問題的主意有何關係？

　⑽別人怎麼做？其他業界怎樣做？

　⑾請您預測可能趨勢或結果怎樣？

　⑿哪些部分是不需要的，可以去掉？

8.型態分析法

　小組創思活動可以透過型態分析法（morphological matrix）來進行。此法首先找出創思標的物的二項主要特質，各項特質再分析重要細目，分列為縱軸和橫軸，列聯成矩陣。縱軸與橫軸的每一細目相交所形成之細格則可為一創思標的。小組可採此法以激發創思活動。

　總之，小組創思法已廣泛地應用於工商界、企業界、政治界和教育界，其效用較個人創思為大。正如日本創造學者所說的，我們與其千辛萬苦尋找一位不可得的天才來加以訓練，不如找一百位中上之才教育之，使能共同貢獻智慧，其成效將較一位天才者的創造成果為大。一則天才可遇而不可求，而中上之才尋求不難，再者集體創作不亞於個別天才之成果。可是日本各界也重視集體創思的成果，反觀國人較偏好個別創造，不善於共同合作，值得深思。

　　其次，小組創思和個別創思並不相違背。小組是由每一個體所組成，小組創思仍以個別創思為基礎。小組中的成員如果人人都有創思能力，且能相輔相成，則必將產生更大的小組創思效果，反之，若小組成員無創思能力和態度，則小組創思法也難發揮最大功效。

表2-6　不同經營型態之經營重點、主要問題及成功之本

層面	焦點	主要問題	成功之本
人性的	員工—工作	適應	激發動機
結構的	系統	合作	調和一致
政治的	權力	影響	消除競爭
符號的	事件解析	有意義	賦與意義

五、組織的創造力

　　如果組織是一個活生生的有機體，它必須不斷地革新進步、成長發展。所以組織的創造力乃是組織活力進展的泉源。值得研究組織發展和創造力的學者加以重視。

表2-7　組織創造力的成果

經濟成果	人員成果	
	認知性	情意性
(1)組織效能 (2)組織效率 ■數量 ■品質 ■成本 (3)適應力 ■產品或服務的創新和改良 ■方法的創新和改良 (4)變通性 ■對意外情況的快速反應 (5)縮短工時 (6)減少存貨 (7)減低缺工率 (8)增進功能 (9)加強團結 (10)目標明確 (11)組織結構合宜	(1)適應力所需之高層思考技能 (2)改選策略性思考 ■市場（行銷）策略 ■產品改良 ■最高目標設定 ■目標內在監控 ■合作策略 (3)合作決策 (4)創新領導技能 ■助長和諮詢技能 ■個人和組織目標相一致	(1)動機和承諾 (2)工作滿意度 (3)團隊精神 (4)工作充實 (5)信任感 (6)信心和原創性 (7)個人成長 ■知人善任，適才適所 ■興趣和技能更能配合工作 ■較佳的工作成效評估

㈠組織創造力的涵義

要了解組織創造力的涵義，應先了解創造力的涵義。Welsch（1980）綜合了廿二種創造力的涵義而下的定義是：「轉換現有成品生成獨特成品的過程。此新成品不論是具體或非具體的，必須對創造人來說是獨特的，同時必須符合創造人所設定的價值和目的標準。」組織創造力的定義可以參照 Welsch 定義，例如 Amabile（1988）強調創造力的新奇性和實用性。所以主張組織的創意在於創新和效用。

1.創新（Newness）

創新是創造力的首要標準，也是組織創造力的首要標準。惟所謂「創新」的標準，宜就兩方面來看。

　　⑴創新的相對性：所謂創新的相對性是指一件新的成品，對某人而言可能是新穎的，但對另一個人而言則可能不是新奇的。組織的創意亦然，有些創意對某組織可能是新穎的，但對另一個組織可能已熟悉了。同理，有些創意對組織內的某一部門可能是新穎的，但對另一部門來說，可能不是新奇的。例如：某一種管理的方法對甲部門可能尚未用過，可說是創新的方法，但乙部門已用過了，所以就不是新的方法了。又如甲工廠用以處理廢棄物的方法，乙工廠覺得很不錯而加以採用，則此方法對乙工廠來說乃是新的方法。

　　⑵創新的程度：如果創造是指改變原成品而生成新成品，則原成品和新成品之間有著不同程度的創新。有些是改正過程，有些是修正過程，有些更是完全改變成全新的過程。

在組織創新過程中，只要組織或部門或成員有感受到品質
上的差異，不論此差異有多大，都具有創新的本質。

2.效用

組織創造力的第二個標準是效用。例如某校爲提昇學生學業
程度而設計出一種新的教學方法。此方法對該校而言是一種新的
方法，符合上述創新的標準，但是如果不能眞正提昇學生學業程
度，則仍不符合組織創造力的原意。對於該新方法的效用程度，
可由全校參與者共同評斷之。

總之，有創造力的組織就是創意的組織，它能促使組織產生
新主意且能加以應用，組織內的成員對該新主意的效用也有相當
程度的共識。

(二)組織創造力的條件

組織何以需要創造力？如何才能發揮組織的創造力？主要有
下面二種理論：

1.應變説

Ashby（1956）觀察生物的生存而提出了「應變律」（The
Law of Reguisite Variety），認爲生物之生存有賴於其對環境壓力
的應變。研究組織創造力者採取此觀點，認爲組織既然是一個需
要繼續不斷成長發展的有機體，則必須應付環境中的各種變化。
是故，組織效能端視組織的應變能力而言。組織創造力也就是這
種應變能力。一方面組織創造力因組織應變的需求而產生，一方
面因組織創造力的運作而增進了組織的應變能力。

2.平衡説

組織發展的三項要件是(1)分工明確（analytic simplification）；(2)協調統合（ synthetic coordination ）；(3)動態（ dynamism ）。前二項合稱為分工協合，係維持組織穩定的要項，後者使組織繼續不斷成長發展。組織的創造活動有賴穩定的內部之分工協合，更需要組織保持動態發展。二者必須平衡，才能使組織發揮最大的創造力。

㈢組織創造力的作用

1.展現創發性的組織

討論「組織的創造力」（ organizitional creativity ）必然離不開「創造性組織」（ creative organization ）的探討。「組織的創造力」乃是透過組織的運作所展現出來的創造力，所以組織的創造乃是組織為達到目標透過功能運作，發揮其創造力，包括組織創造的過程和成果。

組織是由成員所組成，因組織運作的需要必須把成員分別組成小組或小團隊。各成員有各成員的創造力，各小組或小團隊也有小團創造力。在組織創造力運作過程中，成員的創造力和小團的創造力都可能發生作用，彼此互相交織、助長、抑制或結合。這種情形和組織文化有相當密切的關係。

所謂「創造力組織」係指其組織文化是動態的、發展的、創新的、進步的，而非保守、守舊、落伍、退步的。創造性組織文化乃是足以助長組織的創造力，激發組織創造的動力，使組織本身及其成品能夠日新月異，精益求精。創造性組織內的成員和小團體必然是充滿創意和生機，否則將難於適應創造性組織文化的要求。

2.提昇組織效能

創造力乃是組織效能（OE）的必要條件。一個有效能的組織應包括二種屬性：⑴效率性；⑵適應性。效率性指以最低成本使現有設施發揮最大效用所產生最大產價。

適應性意指針對未來發展需要，以改變現有設施的最大可能性。組織成員接受創造思考訓練可以預測問題之發生於未然而能及早設法消弭於無形，對發生的問題也能提出新的方法以有效解決問題，而且能確實執行解決方案。這些訓練一則可以使成員提出新方法和新結果的能力，以增加組織的適應性，再者可以提昇成員動機、工作滿意度和團隊互助精神，以提高組織的效率性。所以組織創造力有助於組織效能的提昇。

就組織發展的隱論言，有效能的組織應具備⑴分工合作（simplification of coordination）和⑵機動應變（dynamism）的特質，也就是 Asyby（1956）的需求應變律（The law of reguisity Varulty）。即有機體（組織）的生長發展端賴能否適應變化以應付環境壓力而定，此有賴創造力。不過，組織與創造力的關係不是單一的而是多面向的，學者常從四方面來看組織型態，即人性的（human）、結構的（structural）、政治的（political）、符號的（symbolic），過去筆者都從心理層面來研究，今後宜擴大範圍而從不同層面來探討組織與創造力的關係。

甲、人性層面：此種經營型態之主張如下：

⑴組織為滿足個人需求而存在（唯常反之）。

⑵組織和成員相輔相成——組織要成員的理念、力量和才能。而成員也需要組織提供工作機會、薪資等。

⑶二者不相符時必互蒙其害。

⑷二者相符則互利，工作有意義，可達目標。

人文主義學者強調個人內在動機，若工作不力者，工作動機不足所致，主張組織使一群人共同完成組織目標，此非一人可完成的。故組織乃在製造環境以滿足成員需求，激發其動機，才有可欲結果。

乙、結構層面：此種經營方式的組織，主張如下：

⑴組織乃爲達成目標而設。

⑵任何組織都適合其目標、環境、工學和人員之結構。

⑶當環境和成員活動都符合常規時，組織最有效能。

⑷分化有助於專業水準的提昇。

⑸透過權威或規則協調控制。

⑹可系統設計並施行之。

⑺不當結構導致組織困難，則須重組。

結構主義學者主張組織和環境都是系統的一份子。組織在使系統有效作用，強調共同協調合作。

丙、政治層面：此種經營型態常採取下列主張：

⑴組織政策涉及資源分配。

⑵組織包括成員和小團體（科、組等）。

⑶成員和小團體之價值、信念、喜好、知覺等不同。

⑷組織與成員間常因目標、工作職位等而不斷地談判妥協。

⑸權力和衝突乃組織生命的二個要素。

⑹組織能否成功在於能否發揮影響力、消除競爭。

丁、符號層面：此層面的經營型態，常有下列主張：

⑴重現事件發生時之意義——當事人如何解釋。

⑵許多事件不明，不易分析、解決，而是由成員賦與意義。

(3)符號主義者認爲成功的組織在協助成員意識到組織目標、
　任務、角色等的意義。
戊、多層面：組織創造宜從多層面來考慮，因爲任何一個組織
都不是單純的某種經營型態。

　在組織選營過程中無法完全死守某種觀點，必須保持相當的
彈性。一般而言，不同觀點主張的組織，當其發現該組織創造力
不足時，會有不同的考慮而提出不同的問題加以檢討如下：
甲、人文主義觀點的問題：人文主義者在面對一個組織出現創造
力不足的現象時，會注意組織成員與任務之間是否不協調。
人文主義者可能提出類似下列的問題：
(1)組織成員擁有哪些創造技巧和能力？
(2)員工是否自動自發地產生創意？
(3)各部門是否經過適當的團隊訓練？
(4)員工執行的任務有什麼特色？
(5)如何挑戰成員以促使他們運用與生俱來的創造力？
乙、結構主義觀點的問題：結構主義注意的是導致缺乏密切合作
的原因，下列問題可能被結構主義提出：
(1)誰負責創意的產生？
(2)組織是否需要重新定位，要求較少的創意？
(3)是否尋求附帶對創意有所需求的適當策略？
(4)各部門是否經過適當協調以促進創意的產生和流通？
(5)那些程序能適當地引起與發展創意？
丙、政治觀點的問題：政治觀點著重在了解影響力，它提出一
些不同的問題，舉例如下：

⑴新創意的產生對誰有利？

⑵沒有新創意產生，對誰有利害關係？

⑶新創意的支持者有什麼權力基礎？

⑷有創意的員工是否運用適當的影響策略？

⑸有權力的組織贊助者如何結合在一起以推動新的創意？

丁、**符號主義觀點的問題**：符號主義的觀點著重在意義，以下是由這個觀點衍生的部分問題：

⑴員工對於產生創意的同僚的遭遇有什麼看法？

⑵創意的選擇和支持是依據什麼做基礎？

⑶當經理階層說他們要新的創意時，他們的真正意思是什麼？

⑷有人提出的創意被拒絕，員工的看法如何？

⑸在員工私下交談時，對於創造力在工作單位中的重要性有何看法？

3.**發現問題、解決問題**

　　組織創造力乃在對於組織內問題的發現、解決和實際解決問題提供繼續不斷進行的過程。所謂問題發現是指繼續不斷發現組織內的新問題加以解決，包括預期顧客新的需求以創新成品和服務。改善生產環境和工作流程以滿足員工的需求。對懸而未決的問題賦與新的看法以尋求新的解決之道。新解決方案的實施，固然對組織和員工有利，也可能衝擊組織和其所處的環境，因而產生新的問題有待解決，所以組織創造乃是一種組織不斷發現問題，解決問題，持續改進的過程。

4.**提高組織的產值**

　　組織的創造力可透過組織的經營而提昇，而組織創造力的提

昇可以提高組織的產值。包括新產品、新辦法、高效率、強烈動機、工作滿意、團隊精神、顧客滿意、運用策略性思考等，這些成果可以分成經濟成果和人員成果兩方面。經濟成果指直接產生的經濟利益。人員成果係指組織成員在思考方式、感覺和處事等方面的改變。人員成果又可以分成認知和情意兩方面。(1)認知方面係指心理和行為上的改變；(2)情意方面係指態度和情緒上的改變。組織成員在認知和情意上的環境不僅對成員本身頗具價值，同時也會產生經濟成果。

經濟成果包括產品的創新和改良、服務品質的提昇、成本的降低、意外事件的快速反應、存貨的減少、組織目標明確、規畫合理且成功實施、達成目標之工時縮短等。

認知性人員成果包括與組織適應力有關的高思考技能，引起策略性思考以提高顧客滿意度，創新領導型態，合理的決定，以民主方式訂定組織目標，以利成員之認同。情意性人員成果包括提高工作滿意度、信任感、動機和承諾，團隊精神和團體互動，個人成長、原創性與信心，使成員適得其所，發揮所長。

5.促進成長改善生活

就表面上來看，組織創造的目標乃在創新或改進組織產品或提昇服務品質。其實，深一層而言，主要在於組織成員的專業或個人成長。組織成員能夠運用創造力以求自我成長，則自然可以導致組織的成長發展。甚至於影響社區或社區文化的成長，因而可以改善生活品質。

(四)阻礙組織創造力發展的因素

創造力可能因受到助長而發展，也可能受到阻礙而無所表

現。Adams（1974）將之分成四類：⑴知覺障礙；⑵文化環境障礙；⑶情境障礙；⑷智能障礙或表達障礙。這些障礙因素雖然以個人爲主，但團體或組織都由個人所組成，所以阻礙個人創造力的因素必然成爲團體或組織創造力的阻礙因素（Majaro,1988）。

　　爲了解這些阻礙因素的實際情形，Danzig、Nevis（1970）提出下列十四種阻礙因素，並據以編成量表及訓練方案。⑴怕失敗；⑵拘謹；⑶資源短視；⑷過度確定；⑸避免挫折；⑹習以爲常；⑺毫無幻想生活；⑻恐懼無知；⑼需求平衡；⑽不願選用影響力；⑾捨不得；⑿缺乏情緒生活；⒀陰陽失調；⒁感覺呆滯。此十四種阻礙因素又透過因素分析分成策略的、價值的、知覺的，和自我形象的。

六、文化的創造力

㈠文化的創造力與創造性的文化

　　文化是人類文明進步所表現的生活方式，有其時代性、區域性和類別性。就時代性而言，古文明有古文明的文化，中世紀有中世紀的文化，現代有現代的文化，未來有未來的文化。就區域言，歐洲有歐洲的文化，亞洲有亞洲的文化，非洲有非洲的文化。就類別言，基督教有基督教的文化，佛教有佛教的文化，回教有回教的文化。各種文化都在追求進步發展的過程中，充分發揮其創造力以求更高的文明。其表現的內涵包括哲學、科學、道德、藝術、政治、經濟、社會和教育等方面。創造力使文化更多彩多姿：不同的思潮因是浮現，科學更發達，道德研究更深入，

藝術的境界更提昇，政治更清明，經濟更發展，社會更繁榮，教育更進步。所以說，創造力乃是文化更積極化的生命力。

　　文化也是某一群體或組織中的個人和他人共同發展，且享有的一套思想和行為模式，相互期望、共同了解和信念以及相同的價值取向。有些群體或組織文化一旦形成某種或行為模式，往往阻礙組織的創新和發展，此種組織必然逐漸退化、落伍甚至消失。另一種組織文化可以助長文化的創新與發展，此種文化可以稱之為創造性的文化。

㈡組織文化與文化的創造力

　　組織文化乃是組織內成員透過社會學習長期互動所形成的。組織文化一旦形成，勞工參與自然受其影響而不自知。

　　組織文化可以就文化強度和向度二方面來說明其特性。（Talbot, 1993）所謂文化強度係指該文化對組織成員影響的程度，文化強度越強，組織成員越有目標、主張、價值、信念及規範。因此，對組織由各種問題及其解決之道的看法相當一致。當面臨新的情境及危機時，與原組織成員的價值觀、主張相符的新解決辦法比較容易被接受。其次，文化強度越強，對待與組織文化相同的成員越受到限制與保護。故組織本身及其成員的創造力均受影響。

　　再就向度而言，係指該組織文化（價值、信念、主張和規範）和其他組織文化之差異。Harrison（1987）認為組織文化應可分成權力文化、角色文化、成就文化和支持文化等四種。在權利文化中，長官愛護部屬，部屬尊從長官，以長官之意思為意思。在角色文化中，長官與部屬之關係依制度而言，各扮演適當角

色；在成就文化中，長官主在達成目標，部屬都能主動參與，最後，在支持文化中，長官重視部屬的興趣與需求，主動提供部屬成長發展與發揮潛能的機會，部屬也都能主動發揮潛能，互相支持。權力文化組織者的創造力端視其領導人而言。角色文化組織者的創造力在於制度中的創造部門，否則難有創造力。成就文化組織者之創造力較為可能，各成員均能主動發揮，但平時追求達到高成就致生倦怠。惟具有支持性文化的組織，其成員具有內在動機，相互激盪，更能發揮創造力。

㈢文化的創造力與文化變遷

　　沒有創造力的文化是沒有變遷的可能。但文化的變遷不一定是文化創造力作用的結果。惟了解文化的創造力有助於了解文化變遷，而對於文化變遷的認知，有助於我們對於文化創新的了解。改變一個團體或組織的文化也就是要改變該團體或組織的信念和價值觀等。因此，組織成員抗拒改變乃常有的事，Dalt（1989）建議下列幾點以期順利帶動改變：(1)改變必須符合成員的興趣和組織的目的；(2)加強溝通，使了解改變的理由；(3)讓成員盡早參與；(4)必要時可加以逼迫或誘導。Huse 和 Cumming（1985）也提供下列六點建議：(1)目標明確；(2)上級全神投入；(3)以行動來說明新的文化；(4)修正組織架構以帶動新行為；(5)選出代表新文化的新領袖；(6)訓練新員工，排除異行者。為帶動改變，增進成員創新力，領導者對文化變遷必須具有「社會知覺敏感度」（Social perceptual Sensitivity）（Tong Cox, 1984），也就是能診斷(1)何者將發生；(2)為何會發生；(3)如何計畫變遷；以及(4)如何行動等。

參 考 資 料

毛連塭等譯（民76）資優教育教學模式。台北：心理出版社。

毛連塭（民78）實施創造思考教學的參考架構。創造思考教育創刊號。

李錫津（民76）創造思考教學研究。台北：台灣書店。

林幸台（民63）：創造性教學對才賦優異者創造力發展的影響。國立台灣師範大學教育研究所集刊。第十六輯。

呂勝瑛、翁淑緣譯（民71）：創造與人生。台北：遠流出版社。

陳榮華（民74）：國小資優班與普通班學生創造性思考訓練成效之比較研究。台北市立師專學報。第十六期。

陳龍安（民73）：創造思考教學對國小資優班與普通班學生創造思考能力之影響。台北市立師專。

張玉成（民72）：教師發問技巧及其對學生創造思考能力影響之研究。教育部教育計畫小組編印。

賈馥茗（民60）：數學（題解）創造能力發展之實驗研究。國立師大教育研究所集刊。第十三輯。

賈馥茗（民62）：發展創造才能的教師。國立政治大學學報。第二十七期。

賈馥茗（民65）：英才教育。台北市：開明書店。

郭有遹（民72）：創造心理學。台北：正中。

郭有遹（民81）：發明心理學。台北：遠流。

鄭石岩（民73）：心理分析與教育。台北：遠流出版公司。

Amabile, T.M. （ 1981 ）. The social psychology of creativity： A componential conceptualization. *Journal of Personality and social Psychology*, 45, 357-376.

Anderson, H.H. （ 1959 ）. Creativity as personality development. In H.H. Anderson （ Ed. ） , *Creativity and its cultivation*. New York： Harper & Row.

Arieti, S. （ 1976 ）. *Creativity： the magic synthesis*. New York： Basic Books.

Ashby. W.R. （ 1956 ） . *An introduction to cybernetics*. London： Chapman & Hall.

Barron, F. （ 1969 ）. *Creative person and creative process*. New York： Holt, Rinehart & Winston.

Barron, F., & Harrington, D.M. （ 1981 ）. Creativity, intelligence, and personality. *Annual Review of Psychology*, 32, 439-476.

Bartlett, F.C. （ 1958 ）. *Thinking： An experimental and social study*. London： Allen & Unwin.

Bennett, O.G. （ 1982 ）. *An investigation into the effects of creative experience in drama upon the creativity, self concept, and achievement of fifth and sixth grade students*, （ Doctoral dissertation, Georgia State University College of Education.

Bloomberg, M. （ Ed. ）. （ 1973 ）. *Creativity： theory and research*. New Haven, CT： College and University press.

Bloomberg, M. （ 1967 ）. An inquiry into the relationship between field independence and creativity. *Journal of Psychology*, 67, 127-140.

Busse, T.V., & Mansfield, R.S. （ 1980 ）. Theories of the creative process：A review and a perspective. *Journal of Creative Behavior*, 14, 91-103, 132.

Brannigan, A. （1981）. *The social basis of scientific discoveries*. New York：Cambridge University Press.

Carroll, J.B. （1985, May）. Domains of cognitive ability. Paper presented at the meeting of the American Association for the Advancement of Science, Los Angeles.

Chambers, J.A. （1973）. College teachers：their effect on creativity of students. *Journal of Educational Psychology*, 65, 325-334.

Clark, B. （1981）. *Growing up giffted*. Columbus：Marvall.

Cox, C. （1962）. *The early mental traits of three hundred geniuses*. Stanford, CA：Stanford University Press.

Davis, G.A., & Scott, J.A., （1971）. *Training creative thinking*, N.Y.：Holt, Rinehart and Wiseonsin.

De Bono, E. （1970）. *Lateral thinking*. New York：Happer & Row.

Dewey, J. （1910）. *How we think*. Boston：D.C. Heath. Ericsson, K.A., & Simon, H.A. （1984）. Protocol analysis. Cambridge, MA：M.I.T. Press.

Ekvall, G., & Tangeberg Andersson, Y. （1986）. Working climate and creativity：A study of an innovative news paper office. *The Journal of creative Behavior*, 20, 215-225.

Ferguson, M. （1973）. *The brain revolution*. New York：Taplinger.

Firestien, R.L. & Trefinger, D.J. （1983）. Ownership and converging：Essential ingredients of creative problem solving. *The Journal of Creative Behavior*, 17, 32-38.

Fromm, E. (1959). *The creative attitude*. In H.H. Anderson (eds)
Creativity and its cultivation, New York： Haper & Row.

Galton, F. (1869). *Hereditary genius*. London： Macmillan.

Gardner, H. (1983). *Frames of mind： The theory of mutiple intelli-
gences*. New York： Basic Books.

Geschka, H. (1993). The Development and Assessment of Creative
Thinking Techniques： A German Perspective. In S.G.Isaksen.
M.C. Murdock, R.L.Firestien, & D.J. Treffinger (Eds.), Nur-
turing and developing creativity： The emergence of a discipline
(pp, 215-235). Norwood, NJ： Ablex.

Getzels, J. W., & Jackson, P.W. (1962). *Creativity and intelli-
gence： Exploration with gifted children*. New York： Wiley.

Gibson, J., & Light, F. (1967). Intelligence among university stu-
dent. *Nature*, 213, 441-442.

Ghiselin, B. (1952). *The creative process： A symposium*. Berkeley：
University of California Press.

Goertzel, M.G., Goertzel, V., & Goertzel. T.G. (1978). *Three
hundred eminent personalities*. San Francisco： Jossey Bass.

Gowan, J.C. (1972). *Development of the creative individual*. San
Diego： Robert R. Knapp.

Gold, J.B. (1981). Developing the creative problem solving skills of
intermediate age educable mentally retarded students, (Doctoral
dissertation, Ford ham Univerisity, Dissertation Abstracts Interna-
tional, 41, 5031A.)

Guenter, C.E. (1985). The Historical Influence of Creativity and its

Measurement in American Education : 1950-1985. *Dissertation Report*. University of Wyoming.

Guilford, J.P. (1956) . *The structure of intellect*, Psycho. bull.

Guilford, J.P. (1967) . *The nature of human intelligence*. New York : McGraw Hill.

Guilford, J.P. (1970) . Creativity : Retrospect and prospect. *Journal of Creative Behavior*, 4, 149-168.

Hallman, R. (1963) . The commonness of creativity. *Educational Theory*, 13.

Jackson, P.W., & Messick, S. (1967) . the person, the product, and the response : Conceptual problems in the assessment of creativity. In J.Kagan (Ed.) , *Creativity and learning*. (pp.1-19) . Boston : Houghton Mifflin.

Jones, E.E. (1979) . The rocky road from acts of dispositions. *American Psychologist*, 34, 107-117.

Katz, A.N. (1980) . Do left handers tend to be more creative ? *The Journal of Creative Behavior*, 14, 271.

Khatena, (1984) . *Imagery and creative imagination*. Buffulo, NY : Bearly Limited.

Koestler, A. (1964) . *The act of creation*. New York : Macmillan.

Kolloff, P.B., & Feldhusen, J.F., (1984) . The effects of enrichment of self concept and creatvie thinking, *Gifted Child Quarterly*, 28.

Krippner, S. (1967) . The ten commandments that block creativity. *The Gifted Child Quarterly*, 11, 144-151.

Keating, D.P. (1980) . Four faces of creativity : The continuing plight of the intellectually underserved. *Gifted Child Quarteriy*, 24. 56-61.

Kris, E. (1952) . *Psychoanalytic Explorations in Art*. New York ： International Univerisity Press.

Kumar, A. (1981) . Interest patterns of high and low creatives. *The Journal of Creative Behavior*, 15, 270.

Lewis, D. E. (1984) . *The Developmental Validation of an Expectanicy based Scale for the Measurement of the Motivation to be Creative*. Doctor Dissertation, The University of Tennessee.

Lytton, H. (1972) . *Creativity and Education*. N.Y ： Schocken Books Inc.

Maker, C.J. (1982) . *Teaching Models in education of the gifted*. London ： Aspen.

MacKinnon, D.W. (1962) . The personality correlates of creativity ： A study of American architects. In S. Coopersmith (Ed.) , *Personality research*. Vol. 2 of G.S. Nielsen (Ed.) , Proceedings of the XIV International Congress of Applied Psycholgy (pp.11-39) . Copenhagen ： Munksgaard.

MacKinnon, D.W. (1968) . Selecting students with creative potential. In P. Heist (Ed.) , The creative college student ： An unmet challege (pp.101-118) . San Francisco ： Jossey Bas.

Magrari Beck, I. (1994) . Creatology ： A Postpsychological Study. *Creativity Research Journal*, 7 (2) , 183-192.

Mansfield, R.S., & Busse, T.V. (1981) . *The psychology of creativity and discovery*. Chicago ： Nelson Hall.

Martindale, C. (1989) Peronality, stuationt creativity. In Glover, J. Ronning, R. Reynolds, C. (eds.) *Handbook of Creativity*. NY : Plenn Press.

Maslow, A. (1959) *New knowledgism human values*. N.Y.

Mednick, S.A. (1962) . the associative basis of the creative process. *Psychological Review*, 69, 220-232.

Mednick, S.A., & Mednick, M.T. (1964) . *An associative interpretation of the creative process*. In C.W. Taylor (Ed.) , Widening horizons in creativity (pp.54-68) . New York : Wiley.

Meeker, M. (1969) . *The structure of intellect : Its interpretation and uses*. Columbus, OH : Merrill.

Mendelsoln, G.A. (1976) . *Association and attentional process in creative performance Journal of Personality*, 44.

Maoustackes, C. (1967) . *Creativity and conformity*. N.Y. : Van Nostrand Reinhold.

Murdock, M.C., Isaksen, S.G., Vosburg, S.K., & Lugo, D. (1992, September) . Bridging theory and practice : Disciplinary implications for the field of creativity. Paper presented at the 1992 International Creativity and Innovation Networking Conference, Greensboro. NC.

Necka (1986) . *On the nature of creative talent*. In caopley, A. (ed.) Giftness : A continuing worldwide challenge N.Y. : Tillium Press.

Osborn, A. (1957) . *Applied imagination*. New York : Scribner.

Parnes, S.J. (1966) . *Programming creative behavior*. State University of N.Y. at Buffalo.

Novelli, L.N. （1993）. Using Alternatve Perspecties to Build More Robust Theories of Organizational Creativity. In .C. Isaksen, M.C.Murdock, R.L.Firestien, & D.J.Treffinger （Eds.）, Understanding and recognizing creativity：The emergence of a discipline （pp.281-295）. Norwood, NJ：Ablex.

Parnes, S.J., （1967）. *Creative Behavior Guidebook*, State Univerity of New York College at Buffalo, Chales Scrihner's sons.

Phenix, P.H. （1962）. The discipline as curriculum content. In A.H. Passow （Ed.）. Curriculum crossroads：*A report of a curriculum conference* （pp.57-65）. New York：Teachers College Press.

Petrie. H.G. （1992）. Interdisciplinary education：Are we faced with insurmountable opportunities? In G. Grant （Ed.）, *Review of research in education* Vol. 18. pp. 299-233. Washington. DC：American Educational Research Association.

Ploya, G. （1957）. *How to solve it：A new aspect of Mathematics method* （2nd ed.）Princeton, New York：Princeton Univerity press.

Reese, H.W., & Parnes, S.J., （1970）. *Programming creative behavior child developemnt*, 41.

Rogers, C. （1959）. Toward a theory of creativity. In H.H. Anderson （Ed.）, *Creativity and its cultivation*. New York：Harper & Row.

Sanderlin, O., （1971）. *Creative teaching*, New Jersey A.S. Barnes and Co. Inc.

Shallcross, D., （ 1981 ）. *Teaching creative behavior*, New Jersey：Prentice Hall Inc.

Shepard, R.N. （ 1981 ）. *Psychophysical complimentarity*. In Kubory. Pomerantz, J. （ Eds. ） Perceptual Organization. N.J. Earbaum.

Simonton, D.K. （ 1984 ）. *Genius, creativity, and leadership*： *Historiometric inquiries*. Cambridge, MA： Harvard University Press.

Spearman, C. （ 1931 ）. Creative mind. New York： Appleton. Stein, M.I. （ 1953 ）. Creativity and culture. *Journal of Personality*, 36, 311-322.

Sternberg. R.J. （ Ed. ）, （ 1988 ）. *The nature of creativity*： *Contemporary psychological perspectives*. Cambridge, MA： Cambridge University Press.

Staw, B.M. （ 1984 ）. Organizational behavior. *Annual Review of Psychology*, 35, 627-666.

Stein, M.I. （ 1967 ）. *Creativity and culture*. In R.L. Mooney & T.A. Razik （ Eds. ）, Explorations in creativity. New York： Harper.

Talbot. R. （ 1993 ）. Creativity training and the organizational context. In S.G. Isaksen. M.C. Murdock, R.L. Firestien. & D.J. Treffinger （ Eds. ）, *Nurturing and developing creativity*： *The emergence of a discipline* 177-214. Norwood. NJ： Ablex.

Taylor, C.W. （ 1959 ）. Indentifying the creative individual. In E.P. Torrance （ Ed. ）, Creativity： Proceedings of the second Minnesota conference on gifted children. Minneapolis： Center for Continuation Study.

Torrance, E.P., （ 1960 ）. The Minnesota studies of creative thinking in the early school year. *University of Minnesota Research Memorandum*. No.59-4. Minneapolis, Minn.：University of Minnesota, Bureau of Educational Research.

Torrance, E.P., （1962）. *Guiding creative talent*. Englewood Cliffs, N.J.：Prentice Hall.

Torrance, E.P., （1963）. *Education and the creative potential*. Minneapolis, Minn：University of Minnesota Press.

Torrance, E.P., （1964）. Education and creativity. In C.W. Taylor （Ed.）, Creativity：Progress and potential. New York：McGraw Hill.

Torrance, E.P., （1966）. *Torrance Test of Creative Thinking*：*Norms Technical Manual*, Research Edition personnel press, Inc., Princeton, N.J.

Torrance, E.P., （1971）. *Encouraging creativity in the classroom*, Wm. C.Brown Company Publishers.

Vernon. P.E. （1970）. *Creativity*. Harmondsworth, England：Penguin Books.

Vernon. P. （1979）. *Intelligence*：*Heredity and environment*. San Francisco：Freeman.

Wallas, G. （1926）. *The art of thought*. New York：Harcourt, Brace.

Welsch. P.K. （1980）. The nurturance of creative behavior in educational environments：A comprehensive curriculum approach. Unpublished doctoral dissertation . University of Michigan. Ann Arbor. MI.

Whithing, C.S., (1958) . *Creative thinking*. New York： Reinhold.

Wiles, J., & Bondi, J., (1980) . Teaching for creative thinking in the intermediate grades, Roeper Review： *A Journal on gifted Education*, Vol.3, No.1, Sep.

Wiles, J. (1985) . *The mind of invention*： *Activities to stimulate creative thinking*.

Williams, F.E., (1970) . *Classroom ideas for encouraging thing and feeling*, New York： D.O.K. Publishers Inc.

Woodman, R.W. (1981) . Creativity as a construct in personality theory. *The Journal of Creatvie Behavior*, 15, 43-66.

Woodman, R.W. (1983) . A proposed process model of organizational innovation. *Southwest Division Academy of Management Proceedings*, 189-193

Yardley, C.R., & Bolen, L.M. (1980) . Relationship of locus of control to figural creativity in second grade students. *The Journal of Creative Behavior*, 14, 276-277.

第三章

創造力與特殊才能

第一節　文學家的特殊才能

一、特殊才能的定義

在討論文學家的特殊才能之前，我們必須將「能力」（ability）與特殊才能（talent）兩名詞予以分別：能力是指能做某事的行為。能寫、能畫、能唱、能算等都是一種可以分別的能力。這種能力一般人都有，能做某事並不意味著喜歡做該事。

特殊才能則是高於常人的能力與性向（智、情、意）。一般人都能唱，這是人類都會有的行為。但有的人特別喜歡唱，特別喜歡表現與加強這種行為，結果便唱得特別好，這個人便有歌唱的特殊才能。所以，特殊才能之中，必定有特殊的情與意。所謂之「特殊才能」，若稱為特優才能，比較容易了解，而且也比較接近事實。

二、文學家的智力

創造心理學家曾經對智力與創造力的相關做過多次的研究。他們發現這兩者間有中度的相關。假如將智力分成上、中、下三段，則兩者的相關便很低了。不過他們所研究的創造力，實際上是創造思考測驗上的分數，而不是創造的成果，更不是某種特殊才能的創造力。

　　預期發現智力與特殊才能的創造力的相關，比較妥當的方法是去尋求在某一學科具有創造成績者的智商。在這方面，仍以由麥金能（MacKinnon, 1962）所主持的加州（California）大學柏克萊校區人格測量研究所在六〇年代所作的研究最具經典性。這個研究計畫的文學部分由巴倫（Barron, 1967）主持。他請該校英語系與戲劇系教授推選當代具有創造成就的作家以與知名而不被認爲有創造表現的作家比較。所有作家都須在研究所居住三天以供測驗、面談與觀察。他發現這些文學家的智力高至無法用一般的智力測驗予以測試，而必須用推孟概念領悟測驗（Terman Concept Mastery Test）來測量。結果發現創造作家的平均分數在156，較推孟所研究的斯坦福資優成人組的平均分數137高出甚多，與其他各類人物平均分數的比較則可見表3－1。

表3－1　各類人才在概念領悟測驗Ｔ式上所得的均數與標準差

組　　　別	人　數	平　均　數	標　準　差
創造作家	20	156.4	21.9
斯坦福上智人才研究之對象	1004	136.7	28.5
女性數學家	41	131.7	33.8
研究生	125	139.2	33.0
從事研究的科學家	45	118.2	29.4
創造的建築家	40	113.2	37.7
大學生	201	101.7	33.0
上智人才的配偶	690	95.3	42.7
電子工程師與科學家	95	94.5	37.0
大四電機系學生	40	80.4	27.9
軍官	344	60.3	31.6
獨立的發明家	14	50.8	34.7

D. W. Mackinnon. " The personality correlates of creativity : a study of American architects " , in Proceedings of the Fourteenth Congress on Applied Psychology, vol. 2. Munksgaard, 1962, pp.11－39. 由作者與出版者特准翻印。

　　由上表可知，創造作家的均數高出其他各種人物甚多。這也可能是該概念測驗對作家特別有利的緣故。

三、文學家是否有特殊才能？

　　寫小說需要有什麼特殊才能？筆者有一次在一個學術會議上問一位著名的小說家這個問題，他說寫小說只要把自己的經驗像說話一樣寫下來就可以了。他這種說法否認了文學家有特殊才能。的確，報紙副刊的小說與詩歌欄上，經常都有新的面孔。當今這個世界有許多半路出家的小說家與詩人，也有許多沒有學過寫小說與寫詩的人發表過作品。在另一方面，在心理測驗年鑑中有音樂性向測驗，藝術才能測驗與數學才能測驗等，唯獨沒有文學性向或才能測驗。假如有，則只有英文的字彙與閱讀能力測驗。這些測驗是測量學生語文學習的能力，與文學創造大異其趣。因此，我們不得不問：文學家有特殊才能嗎？

　　筆者的答案是：偶而有文學作品發表，並不能成為文學家。而成為文學家的人並不是每位都有傳世之偉大作品。要成為天才（亦即具有創造力與影響力）的文學家，必定有其過人的特殊才能。而這種特殊才能，與繪畫音樂比較起來，並不是很特殊，或可以分割而予以孤立的。文學的特殊才能大多是才學識的高超表現，所以很難予以支離破碎地加以測驗。

　　在心理學界，筆者尚未發現有研究任何一種文學家特殊才能的文獻。所幸有一些教育心理學者應用智能心理學、人工智慧，以及語言學來研究寫作的心智活動，他們的研究結果有助於我們了解寫小說所需具備的特殊才能。我們也可以從成功的文學作品

中分析其之所以成功的要素，或從文學批評家批評文學的標準中，擷取其寫作成功的特徵或方法，從而斷定出一些文學家的特殊才能。反正「方法即智慧」，這是筆者所一再誇大地（或文學性地）闡述的（郭有遹，民83）。

四、文學家的特殊才能

在美國，有兩位教育心理學家柯林斯與槓特勒（Collins & Gentner, 1980）根據當時所流行的創造心理學與訊息處理的知識而提出一個「寫作的心智活動原理」來整合當時對寫作活動的認知。然後，根據這個原理設計了一套電腦程式來幫助學生寫作。他們認為寫作的過程是在各種規約之下產生主意與文章的心智活動。寫作的規約有三種：結構、內容，與目的。結構是指句子、段節，與全文的形式；內容是主意的表達與彼此的關聯；目的則是作者所要完成的作品以及其所預期的作品所會發生的作用。

在另一方面，以研究人類訊息處理著稱的加納基米蘭大學（Carnegie-Mellon University）有兩位研究者，海斯與佛樓爾（Hayes & Flower, 1980）曾經分析大量說明文（expository writing）的寫作過程。他們所研究的說明文包括散文與短篇故事。研究的結果發現寫作共分三大部分：

1.寫作環境（背景）（task environment）

這裡所謂的寫作環境是指影響寫作的外在因素。這包括影響寫作動機的外在訊息、教授所出的寫作題目，以及當時的寫作環境等。當寫作開始之後，所寫而有待完成的草稿也可以算作寫作環境的一部分。

2.作者的長期記憶（long-term memory）

　　這便是才學識中的學，它包括作者累積的學習與人生經驗。更正確地說，它是作者在寫作時從記憶庫中所能憶起的訊息。而這種訊息也包括作者的寫作計畫與方法。由於長期記憶非常重要，現代專業小說家多用寫日記的方法來彌補長期記憶的不足。寫作時，便用日記中的材料。

3.寫作過程（writing process）

　　寫作過程共包括計畫、翻譯，與評閱三大階段。計畫的功能在於從作業環境與（或從）記憶庫中記取與寫作有關的訊息以便訂立目標與寫作計畫，並於寫作的過程中能夠應用訊息以達到寫作的目的。在翻譯的階段，作者根據寫作計畫以及長期記憶中的材料將意象或主意用適當的文學形式：詩詞或小說中的句子表達出來。換言之，翻譯就是語文表達的能力。在評改的階段，作者去蕪存菁，修改在翻譯階段所寫成的作品以使它更符合原意與寫作目標。

　　佛樓爾與另一研究者加里（Carey, & Flower, 1989）另用作業活動過程分析程分析法來研究創造性寫作過程的要素。他們將創造看成是原有才能的特殊表現。他們比較寫作專家與非專家在寫作過程的差異，而發現前者用問題解決法來解決寫作上的問題，因而產生了新的而有趣味的作品。

　　根據上述專家對寫作的研究，以及其他各種有關文學的論文，筆者歸納出以下一些文學創作的重要策略。每一個策略精煉之後，便成為特殊才能。

㈠具有敏感的觀察力

　　文學家與藝術家對於周遭的環境都有敏感的觀察力。他們能夠鉤深探奇，從平凡中看出不平凡，然後再從不平凡中返歸於平凡。從平凡中看出不平凡有二種意義：一為看出他人之所看不出的；另一為經由我境與客境交流後，產生一種新的而又是他人所難以表達出來的感觸。創造者所接觸到的景物是一般人平常所經驗過的，但其感觸卻很不平凡。有很多人都看過在燃燒中的蠟燭，卻只有李商隱寫出了「春蠶到死絲方盡，蠟炬成灰淚始乾」的詩句。

　　鉤深探奇，從平凡中看出不平凡有助於尋找創作題材。它是一種發現問題的才能。這種才能相當於文藝心理學家所說的「敏感的觀察力」。這種才能是可以經由訓練而增進的。一般人之所以沒有敏感的觀察力，是因為自認對所接觸的對象（客境）已經知道得太多，因此就忽略平常所沒有注意到的特徵。或者受先入為主（例如名稱、主觀看法等）的妄執所囿而視而不見。所以老子主張「為道日損」，將一切與客體有關的概念、稱呼以及與其他事物的關係一刀截斷，並將平日所有的知覺捨棄，一損再損，以臻於清虛無為之境，然後全心地率同所有的感官向客體開放，赤裸裸地直接去觀看體認，以迄於物我合一之境。例如：「為了充分地去欣賞一朵花，不但應向那美麗的色彩開放，把握住她的形相，並順著花莖的亭立而心馳神凝，而且還感受到花朵低垂的重量。」（Schachtel, 1959, 179）。

　　光是憑以上這一句如何看花的話，創造者就可以得到寫詩或寫小說的靈感了。到了這個階段，便化無為為有為，率同自己的

主觀感受與客境神交。客、我關聯之後便有所感觸，從感觸而進一步地發展出創作題材。

㈡發現問題的能力

　　發展出創作題材有賴於客、我的關聯力或問題的發現力，最後則將不平凡的經驗用平凡的方式表達出來，以使大眾都能了解而產生共鳴。例如很多人都有在床頭看到月光的經驗，這是一個很平凡的經驗。但是李白卻疑是地上霜，進而便得了思鄉病了。月光是一種客境，思鄉是一種我境，必須客我相連，方有奇意。他整首詩的表達，句句平凡，使人讀起來都要大罵自己，為什麼那麼笨，沒有將這首詩寫出來，卻讓李白寫去了。

　　在文學上，發現問題的主要作用便是決定寫作的題目與範圍。美國的思想家杜威曾經說若是能正確地界定問題，問題便解決了一半。問題有兩種：有一定解答的問題與沒有一定解答的問題。「二加二等於什麼」是封閉式的問題，又稱為界定清楚的問題，它有一定的解答；「寫什麼小說或書名是什麼」是開放式的問題，它沒有一定的解答。文學的問題便屬於後者。

　　當作者立意之後，例如打算寫一篇有關黃昏之戀的小說（問題的大範圍已經決定）時，該作者便有一個開放性的問題：怎麼寫？主人翁是誰或題目（書名）是什麼？假如有人從來沒有寫過小說而想寫一本小說，該人很可能是想寫出自己的見聞。因此主人翁便已經有了。即使如此，該人還是應該像有經驗的專家一樣，在從事寫作之先，作一些準備工作以進一步界定寫作的範圍與目標。一般寫小說所應定的目標有：

　　⑴以什麼人為主人翁？

⑵第一人稱抑或第三人？

⑶用直述式（演繹式）抑或間接式（歸納）而讓讀者去領悟？

⑷長度（中篇還是長篇）？

⑸以什麼人為主要的閱讀或解說的對象？

⑹是在什麼時代下產生的故事？

⑺在哪一國或城市所發生的故事？

⑻要安排什麼結局或有什麼結論？

⑼用什麼語言：方言或普通話？

作者在考慮以上的每一個目標時，會受到一些個人（內在）與外在條件的約束。個人的約束條件有：才力（例如是否會寫詩）、經驗、財力、時間等；外在的條件有讀者、編者、支持者、言論自由的範圍等。所以，才能的發揮，會受到一些外在因素所影響。

㈢決定是否值得創作的能力

很多人對日常生活都會有所感觸，如睹物思人，見微知著等。一般人會將所感觸到的存在內心，或訴諸友好。但創造者卻要表達心中的感觸，並且評估是否值得花費心血將之寫成一篇小說，這便成為問題了。筆者茲試列出一些決策的過程所應考慮的因素，以幫助解決這種問題：

⑴是否有很高的文化（宗教、哲學或藝術）價值？

⑵是否有很高的啓發性或教育價值？

⑶是否有很高的人生價值？

⑷是否有其獨特性？

⑸是否有很大的影響？

⑹是否有很高的娛樂性？

⑺是否動人或會產生共鳴？

此外，這種的決策力與作者的學識很有關係。這種能力可以藉多方閱讀加以培養。多讀古今詩詞便知自己的詩意是否有創意；多讀中外小說便約略知道是否值得寫，是否會受歡迎等。能夠作出是否要寫的正確決策便是一種能力。不過，有這種能力固然很好，沒有這種能力可以請教於編輯，有經驗的文學家，可以自行做一個非正式的市場調查以補充能力的不足。

㈣解決文學創造問題的能力

有了感觸或問題之後，如何將此感觸表達出來，便成了問題。因此創造者便進入一個解決問題的過程。解決文藝問題的過程，與解決科技或日常生活問題的過程大致相同。它包括發現問題、產生主意、測試主意、尋求解答（最後定稿）、接受解答。這些步驟，都可以看做創造的技能，是可加以訓練的。發現問題也就是鉤深探奇，前面已經討論過了。下面茲以文藝創造爲例，以解釋解決文藝問題所需的其他才能。

1.產生主意的能力

產生主意的方法不勝枚舉。但是能夠產生創意的方法並不多。吉爾福特（1957）在其對藝術創造才能的因素分析後，例出一些與分殊思考（又稱擴散或創造思考）有關的重要的才能。分殊思考是產生各種各樣與主題（或問題）有關的主意。它共有四個因素：流暢力（fluency），應變力（flexibility），創新力（originality），與周全力（elaboration）。現在先談流暢力。

(1)詞語流暢力：流暢力是一種產生大量主意的能力。考特（Corter, 1949, p.65）發現有一種他稱為「運作速度與表達流暢」（speed of operation and fluency of expression）或「速度與想到與問題有關的主意」的能力在文學藝創造上最為重要。這種能力也就是吉爾福特後來所說的流暢力。它可以再細分為四種。一種是產生詞語以滿足特殊形式或規則上的要求。這種能力稱為詞語流暢力（word fluency）。寫詩時配對以及尋找同韻字或同義字便使用這種能力。

(2)聯想流暢力：另外一種稱為聯想流暢力（associational fluency）。這是一種尋找與某一特定訊息有關聯的各種訊息之能力。所特定的訊息可以是一個情境、原則、標準，或規則等。列舉同義字、反義字，為一個新的文章試擬各種標題等就需要應用這種能力。

詞語流暢力與聯想流暢力都與用詞有關，因此，可以總稱為「隨時取用最佳字詞以表達主意的能力」。文學家在用詞方面，必須能精簡明淨，心閒手敏，玩弄於隱喻配合之中。有的文學理論家，尤其是清朝的桐城派，認為一個主意或描述，只有一些固定的字來表達，換了別的字，意義就不一樣了。所以用字時，必須選擇能夠表達心意或事實的最恰當的字。在文學上，有時為了美感而捨事實，因此而有「僧敲月下門」與「僧推月下門」孰佳之爭；有時為了聲韻的效果而換一字。例如范仲淹在《嚴先生祠堂記》中有「雲山蒼蒼，江水泱泱，先生之風，山高水長」四

句。其中「先生之風」，原爲「先生之德」，後來朋友建議改爲「先生之風」，范仲淹大爲歎服。因爲「德」爲入聲，一讀便止；「風」爲平聲，讀後尚有餘音，與下句山高水長相應，美極了。

初學寫專業文章的人，在用詞方面有很大的困難，但是記得多，用得多之後，用詞的工夫便逐漸純熟而變得自動化了。文學家必須在記憶庫中有很豐富的詞庫，這雖然要靠才學識中的學，但是筆者認爲文學家除了有天生的情意愛好學習詞句之外，還要有天賦以使記憶字詞不會有所困難。因此，筆者認爲文學家應有「隨時取用最佳字詞以表達主意的能力」。這種能力對詩人尤爲重要。我國古代的詩人須有驚人的聯想力與記憶力以應付詩詞中對偶押韻的需要。

(3)觀念流暢力：還有一種是觀念流暢力（ideational fluency）。它是一種產生各種主意以滿足特殊的形式、主題或要求。以詩言志，以詞表情，在未定稿之前，創作者用腦力激盪法以產生各種初步的主意，就需要應用這種能力。想出主意之後，創作者必須用最恰當的句子來表達主意。這便需要用表達流暢力（expressional fluency）。

在文藝創造過程之中，前三種流暢力往往交換使用，到最後才使用表達流暢力。我們不妨試擬李商隱在寫出「春蠶到死絲方盡，蠟炬成灰淚始乾」這一詩句的過程如下。括弧中所示者爲所用的能力。

他在一個夜裡有了某種相思之苦。

他看到蠟油從燃燒的蠟燭上流下來，就好像是在流淚。
（敏感的觀察力）

他將自己投射到蠟燭身上去，將自身比擬為蠟燭，因此產生了聯想。（聯想流暢力）

他得到一個觀念：可以藉蠟燭流淚來表達自己的相思之情。（觀念流暢力）

最後寫成「蠟炬成灰淚始乾」（詞語流暢力與表達流暢力）。李商隱的真正創造過程可能沒有這麼順利；也可能一氣呵成，不著痕跡。不過以上這個簡例旨在闡明光是寫一句詩就至少需要用五種與創造有關的流暢力。實際創造一句詩的時候，在很順暢的情況下，各種能力會在極短的時間內交互流轉使用；在不順利的情況下，則某一種能力，尤其是聯想流暢力，就會一用再用，一直用到獲得到滿意的詩句為止。在這種情況下，特殊的能力便突顯出來了。

(4)應變力：應變力是一種富於伸縮性而又能改變思想方向的能力。考特（1949, p.57）也發現一種藝術才能因素他稱之為「改變心向」（change one′s mental set）的能力，這種才能便是應變力。

有一種應變的方法是將自己、主意，或作風等變成另一類。擬人法、比擬法、創造新體裁等，便是類變的例子。在測驗的時候，測驗題並沒有要考生變更主意，但考特卻自行變化，所以這種的應變力稱為自發的應變力（spontaneous flexibility）。這種能力應該與求變的人格特質密切相

關。

(5)適應的應變力：適應的應變力（ adaptive flexibility ）是放棄
熟悉或習慣的方法而採用一種新的或非凡的方向。以茶當
酒，望梅止渴便是一種變通的方法。在文藝創造上，將概
念予以修改或重新加以意義（例如影射）以產生轉相的文
句。

以上兩種應變力在測驗時可以畫分，在實際創造時有時難
分軒輊。其適用的範圍可大可小，大則改變創造方向，小
則易筆換韻，奇峰突出，扣人心弦。

(6)創新力：創新力是產生與前不同而又有價值的產品。其層
次可高可低，高則產生史所未有而對文化有價值的產品，
低則產生自己前所未有而又對自己有價值的產品。在文學
創造上最爲人知的便是具有寫出佳句的能力。佳句必須簡
短有力，能引人入勝，容易記憶。舉凡名作，都有一些常
爲人傳頌的佳句。詩人往往先有一、兩句佳句，而後再想
出其他句子成篇。小說家也有一個可用一個句子來表達的
理念，然後以一個故事來闡述該理念。錢鍾書《圍城》中
之有人想進去，有人想出來，以及莎世比亞《哈姆雷特》
中的 to be, or not to be, that is a question，便是文學界中著
名的例子。

在寫作技巧上，有人將名句作爲開宗明義的句子。許多有
名的小說，往往在開頭幾句或情節便勾畫出全書的大旨，
引人入勝。《三國演義》開宗明義便曰：「話說天下大
勢，分久必合，合久必分。」；《紅樓夢》的第一段說：
「看官！你道此書從何而起？說來雖近荒唐，細玩頗有趣

味。」文章中開宗明義的句子或情節，不但有引人入勝的功能，而且也有對全文設立架構，扣定方向的功用。它顯示了作者的才學識，所以可以將之視爲一種文學的特殊才能。不過這種才能並不是在每部著作中都要用到，需要用時，必須有這種才能方能達到目的。

不過，開宗明義的句子或情節並不一定要有哲理或引人入勝。對於一般寫論文或教科書的人而言，可以用全書的第一章、全文的第一段，或每段的第一句來作下文的「預先組合」（advance organizer）（見郭有遹，民82）或介紹文。以下一類的句子都可作爲預先組合句：

本文的目的有……（或在於……）
影響……的要素有：……
該……的構造共分三部：……
我對這個問題將分以下四點來討論：……

要是學生用這類的預先組合句來寫論文或爲申論題作答，其論文必定會給人有「組織力強」或「結構甚佳」的印象。
(7)周全力：周全力是將所產生的主意詳細地加以表達。下文所討論的「測試主意」便需要運用這種能力。

2.描寫人物心理的才能
這種才能，最爲不易。作者不但必須洞察所描寫人物的心理，而且必須有所必要的字彙與技術予以描寫。技術高超的，並

不直接說穿主人翁的心理，而是用描述的方法呈露人物的行為，
讓讀者用歸納法去領悟該人的心理。技術上乘的，則能使讀者
「因其所言，會其所未言」。

　　此外，當描寫人物的心理時，還必須有可值得描寫的情節。
為克服這種困難，小說家多以自己為對象，或勤記筆記。實際寫
作時，或移花接木，或加油添醋。所以這種才能，還是有策略予
以發展的。

　　不過安排情節時，還需應用其他的創造策略（如反向思考與
玩弄主意的策略）以增加故事的動人性。白先勇便是經常運用對
比的筆法，在兩相對照中，更加凸顯出人物的心理。

　3.安排與描寫情節的才能
　　如前所述，海斯與佛樓爾發現寫作過程共包括計畫、翻譯，
與評閱三大階段。安排情節的才能是屬於計畫這一才能。
　　計畫的功能在於從作業環境與（或從）記憶庫中記取與寫作
有關的訊息以便訂立目標，安排情節，與寫作計畫，並於寫作的
過程中能夠應用訊息以達到寫作的目的。計畫共有三個步驟：搜
索、組織、與訂立取用方向，如下：
　　⑴搜索：搜索的功能在於從長期記憶庫中擷取與寫作有關的
　　　訊息。第一次從記憶中搜索時往往是與題目以及讀者有
　　　關。每一次的搜索都繼之以新的搜索。因此記憶的搜索往
　　　往是聯想性的。假如所聯想到的訊息與寫作目標有關，聯
　　　想會從一個聯想到另一個聯想，成為一連串的聯想環鍊。
　　　假如無關，搜索便會中止，從新開始，或轉彎到另一個聯
　　　想上去。不過根據研究者的資料顯示，這種重新的搜索，

從來沒有超過三次。

當搜索成功之後，作者便作筆記。筆記的形式從幾個字，到雜亂的句子，或完整的句子不等。

(2)組織：組織的功能是從搜索階段中所搜索到的材料，選擇其有用的加以組織起來以實現原定的寫作計畫。而這種組織的工夫可以是決定材料應用的先後次序，將材料提綱挈領，安排情節，或決定章回的內容等。

(3)訂立取用方向：有些在搜索步驟中所獲得的訊息並不是所應寫的題目，而是決定訊息在寫作中的地位或方向。當作者考慮到讀者與全文之後，會自述說：把這一句淡化一點、簡化一下、加強一點，或另加一句以使兩段連結起來。在這一步驟所決定的方向便成為以後評改時的標準。

以上這些步驟都是計畫寫作內容的具體步驟，與實際的情形會有些出入。例如現代的名作家簡捷便說：

在我嘗試的不同文體中，……寫的時候，從來不是一氣呵成，而是斷簡殘篇，……然後再剪裁編輯、綴串成篇……這種寫作法並不值得推荐，於我也是不得已。（簡捷，民85，頁 B16）

海斯與佛樓爾發現非專業的寫作者一有主意便振筆疾書，不作計畫，這與簡捷的自述，若合符節，她自稱是半路出家的作家。專業的寫作者，也許是寫多了，寫起來便有計畫。

以上這些步驟不應該被看作有一成不變的順序，實際創作時

會有相重的現象。例如評改的工作便會在搜取訊息或當時寫作時發生。評改的規模可大可小，小則修改文字，大則全篇改寫。在時間上，有隨寫隨改的，也有隔一段時間再改的。專家建議最好在完稿後隔兩三月予以重讀修改。因為過一段時間後，作者成為讀者，易收冷眼旁觀之效；而且經過一段時間的「休眠」，新主意還可能醞釀出來。果而如此，則修改便成為繼續創造了。

4.測試與修改主意（最後定稿）的才能

　　這是交換運用評價力與分殊思考的過程。獲得這種才能的祕訣除了能熟用評價力與分殊思考（見郭有遹著《創造心理學》，正中；《智能本位教學法》，五南）外，尚須苦鍊與修改。在閱讀草稿時，作者用批判性思考以查核內容的關聯性、一致性、充實性、表達性、精美性等等。事後，草稿充滿著自己的評語以作以後修改之用。

　　相信靈感的人，會認為用上述各種分殊思考力來尋找主意是一種匠心的琢磨。可是古人（包括杜甫）作詩，往往「吟成五字句，用破一生心」，「到曉改詩句，四鄰嫌苦吟」。善於修改作品以尋求最恰當而滿意的文句、線條與佈局，也是文藝學家必備的一種才能。說「天才就是毅力」的蒲豐，把《自然時代》草稿修改了十一次，吉本修改《回憶錄》七次，白斯卡修改《外省人》一稿達十七次之多。這種將創作一改再改，也就相當於科學家之一試再試的尋求解答的過程。歌德說：「天才就是勤奮」，天才不但要勤奮地建立創造的基礎，還要勤奮地修改自己的初稿。這種條件，已經牽涉到人格特質了。

　　上述各種主要的文學家的特殊才能並不是對每一類的文學家

都同等重要，或都應具備。對小說家而言，最好全部具備，詩人則以以下各種才能比較重要：

(1)具有純熟的用字造句的基本能力

(2)決定是否值得創作的能力

(3)具有創意力

(4)具有評改力

從以上所提出的各種主要的文學家的特殊才能可知做偉大的文學家實在不易。這一點從巴倫所發現文學家的智力高於其他各家便可知其梗概。而以研究寫作創造著名的佛樓爾於研究之後有感地說，「寫作是所有人類心智活動中最複雜的活動。」（Flower & Hayes, 1980, p. 33）不過本節所述之八種文學家的特殊才能，是指成為偉大文學家所需的一些特優才能，客串性的作家只要有動人的故事，其他的才能差一點，甚至請高手潤飾或代勞，也可以出版暢銷小說。有的在美國的暢銷小說如《小城故事》與《麥迪遜之橋》並沒有什麼特別的寫作技巧與變化多端的情節。前者只是寫生老病死的日常人生故事；後者只是平舖地介紹男女主角的過去、現在，與夢想。它之所以暢銷而被拍成電影，是因為吻合很多中年男女的幻想。所以，只要文句通順，但故事符合很多人心靈深處的願望，還是可以暢銷；但是暢銷書並不等於佳作。

第二節　藝術家的特殊才能

一、藝術才能的理論

　　藝術家有很多種：畫家、雕刻家、建築家、工藝家等專門從事美術創造的人士都可稱為藝術家。在美國，有一些人士，其中也有心理學家與教育學家將創造與藝術等同齊觀；也有的人將表達個性的活動都稱為藝術。因此，他們將文學家、音樂家、雕刻家、舞蹈家、演員，與畫家等都稱為藝術家（ artist ）。甚而至有人將利用電話來推銷的騙子也稱為藝術家。本節茲以畫家為中心以討論專門從事美術創造人士的藝術才能。畫家所有的特殊才能也可以適用於其他的美術創造。

　　過去有關藝術才能的理論有兩種。提倡多元智慧論的嘉德納（ Gardner ）綜合有關智慧之研究，以及神經生理的證據而認為人類有空間（ spatial ）智慧。這種智慧便是藝術家的特殊才能。

　　吉爾福特將材料訊息分為五大類：視象、聽象、符號、語意與行為。藝術家所處理的訊息則是屬於視象。每一種視象都可以由六種心智加以運作：認知、輸入記憶、保留記憶、分殊思考、匯合思考，與評鑑思考；運作以後可以產生六種產品：單位、星門類、關係、系統、轉相，與含義（詳見郭有遹著《發明心理學》，遠流）。用一種心智（例如分殊思考）來處理視象以產生一種產品（例如轉相）便是使用了一種智能。由於有一種材料訊

息，六種心智以及六種產品，因此這三類的排列組合便有一乘六乘六，共有三十六種與藝術創造有關的智能。但是這三十六種藝術智能並不是同等重要。吉爾福特（1957）在其《藝術創造的智能》一文中討論了與文（學）藝創造最有關的智能，其中除了詞語流暢力外，其他的都與繪畫有關。

　　嘉德納的空間智慧過為簡單，吉爾福特的分類則過為精細，而且是由其「智慧結構」理論中推論而來，沒有經過實際的驗證。迄今為止，唯一經過驗證的研究是以下所要介紹的邁耶（Meier, 1939）有關藝術特殊因素的研究。

二、智力與藝術才能的相關

　　智力與藝術才能的相關如何？這要看藝術才能的高低而定。就個別的例子而言，教育界曾經一再地發現智力有障礙的兒童，顯露了非凡的西畫才能，過去在日本就發現了三位。在英國，有五個平均歲數達十九歲，而平均智商則只有約43的弱智者，他們的繪畫作品達到可以進入藝術學校的水準（O´Conner and Her-melin, 1987）。在美國，有二位智商均低於70的成人，在繪畫上卻表露了異於常人的才能與想像力（Buck, 1991）。有一位從未從事繪畫活動的廿七歲男人，因行為怪異而住院。有數次當毛病再發時，該人不能自制地大畫特畫。心理醫師認為其怪誕行為是因左腦受壓抑所引起，而其繪畫活動則是因右腦的視覺技能於患病時受到釋放（Finkelstein, Vardi, Hod, 1991）。這些個別的案例顯示西畫才能是相當獨立的。

　　就測驗性的研究而言，各種研究顯示智商與西畫的才能在小

學三年以前有些相關，三年級以上則幾乎沒有相關（Burkhart,
1967）。之所以在小學三年以前有些相關，乃是因為：

1.作此研究者（Goodenough），用畫人測驗（Draw-a-Man Test）
來測量繪畫能力。而這種測驗主要是測量兒童的分析所觀察人物
的能力與對細節的記憶力，而不是藝術的特殊才能。

2.小學三年級以前，兒童尚在急驟發展的階段，他們智商的發
展都會與很多才能的發展有關。所以我們可以說在全距內，智商
與一般的藝術才能無關。

　　智商與學業成績的相關相當高。我們從上述的研究可以推測
學業的成績與西畫，尤其是童畫的才能無甚相關。我國在七十年
代曾經出現一位轟動一時的素人畫家洪通。他完全不識字，只是
受潛伏的機能所驅迫而自由自在地表達他自己的對周遭風土的感
觸。他的畫像兒童畫般全無組織，也沒有技巧。但是美國新聞處
在一九七六年還為他開了畫展，掀起了洪通熱潮。由此可見童畫
的才能是相當獨立的。

　　但就高年級的學生而言，邁耶（1939）則發現智力與藝術才
能有所相關。在這個研究中，也發現有藝術才能的學生有很高的
智力。但有高智力的學生並不見得有藝術才能。所以光是有智
力，並不能使人有藝術才能。智力高可以使有藝術才能的人聰明
地處理畫題，甚而至易於創新。

　　西畫才能卓越者，他們的智商至少要在100左右（Burkhart,
1967），這就猶如卓越的創造思考，有賴於高智商（約120）一
樣，只不過智商對西畫才能的表現而言，並不如其他才能那樣重
要。

對國畫而言，南齊畫家謝赫在其《古畫品錄》一書中，標立出繪畫之六法：氣韻生動、骨法用筆、應物象形、隨類賦彩、經營位置、傳移摹寫。這六法從此成為國畫的技巧與畫境，以及評鑑的準繩。只要國畫界依然著重六法或詩、書、畫三絕，則智商與國畫創造的相關必然很高。

三、藝術家的特殊才能

在愛荷華大學心理系的邁耶教授於六〇年代組織了一個研究小組對六位具有以及六位沒有藝術才能的兒童作了為期十年的個案研究。除此之外，他們還研究了四十一位美國藝術家的創造歷史。其結果發現了六種因素。其中有的因素如智力與創造的想像是屬於各種文藝創造的共同才能；有的因素如精力與毅力不屬於才能的範圍，係屬人格的因素。邁耶（1939）的研究作於六十年代，六十年代以後在創造心理學方面有很多新的發展。因此下文僅以邁耶所發現的藝術特殊才能（非因素）為骨幹，另加實例以及其他研究所發現的才能，以介紹藝術家的特殊才能。

㈠手藝（manual skill）

藝術，無論是繪畫或雕刻，給人的第一個印象便是從作品中所表現的用筆、手藝，或技巧。有良好手藝的人最基本的條件是必須能五指運用自如，手指肥大的人運筆便有困難。技藝高的能以意御手，心到手到，一下筆便恰到好處，不必加以修改。

有一種的藝術家能夠在小小的鼻煙壺中繪畫。他們所具的手藝：眼與手的協調，意對手的駕馭，以及手指對工具的操作等，

都是常人所不及的。這些手藝，都有體形（特指手形）與神經結構的基礎。具有這種基礎的人，並不是一生下來便會創作，而是遇有藝術教養的機會，會很容易地學習，視藝術活動為樂事。這種生理結構平平的人，並不是不會藝術，而是學習較為費力艱苦，因而較易知難而退，成不了藝術家。

邁耶發現有四種資料可以支持其手藝遺傳論：(1)具有手藝才能的實驗組學生在早期，四或五歲，便對手藝一直感興趣，並且顯露其才能；而控制組則一直沒有；(2)已成名的藝術家也是在早年便自發地顯露其才能與興趣，沒有人慫恿他們從事手藝活動；(3)有很多藝術家的祖先也有某一種不見得與其一樣的手藝才能；(4)有一學生在七歲以前是個盲童，後因手術成功而恢復部分視力。恢復之後，便開始繪畫。其繪畫水準相當甚至超過同年的正常學生。研究者沒有發現任何環境因素激發其繪畫的興趣與才能，但只發現其祖先有。在北京的畫家孟慶谷，自述他對繪畫，可謂一見鍾情，除繪畫外，不作他想。其父母均無藝術細胞，在這種情形下，很可能他的祖先有藝術細胞。

手藝的遺傳是世代性，而並不一定是直接從上一代單傳下來。一個藝術家要是沒有具有藝術才能的父母，則極有可能其祖先有數代都有藝術才能。筆者在研究中國天才的盛衰時，也發現有許多工藝家是世代相傳的。不過因為這是古代中國的社會傳統，當時研究時並沒有將之與遺傳攀上關係。現在覺得這也很有可能。

精湛的畫技一向是國畫家評畫的重要標準。以上所述謝赫的六法便具體地道出了畫技所應發展的方向。這六法從此成為國畫評鑑的準繩。宋朝畫家郭若虛在《圖畫見聞志》中有一段論用筆

的得失：

> 凡畫氣韻本乎游心，神彩生於用筆，用筆之難斷可識
> 矣。……王獻之能爲一筆書……一物之像而能一筆可就
> 也。乃是自始及終，筆有朝揖，連緜相屬，氣脈不斷。
> 所以意存筆先，筆周意內，畫盡意在，像應神全。夫內
> 自足，然後神閒意定，神閒意定則思不竭，而筆不困
> 也。……又畫有三病，皆繫用筆。所謂三病者：一曰
> 板，二曰刻，三曰結板者腕弱筆癡，全虧取與，物狀平
> 褊，不能圜混也；刻者運筆中疑，心手相戾，勾畫之
> 際，妄生圭角也；結者欲行不行，當散不散，似物凝
> 礙，不能流暢也。……。

邁耶講手藝時，只說到眼手協調以及神經與生理的構造。而
郭若虛則謂神閒意定，則思不竭，而筆不困。是以，用筆之道，
在於心定。

不過畫技的重要性，因繪畫的種類而別。它在油畫，素描與
水彩畫上特別重要，在印象畫、素人畫、幾何圖形畫，與多媒體
畫上便相對地不重要。所謂多媒體畫，係指將一些實物如鐵絲、
螺絲釘、啤酒罐，甚至馬桶蓋等都釘在畫上。這種畫算不算畫，
也就像借腹生育的女人是不是母親一樣，難以界定。但是只要是
繪畫家認爲該作品代表某種理念，就可以算做藝術品吧。

(二)知覺靈敏力（perceptual facility）

這是吸取感官經驗用作藝術材料的能力。藝術家較常人吸取

得多，而且容易。邁耶並沒有將這一種能力與遺傳連在一起。但是最近有一項由以紀丁（Keating）為首的十六人組成的大規模的遺傳研究（Frangiskakis, Ewart, Morris, Mervis, Berrtrand, Robinson, Klein, Ensing, Everett, Green, Proschel, Gutowski, Noble, Atkinson, Odelberg, & Keating, 1996）。他們研究了缺少第七對染色體上八萬六千對基部 DNA 的兩個家族的成員。這些成員智力正常，但是都患有心瓣膜大動脈狹隘症，不過分友善，有學習上的困難，並且空間視覺的組織力甚差。研究者沿著八萬六千對基部 DNA 一路核對下去，結果就在彈力素基因附近發現了另一個基因。這個基因控制了空間視覺的組織力。缺少這種基因的人就有困難按照指示將玩具或是家具組合起來，不會畫圖，也無法在彩色方格子中看出跳棋盤的圖形。

　　邁耶所謂的知覺靈敏力包括想像、認識記憶（recognition memory）、形式與特徵的區別，以及將所觀察的予以回憶。所謂有效的吸收，是擇要觀察，正確存取資料的能力。有知覺靈敏力的畫家，能擇其所應看，看得比較仔細，記的比較多，存的比較久，所回憶的也比較完全；假如是看人，並不是只看其重要外徵，不計其表面之不重要的特徵，還必須觀察得很深入，抓住特點，得其神髓。所以人像畫家也是知人的專家。

　　換句話說，畫家能很容易而有效地將所見到的化為繪畫的材料。沒有這種特殊才能的人，對所見的不見得會有知覺、即使有知覺，也不見得會得其要點、即使得其要點、也不見得會吸收或存入長期記憶庫、即使會吸收或存入長期記憶庫，也不見得會正確而完整地回憶、即使能回憶，也不見得會成為美感；即使有美感，也不見得是很獨特的美感。有知覺靈敏力的人，必須能將所

見化爲獨特的美感方能進一步從事繪畫的工作。

　　知覺靈敏力也可以說是在心裡記筆記。專業的藝術家將所見的有意義的或有趣的景物，擇要或擇美地存入記憶庫。有知覺靈敏力的畫家則可將所存入的材料於作畫時化爲意象、與其他意象組合、或轉化成其他意象。不過，心裡能記的畢竟有限，專業的畫家則將所見的可用於入畫的材料草畫下來以作繪畫之用。相傳唐明皇忽然很想念嘉陵江的風景，便令吳道子去寫生。吳回來後，唐明皇便要看看畫。吳道子說都記在心上，並無粉本。明皇便令他畫在大同殿壁上。吳道子只花一天的工夫便把三百餘里的嘉陵江畫好。可見吳道子有超人的知覺靈敏力，在看嘉陵江時，邊看邊在心裡記筆記了。

　　邁耶以美國畫家朋登（Thomas Benton）爲例。朋登曾經開車漫遊美國南部各州。在旅途中，每看到一個美的景觀或物品，便予以草圖下來。遇到可以入畫的人物時，則將心比心，充分抓住該人的性格，然後草畫。回到畫室之後，便重畫草圖中的人、物，或將草圖中的人、物組合起來畫畫。在他自傳中曾經自述有一次在新墨西哥州的一座山上看日出。從他對日出情境那種巨細無遺的描寫可以看出畫家對景物的觀察實在非常詳細，對景物的感應也非常地有見識。例如他描寫過大地與太空之後，便說「地與天合而爲一」，又說「宇宙顯示出一個大和諧體，就像是一個東西一樣……」，用中國的文字來說，便是「宇宙諧和，萬物合一」。在這般的描寫中還包括與一個人的對話，他說：「這個地方對我來說，太孤單了。……這裡實在是沒有什麼東西可看。」這段自述說明了藝術家與非藝術家知覺的差別。

　　邁耶將知覺靈敏力所說的「對……經驗所作不費力而有效的

吸收與反應」是什麼意思？什麼樣的吸收與反應才算有效？這一
點他並沒有交代。幸而認知心理學家對一再發現空間因素很高的
積木設計測驗（ Block Design Test ）與繪畫能力很有關係
（ Burkhart, 1967 ）。名語言家學家鍾斯基（ Chomsky ）舉出很多
證據以證明藝術才能是記憶與透視空間關係的能力。繪畫家必須
能夠捕捉物體的形骸，以便表之於圖形。當一群三度空間的物體
被畫在平面上時，受試者必須能看出那是三度空間的物體，以及
隱藏在那物體後面的形相；或當那些物體被轉成另一個角度後，
它在紙上會以什麼圖樣呈現出來？這一門類的測驗會使人暈頭轉
向，但是具有這種特殊能力的人，如藝術家與科技專家等，卻視
如拿手好戲，達文西與愛因斯坦在這方面的智慧特別發達。有些
白痴別無所長，只會作畫，由此可證這種能力可以單獨出現。

　　在另一方面，研究視知覺（ visual perception ）與藝術關係的
安海（ Arnheim, 1954 ）認為藝術創造不但有賴於對整個畫境結構
的特徵有靈敏的知覺，而且還要能夠形成具有代表性的概念（符
號或意象）。換言之，畫家必須能夠鉤深探微，想出用那一種畫
筆、畫法，與圖形來代表畫意（所知覺的畫境）。這種工夫，便
有賴於意象力。根據意象專家（ Kosslyn, 1985 ）的研究，意象力
是由一組處理意象的能力所組成。迄今所已經知道的意象處理能
力有：

　　⑴將意象在心中倒置旋轉的能力。例如將「人」字倒置，或作
　　　九十度旋轉。這種能力對藝術家比較重要。
　　⑵檢視所產生的意象。換言之，有人可以特意重視意象的某一
　　　部分。
　　⑶同時將意象的一些部分凍結在眼前。

若不能將意象的一些部分凍結在眼前，便很難想出用那一種畫筆、畫法，與圖形來代表畫意了。

　　茲以齊白石為例，他於少年時常去釣蝦，看蝦，逐漸看出了蝦的動態與生趣，因此他最喜歡畫蝦。為了畫蝦的緣故，他在畫桌上放了一個水盂，養了幾隻美蝦，以供日常觀摩。他有時故意用筆桿撩撥，以看蝦的跳躍形態。他發現蝦的身子在水中有起有伏，有時彎成兩個不同方向的角度，當其欲跳之時，角度更加明顯，背部更為有力。【按：這是「特意重視意象的某一部分」的結果。】有了這種意象之後，他便有個問題：如何將之表之於畫？【按：見以下「發現創造問題的能力」】這個問題經過數年以及數次的改變畫法之後【按：此為前述「改變心向」的能力】方始得到使他自己滿意的結果。他首先改變畫筆，將小號羊毫筆改成一號羊毫提筆，使蝦的頭部與胸部前端，增添了一些堅硬感；其次將蝦簡化，減少了幾隻腳；最後，他把眼睛由圓圓的墨點改成突出在外與頭部垂直的兩個橫生的眼睛，並把原來頭胸部分的淡墨上添加了一筆濃墨。【按：畫時必須「將意象的一些部分凍結在眼前」這種畫法不但加重了蝦的重量，並且因軀幹透明的結果使蝦顯得有彈力而神氣活現。】

㈢創造的想像力（creative imagination）

　　知覺與想像的區別是前者是用過去的經驗來解釋新的刺激；後者則無須外在的刺激而由心中自生一組連串的意象。因此它會是相當富於創造性的。邁耶對於創造的想像力的定義是：「有效地應用靈活的感官印象來作某種程度的美的創造（組織）之能力」。（Meier, 1973, p.153）這個定義中所說「某種程度的美的

創造（組織）之能力」是因為他的研究對象包括了兒童。對大畫
家而言，則應為高程度的美的創造。有效的感官印象必須是以恰
當的知覺為基礎。富於藝術才能的兒童不但能夠運用記憶庫中恰
當的知覺材料，而且能夠加入新的材料來從事創造。

　　邁耶以名靜物畫畫家普虛門（Hovsep Pushman）為例。普氏
每到世界各國旅行時，都搜集一些土產，他以這些土產建立一個
私人博物館。他於繪畫時，便選擇一個或一些物品，在想像中與
另一（些）物品組合起來以期能構成一個極美的畫面。另一個例
子是偓特（Grant Wood）繪畫〈革命的女兒〉（Daughters of Revo-
lution）的故事。偓特對當時有人批評參加美國獨立革命者的女
兒與她們的女兒有所不滿；他認為被批評的女子都是好人。因此
他便想畫一幅畫來諷刺那些批評的人。他在想像中構想一幅有對
照的畫面，一方面有一群年長的婦人在很舒適的房裡於下午茶時
批評世事與人物；另一方面，則有一群五或六代以前的祖先茹苦
含辛的事跡。為解決這一問題，他用有對照性的色彩以及把留澤
（Leutze）的〈華盛頓越過德拉瓦〉（Washington Crossing the
Delaware）這一幅照片加入他的畫中。這便是邁耶所謂的「加入
新的材料來從事創造」。

　　其實，創造的想像力可不必只限於邁耶所說的運用記憶庫中
恰當的知覺材料，以及加入新的材料來從事創造。因為想像是心
中所自生的一連串的意象，則其產生意象的速度、數目與種類的
變化等都可以決定創造的高低。如前節所述，考特（1949）發現
「改變心向」的能力（p.57）與「運作速度與表達流暢」
（p.65）的能力在藝術創造上最為重要。畫家若能在選題、選
材、構圖與選擇畫法上多產生主意與意象，並且先在心中嘗試各

種變化，必能增加創意。

㈣美感判斷力（aesthetic judgment）

美感判斷力是看出作品中美的品質的能力。這種能力可以使藝術家知道其作品是否已經達到美的要求。若尚有缺點，應如何予以改進。開創新畫風的大家，必定有極高的美感判斷力，否則梵谷、畢加索，與達利等人便不會一再創作出他們那種平常人看起來是很怪的畫。

在各種因素中，邁耶認為以美感判斷力最為重要。由此之故，有兩種繪畫能力測驗便專以美感判斷力為測驗的對象。

美感判斷力雖然是可以由後天發展的，但其卻是植基於先天的神經與感官的生理構造。邁耶說是從藝術家的工作方式，個人的習慣、品味，以及品美的方式上可以毫無疑問地確定這種能力的遺傳性。但是他卻沒有詳細地記載如何確定，為什麼藝術家的工作方式等會與遺傳有關。不過學術界早已知道空間比例的知覺如「黃金分割」的現象是有神經的基礎。嬰兒自從有視覺之後，便對美物注視較久，對醜物則避而不見。可見美感是天生的。而這種天生的美感應有個別差異，藝術家則得天獨厚，能夠見出常人所見不出的美。

㈤發現創造問題的能力

從以上邁耶所舉的兩個例子可知兩位畫家在加入新的材料來從事創造之先，都有一個問題：要用什麼畫題與材料（或意象）才能把美表現出來？普盧門的問題是：如何表達這個物品的美？倔特畫畫的動機是要諷刺那些批評的人。假如他是一個作家，他

可以像魯迅那樣寫一篇文章在報章雜誌發表。但是他是畫家，如何用畫來諷刺便是有待解決的問題。所以，發現問題是藝術創造的一個重要的才能。格采耳與其同仁（Getzels and Csikszentmihalyi, 1976）發現出色的視覺藝術家（visual artists）除了具備基本的技能外，尚須具有以下各種才能：能夠發現適當的問題（亦即畫題）、能夠塑造美景，以及能夠創新，方能成功。在這三種才能中，尤以發現問題最為重要。因為他們長期的研究發現這與其他兩種才能有很大的相關。

　　藝術家所面對的創作問題是開放性的。它尚未界定清楚，尚可改變，沒有固定的解決方法，也沒有固定的答案。創造的藝術家與假畫製作家或臨摹家主要的差別便是前者須要去發現、界定，與解決創造的問題；而後者則問題已經界定好了：就是將這張畫臨摹好。臨摹家的畫技可能是一流的，但是他們的產品並沒有新意。

　　格采耳與其同仁在芝加哥大學設立一個畫室以作實驗。畫室裡放著葡萄、舊書、女帽、汽車零件等二十七件物品。他們的實驗對象為三十一位美術系的男生。他們請每一位對象隨時到畫室來選擇並組織那些物品來作靜畫的材料。畫室中有一位觀察員記錄學生作畫的活動。他所觀察的項目有：學生所操作物品的數目、種類、次序；操作的活動（例如撫摸、移動、感覺物品的重量等）；最後所選的物品；安排物品的程序；繪畫時的行為；以及其他不尋常的行為等。除此之外，開始作畫之後，每隔數分鐘便將畫稿與活動拍照一次。畫完之後，研究者還向每一位學生問一些準備好的問題，例如：為什麼選這些物品？為什麼將物品排成這種形式？用意為何等。研究的結果發現問題的發現有以下兩

個階段：

1.問題形成階段

　　當學生知道應該選擇物品來畫靜畫之後，他必須去找並形成一個問題（畫題）來繪畫。這個階段還可以分成畫前、草畫，與回顧三步驟。在畫前，學生必須決定畫什麼；草畫時，正式開始繪畫；畫好之後，評量所完成的畫。在這個階段，研究者發現學生所玩弄的物品越多，越容易發現物與物間的新關係以及對照性的特徵。選擇不平常物品的人易於形成新的問題。用多種感官（如視覺與觸覺）來探索物品的人較能發現所熟悉物品的新的（以前所未發現的）特徵，進而形成新的問題。因此，研究者認為在畫前多方探索新經驗對選擇與擺設物品或發現新問題極有幫助。

　　研究者指示學生用畫室內的二十七種物品作畫，這是一個開放性的問題。其實，不富創造性的學生會因習慣與過去的經驗而自限範圍，把本來是很開放的問題變做不怎麼開放了。例如筆者曾經問學生盡量列舉磚頭的用途，這是很開放性的問題，它沒有一個固定的答案。但是有的學生只會說出一種主意，把它用來築牆。他們把磚頭的用途自限於建築類了。相反地，富於創造性的人，也可以把看似關閉性的問題，當做開放性。宋徽宗時畫院入學考試所出的畫題便是很好的例子。有一次，考題是「踏花歸去馬蹄香」。有的考生便把它看成關閉性的問題，照字義畫一匹馬走在滿地花瓣上；也有的畫一個人騎著馬，揚起鞭子，走在滿地落花上。被錄取的人只畫一隻馬，有一群蝴蝶簇圍在馬蹄左右，並沒有照題將花畫上去。

2.在問題解決階段的問題發現

　　同類的問題也可以用在問題解決階段的問題發現。從開始畫畫到畫的完成，畫家便一直在從事解決問題的思考與工作。有一次，畫院的試題是「深山藏古寺」。這個題目在考生的心中便形成一個問題：古寺既然在深山中，在畫面上如何表現出來呢？為解決這個問題，有的考生在山腰畫一古寺；有的畫在兩峰聳峙的山谷中露出寺廟一角紅牆；錄取的畫是畫了一個和尚在山腳的小溪邊挑水。這種見和尚而不見寺的構思巧妙地解決了表達「藏」的問題。

　　根據格采耳的研究，那一批學生解答的創造性受以下三個因素所影響：他們自己所出問題開放性的程度；繪畫時所作的探索性的活動；以及對原始問題的構造與內容所作的修改。就問題的開放性而言，不但開始時問題的陳述要模糊不清，以使有意境的餘地，而且還可以在繪畫時予以更改。換言之，在草畫的早期，問題解決階段與問題發現階段會互相交替。學生會在問題解決階段將問題予以修改（例如增加或減少所要畫的物品）。這也就是前述考特所謂之「改變心向」的能力。通常，一個開放性的問題要在解決問題的過程中經過多次的修改方能定案。在這個研究中，學生平均用了百分之三十五的整個繪畫時間來界定問題，最少的百分之十一，最多的百分之七十四。

　　繪畫時所作的探索性的活動也因人而異。有的人選用炭筆後便一用到底；有的人則更換多種畫筆畫紙。有的人常更換物品與位置，有的人一經決定便不予更改。這種用筆與增減物品以及改變位置等的探索性的活動既是解決問題的活動，也是界定問題的活動。等到問題界定清楚之後，畫便快要完成了。

　　為什麼有的人改，有的人不改，這便牽涉到人格因素了。這

個研究在智能方面的發現顯示尋找與界定問題是富於創造性畫家的特殊才能。

四、藝術才能測驗

筆者已經在本節討論過比較大類的藝術才能。現在還可以通過測驗來了解構成各種文藝才能的特殊才能。可惜無論在文學或藝術方面，這一類的測驗並不多。其中原因一方面是由於這一類的才能牽涉過廣，很難予以孤立，以便測驗；另一方面是因為文藝學家多持總體論與靈感論，不相信他們崇高的能力可以像豬肉一樣支離破碎地被測量。現今所有的文藝才能測驗都是測驗英文的字彙與閱讀能力，對國人無甚用處，所以以下只介紹四個受過多位專家研究的藝術才能測驗。

(一)視覺藝術基本能力測驗
(Tests in Fundamental Abilities of Visual Arts)

這個測驗的目的在於測量中小學生的藝術能力，可以於一小時半之內在團體中施行。它共有九個分測驗：(1)空間比例，(2)線條創新，(3)光線與陰影，(4)藝術字彙，(5)空間比例之視覺記憶，(6)圓椎透視問題的分析，(7)平行線透視問題的分析，(8)角度透視問題的分析，(9)顏色的認知。

這個測驗與藝術科成績的效度為 .40；信度為 .87，易於施測，深受歡迎。但是其受接受度胥視各人對藝術才能的看法而定。如其名所示，該測驗是測量藝術的基本能力。但是一般的智慧也包括一些這種能力。換言之，這個測驗的一些分測驗，例如

分測驗三、六、七、八等也可能測量一般智力，至於第九分測
驗：辨認顏色，則更是一般人都有的能力，非藝術家所專有也
（Saunders, 1941, p.1329）。

㈡邁耶藝術測驗（The Meier Art Tests）

　　這個測驗是從早期的邁耶——西席爾藝術判斷測驗（The
Meier- Seashore Art Judgment Test）修訂而成，其適用的對象為初中
一年級以上的學生與成人。它有一百張僅具黑白顏色的圖片，其
中有九十四張是繪畫，三張是壺瓶，另三張是圖案。每一張都有
正副兩幅圖畫。正本是由有名畫家所繪；副本與正本極為相似，
但在對稱、平衡、統整或規律上卻有一點差異。受試者必須指出
兩幅畫那一幅比較好，並須指出兩者差異之處。

　　邁耶認為藝術判斷是藝術才能最重要的部分。就算這種看法
是對的，但他所測量的藝術判斷完全建立在對畫面設計的反應，
這種做法未免過於簡單。還有其他的因素諸如表達、色彩、題
材，以及其他的各種關係都被忽略了（Ziegfeld, 1949, p.172）。

　　不過這個測驗易於施測與評分。其常模分成三種：初中，高
中，與成人，以百分位數表示之。其效度是建立在與藝術科的成
績與專家的評分上，各種相關約在.40與.69之間；其信度則從
.70到.84不等。其最大的優點是在於能夠區別年齡、年級以及所
受藝術訓練的差異。年齡大的與年級高的得分較高；受過藝術訓
練的比沒受過的得分較多。但是這種不同是成就上，抑或才能上
的差別，就很難判斷了。

　　另有一葛雷夫設計判斷測驗（Graves Design Judgment Tests）
與這個測驗類似，由於該測驗沒有效度與信度的資料，本節不予

介紹。

(三)霍恩藝術性向清單（Horn Art Aptitude Inventory）

由上可知將藝術才能加以細分的測驗，無論在理論上與技術上都有很大的問題。因此霍恩乾脆就不用常模，而用標準制來評鑑整幅的圖畫。他的測驗分成兩部分：第一部是塗鴉練習，受試者必須速畫二十個常見的物體如房子、書、六個圓圈等，差不多每數秒就必須畫一個；第二部是想像力。受試者（大學生與成人）必須以所提供的十二個內中有不同線條的長方形作想像力的跳板而作畫。整個測驗可於五十分鐘內做完。

作者將將畫分成上、中、下三品。每一品都有許多樣品作為評分的參考。受試者的作品具有上等之姿者，便得高分，以此類推。除此之外，測驗手冊中尚提供以下各項標準：次序、思路與表現的清淅度、線條品質、陰影的運用、想像力，與興趣範圍等。每一標準都有詳細的評分法。

從另一個角度來看，以上每一個標準都可以當做一種特殊的藝術性向。有這麼多的標準，其評分之主觀性與複雜性可想而知。但是不同評分者的相關卻高達.79到.86，而其預測與同流效度亦甚為可觀：其與專家以及高中學生評分的相關分別為.53與.66。該測驗的作者認為只要與樣品對照，普通人也可以勝任評分的工作。根據作者所引的兩個規模較小的研究，他們與專家評分的相關在.79與.86之間（Palmer, 1959, p.376－377； Ziegfeld, 1949, p.257）。

五、結論

　　以上雖然個別地列出五種心理學家在實驗中所發現的重要的藝術特殊才能，實際創造時，則是多種並用的。並用時只用上乘的畫技，而沒有其他多種特殊才能的人，只是一個臨摹者，或在旅遊勝地爲顧客揮筆的畫匠，而不是大畫家。若以後有專家用因素分析法來探討藝術家的特殊才能，則除了手藝或技巧力一項外，其他各種才能的名目可能是另一種稱呼，而所發現的才能或因素可能會比以上所列的爲多，也可能會少。無論如何，以上兩家的研究可以作爲以後進一步研究的進階。

第三節　音樂家的特殊才能

一、音樂才能與智力的相關

　　做一個音樂家是否需要有很高的智力？有的專家說需要，有的說不需要。說需要的人大多是音樂家，說不需要的大多執迷於天生的音樂潛能；也可能是痛恨搖滾樂的人，或者是曾經聽到白痴音樂家的故事。茲先引述兩則這一類的報導。

　　有一位三十八歲的男士，其大腦因腦炎而受損。一歲半才能行走，五歲才開始說話。但他在能說話以前，就能

哼唱，因此他的說話治療師便藉著歌詞來教他說話。他對其他學科都不下工夫，對音樂則情有獨鍾，經常每天彈六至九小時鋼琴。到了成年，其閱讀程度還不到小學六年級，抽象的課本根本看不懂，但對字句卻能背誦如流，對一兩個月以前的事情都不會忘記。他的琴鍵與讀譜能力超乎常人，亦有聞歌而彈的特技，對古典音樂尤感興趣（Anastasi & Leves, 1960）。

還有一位患有自閉症的人，其語文智力極差，很少自動說話，總是避免看人家，但卻喜歡彈琴給人家聽。對有架構而音色（tonal）又很順的音樂（如 Grieg），其記憶力要比職業鋼琴家強得很多，對不講究音色（atonal）構造的作品（如 Bartok），其記憶力便遠不如人了（Sloboda, Hermelin, & O'Connor, 1985）。

從這兩個例子可知以上兩人所顯示的音樂天賦，可以獨立於一般智力之外。我們可以由此見微而知著，進一步地推論其他的音樂天賦也是如此。事實上，早期對音樂性向與智力相關的研究便發現兩者只有些微的正相關（Drake, 1957；Farnsworth, 1931；Gordon, 1968）。例如各種智力測驗與音樂記憶（musical memory）的相關不超過.28，與節奏（rhythm）的相關都接近於零（Drake, 1957）；與音高（pitch）、強度（intensity）、時間感（time）、音色記憶（tonal memory）的相關也都不超過.17，與音協（consonance）的相關則為.38（Farnsworth, 1931）。這是因為有很多音樂性向有賴於原始的聽力。而聽力受生理所限，鮮受環境所影響；而智力則不然。假如這類研究的對象是兒童，則更難

期望這兩者有什麼相關了。

　　在另一方面，以音樂才能（例如樂器的演奏技巧）或成就為測量對象的研究，就得到不同的結果了（Mursell, 1939；Sergeant & Thatcher, 1974）。這一類的測量發現音樂才能高的，智力也高。而智力高的，音樂才能並不見得高。此外，范斯華茲（Farnsworth, 1969）對於富於創造性音樂家的研究也支持高智力之說。他們的智力都至少有120分。由此可見音樂家除了具有比常人更高的智力外，還須在音樂才能上出人頭地。

　　至於作曲家的智力，則更高得驚人。倡用歷史測量法著名的庫克士（1926）根據傳記的資料估計了歷史上三百位天才的智力。其中屬於音樂者有如表3-2，表中多數的作曲家不但智商可列為智優級，而且在早年就有傑作的音樂成就。以上的少數作

表3-2　庫克士對卓越作曲家所估計的智商

作曲家	智商範圍
巴哈（J.S Bach）	125 – 140
貝多芬（Beethoven）	135 – 140
亨德爾（Handel）	145 – 155
海登（Haydn）	120 – 140
孟德爾遜（Mendelssohn）	150 – 155
莫扎特（Mozart）	150 – 155
巴勒斯崔那（Palestrina）	110 – 120
羅西尼車（Rossini）	120 – 130
華格勒（Wagner）	135 – 150
韋柏（von Weber）	135 – 145

曲家雖然不足以代表一般，但是從理論上說，他們必須化具體為抽象，化感受為見識，最後化見識為音樂。凡此種種，若無上智，難竟全功。

二、與音樂創造特別有關的才能之研究

初看起來音樂才能是一種很容易鑑別的才能。一般人都可以指出誰有音樂才能，誰沒有音樂才能。但是音樂家們對於什麼是音樂才能則並沒有一致的觀點。原子（ atomistic ）論者認為音樂才能是由一些特別的音樂稟賦與技能所組成；一元論者則認為人人都有一種一般性的音樂才能，將某人的一些特別的音樂稟賦與技能全部加起來並不就等於該人的音樂才能。即使是原子論者，有的專家認為它應該包括欣賞音樂的能力；有的認為應著重演奏、歌唱或作曲的能力。另有的則認為它應指天生的音樂稟賦，不應與演奏或歌唱等學習到的才能混為一談。各方爭議的結果，就有人認為心理學家既然可以將智力定義為「智力是智力測驗所測到的結果」，則我們不妨說「音樂才能就是音樂性向測驗所測量的結果」。這個看似很調皮的作法卻是在教育上最為有用的定義。因為，一則它顯示音樂才能是多種與音樂有關潛能的組合，這在教育上比較容易訂定教學目標並分別加以訓練；二則有關音樂才能的研究，率多應用音樂才能的測驗。這一類研究中所謂的音樂才能，便是測驗所測到的才能；三則音樂才能測驗所包括的才能都是結合各專家在這方面研究的結果，而且經過效度（ validity ）的證驗，應該會比一家之言妥當。

不過以上這個定義還有兩點必須加以解釋。以上所說的測驗

是指性向（aptitude）測驗，而非音樂成就測驗（Musical Achievement Tests）。其次，所謂「才能」是指潛能的發揮。它是先天的潛能與後天對該潛能訓練的結果。例如音高的聽力是一種潛能。但這種聽力在有限的範圍之內是可以經由訓練而略為增加的。智力測驗所測到的並不是先天的潛能，而是今後從事學業學習的能力。同理，音樂性向測驗所測量的結果是先天的性向經過後天的發展在測驗上所表示的成績。根據這種成績，專家便可推斷受試者有沒有異於常人的音樂性向，是否可以成功地修完為音樂專業人士所設的課程，或者甚至是否可以成為一個音樂家。

本文既然採取了音樂才能的運作定義，則現今測驗眾多，所測的才能並不一致，究應採取那一種測驗為標準？幸好目前已有很多研究用因素分析法分析各種測驗所測量的各種特殊能力，以致有人（Shuter-Dyson, 1982）歸納這些研究的發現而得到以下七種音樂才能：

1.音高聽力（pitch perception）

這是辨別兩個單音是否有相同或不同的高度的能力。音高聽力是最重要的音樂稟賦，所有測驗都可以很科學地予以測量。

2.音色記憶力（tonal memory）

測驗時先讓受試者聽一些音調，然後將其中一首的一個音色略加改變後全部放出來，以視受試者是否能指出所改變的音色。這種能力對音樂指揮而言，尤其重要。

3.音色之重心感（feeling for tonal center）

即使現代音樂沒有什麼重心，感覺到一個樂調是否有重心還是一種很重要的才能。測驗時，受試者必須能夠辨別有重心與無重心的音色。一般兒童要到七至八歲方可領略音色的重心。

4.諧和感與複調感（ harmony and polyphony ）

兒童要到八至十歲方可辨別和諧與非和諧的樂調。測驗時，受試者必須能夠從幾音樂調中判斷那一首比較諧和。

5.節奏感（ rhythmic abilities ）

這包括節奏感與節奏活動。

6.欣賞力（ appreciation ）

聽到一段音樂之後，受試者必須在選擇題中選出它是屬於那一種情感或意義等等。這便是音樂的欣賞力。

7.身體肌肉之感應力（ kinesthetic perception ）

有人聽音樂時，身體、喉舌或手腳等會隨之顫動。有些測驗測量這一類的反應。但有很多受過訓練的音樂家可以純粹地用智力與聽力去聆聽音樂，因此這種感應力並不重要。

音樂界有所謂音樂耳朵者，就是指具有以上前五種或幾種能力的人而言。以上每一類才能都可再為細分，但本節沒有必要予以詳述。由於音樂有很多種，樂器也有很多類，以上這七大音樂才能，並不是對每一類音樂家都同等重要。尤其現代各種各類的音樂都有，有高音的，有低音的，有適合手指短的，有只為左手而寫的。聲樂家若有珠圓玉潤的歌喉固然可以在歌劇院揚名，而聲音嘶啞如阿姆斯特朗者，也可以在夜總會大受歡迎。由於現代音樂環境的改變，越來越多在古典樂界不能成功的音樂家卻能在別一類的音樂上大展身手。這種音樂環境的改變，可以使過去鮮有機會成為音樂家的人成為音樂家。

三、遺傳與音樂才能

專家們對於這一問題的研究，旨在從生理以及其他間接的資料中探討這兩者相關的程度，並非在證明遺傳決定音樂才能。在教育學家中，遺傳論與環境論之間，一直爭議不休。音樂家則不然，本世紀初的幾位西方音樂理論家（如 Bentley, Revesz, Schoen, Seashore, Shuter）幾乎都是遺傳論者。這是因為特殊的音樂性向很容易界定並可在受環境影響未深的幼年予以測量，而測量的結果加上其他方面的證據很有力地支持遺傳說。

㈠生理上的資料

在今日遺傳學界每年都發現決定某種變態人格基因的時代，我們越發難以相信有生理基礎的潛能音樂──聽力，不深受遺傳所影響。有兩位專家（Scheid & Eccles, 1975）就曾根據因腦傷而動手術的音樂行為而大膽地猜測在人類右腦聽覺中心的後面存有音樂基因。倡導多元智慧說的嘉德納（1983）認為音樂智慧中很重要的潛能、音高，是由遺傳所決定。

在還沒有找到決定音樂潛能的基因之前，研究分開教養的同卵雙生兒之相似性應該可以提供最好的線索。可惜這類絕好的研究對象很難獲得，因此這一類的研究非常稀少。音樂心理學家休特（Shuter, 1968, pp.126－128）曾經介紹一個這一類的研究。她自己找到五對在不同環境長大的同卵雙生的成人，而對他們施與音樂性向測驗。她發現他們的測驗分數非常接近，而認為此一研究支持了基因說。由於生物基因學家到現在還沒有找到決定音樂

潛能的基因，因此我們還需要從音樂神童與家族方面的間接資料中尋找出一些蛛絲馬跡。

㈡音樂神童與遺傳

在西方史書與傳記上所記載的各種神童中，要以音樂神童最多，而且其才能也表現得最早。以下是一些著名的例子：

尤金阿曼第（Eugene Ormandy）在一歲半就已知道他父親所有的四絃琴唱片。

賽德耳（Tosca Seidel）於三歲時，聽到其叔父奏錯音符就大發脾氣。

莫札特在三歲時就學翼琴，並對音樂極感興趣。七歲在倫敦舉辦鋼琴公開演奏，到十四歲就已創作並指揮很多音樂曲了。

海登在六歲時在教堂的合唱團中唱各種不同的彌撒歌。

韓德爾於十至十一歲時每週爲教堂寫一首清唱曲（Cantata）。

孟德爾遜到十二歲時就已經寫了五十首樂曲。而其「仲夏夜之夢」的前奏曲於十七歲時寫成。

貝多芬在十三歲時已寫了三首奏鳴曲。

以上這些從歷史上挑出來的早熟例子不足以證明早熟論。爲了進一步地了解音樂家早熟的情形，美國的遺傳學家沈費爾德（Scheinfeld, 1950）便以當代著名音樂家爲對象，而研究他們的歷史與敎育背景。他所研究的對象有三組，第一組共三十七名，

皆爲受音樂評論家所推舉的舉世聞名的鋼琴家、提琴家，與交響
樂指揮家。第二組包括從一九三七到一九三八年紐約都會歌劇院
的三十六位首席音樂家。第三組則包括五十名紐約朱麗葉音樂學
院研究所的未成名但卻很優秀的年輕音樂家與聲樂家。這些人物
的歷史大多由他們自己提供，少數由親屬供給。所搜集的材料有
初露才華的年齡與方式，首次職業性登台的年齡，以及親屬的音
樂才能等。結果發現第一組音樂家顯露音樂才能的平均年齡爲四
歲多；第二組中女性音樂家顯露音樂才能的平均年齡爲八歲，男
性爲十一歲半，第三組爲五歲半。由此可見在常態兒童尚在嬉戲
的階段時，這些音樂家就已表露音樂才能了。只憑教育是不會有
這麼快的成就的。

㈢家族的資料

　　首先用家族資料來研究遺傳與天才關係的首推英國心理學家
高登（Galton, 1870）。他所研究的天才共有法官、政治家等九
種，其中屬音樂家者共有一百二十名。這些音樂天才中，有二十
六名的男親戚也是音樂家。但在這二十六名中，光是巴哈
（Bach）家族就產生了九名天才，另有四個家族各出二位大音樂
家，所以我們可以說十四個家族共產生了二十六位天才。

　　在本世紀初期，史坦登（Stanton, 1922）曾經研究當代六位
美國最傑出音樂家的身世與四種原始的音樂性向：音高、強度
感、時間感，與音色記憶力。他以面談、測驗的方式收集每位音
樂家以及其具有血緣關係的親屬（共七十九位）的音樂歷史與經
驗的資料。這個研究的整個過程與發現非常複雜，但其結論則很
簡單：具有音樂才能的父母，其父母或祖父母之一方或雙方有音

樂才能者，往往會有具有音樂才能的子女；不具有音樂才能的父母，其父母或祖父母之一方或雙方都沒有音樂才能者，往往不會有具有音樂才能的子女；父母之一方具有音樂才能並出身於音樂之家，另一方沒有音樂才能者而且並不出身於音樂之家，往往會有具有以及不具有音樂才能的子女。史坦登認為音樂潛能的遺傳現象與孟德爾的遺傳定律若合符節。

　　在歐洲方面，則有米昂（ Mjoen ）用十分量表來畫分父母與其子女的音樂才能。結果發現父母的音樂才能均高者，其子女的音樂才能也高。反之亦然（ Shuter, 1968, p.117 ）。這也可能是環境的關係，但米昂另外發現祖父母輩中有三個具有音樂才能，其90％的孫輩會有音樂稟賦，若只有一個具有音樂才能，則孫輩會有音樂稟賦者只占50％。因此米昂認為是家族的遺傳品質，而不是父母的品質，決定下一代的音樂稟賦。他並以那威的作曲家克利夫（ Halfdan Cleve ）為例：克利夫的父親結過二次婚。第一個太太之家族毫無音樂細胞，其五個子女亦毫無音樂稟賦；第二個太太有音樂才能，其五個子女的音樂才能均在常人之上，尤其是克利夫，更屬上乘。而克利夫娶一名鋼琴家，她有一兄弟姊妹亦很有音樂天分，克利夫的四個子女全都有音樂稟賦。

　　另有一音樂家內凡茲（ Revesz, 1954, p.189 ）曾經引述兩位荷蘭科學家對四百多個家庭兩代特徵問卷調查的結果，調查的項目中有一項是音樂耳朵。結果發現：

　　父母均有好音樂耳朵，子女有好音樂耳朵的百分比為84％。

　　父母之一有好音樂耳朵，另一有壞音樂耳朵，子女有好

音樂耳朵的百分比爲59％。

內凡茲（ Revesz, 1954, p.191 ）另引述兩位德國學者對家族音樂性向（ musicality ）的研究。該研究用測驗的方法而發現：

父母音樂性向均高，子女音樂性向亦高的百分比爲
86％。
父母之一有音樂性向，子女有高音樂性向的百分比爲
59％。
父母均無音樂性向，子女有高音樂性向的百分比爲
25％。

以上兩個在不同國家用不同方向的研究所得到的結果卻非常相似。後者還發現音樂性向大多由父方傳給下一代。內凡茲（ Revesz, 1954, .192 ）並列出三十六位著名的音樂家（ Bach, Boieldieu, Beethoven, Bellini, Hennett, Bizet, Boccherini, Brahms, Bruckner, Cherubini, Couperin, Fetis, ManuelGarcia, Johann Hiller, Liszt, Loewe, Lully, Malibran, Mozart, Offenbach, Adelina Patti, Puccini, Rameau, Reger, Rossini, Scarlatti, Schroder-Devrient, Schubert, Sembrich, Spohr, Richard, Stauss, Johann Strass, Pauline Viardot, Vivaldi, Robert Volkmann, Weber ），他們的父親都有卓越的音樂才能。另有四位（ Gounod, Grieg, Mendelssohn, Rubinstein ）的音樂才能則得自母親。

此外，上述沈費爾德的研究也搜集了家族的資料。在他所研究的三組音樂家中，大部分的父母都有音樂才能，但也有些音樂

家的父母卻毫無音樂才能；例如波蘭的阿瑟魯賓斯坦（Arthur Rubinstein）出身於一個貧窮的家庭，家中並沒有音樂可聽。他卻很自然地開始唱他自己寫的曲子。在另一方面，那些音樂家的子女，有四分之一沒有音樂才能。若是父母都有音樂才能，則其兄弟姐妹有音樂才能的占70%；若父母之一方有音樂才能，其兄弟姐妹也有的占60%；若父母之雙方都沒有音樂才能，其兄弟姐妹也有的只占15%。

　　似此音樂成就與父母或子女音樂才能相關的不一致性，依沈費爾德看來，卻正好顯示多種基因的作用。多種基因組合最簡單的方式是由兩個顯性基因所組成。這兩個基因可由父母之一方傳給下一代，亦可由父母各傳一個給下一代。他以當代大指揮家托斯卡尼尼（Arturo Toscanini）家族為例。托氏的兄弟姐妹及其父母都沒有音樂才能，這是很難用家族教育來解釋的，但用遺傳說則可以解釋得通。托氏父母之家族各帶有一個決定音樂才能的基因，這一個基因可能經過數代而沒有機會與另外一個基因會合。托氏父母卻正好各帶一個基因，而這一對基因卻正好傳給了指揮家托斯卡尼尼。托斯卡尼尼夫人的音樂才能既不高，也不低。她可能有一對，或只有一個決定音樂才能的基因；無論那一種情形，他們子女會有音樂才能的機會只有一半。事實上，他們的三個子女中只有蘊德有一點音樂才能。後來蘊德嫁給大音樂家何樂維茲，他們的三個子女中有一個在三歲時就已顯露音樂才能。

　　從以上這個家放的研究，佐以其他方面的資料，沈費爾德認為音樂才能至少是由兩個以上的顯性基因所決定。最優越的音樂環境可以使人顯露一兩手音樂才能，但並不能產生音樂天才。有許多家庭千方百計地將子女訓練為音樂神童，但無一成功。這種

論說或有其可取之處，但亦只限定於音樂天才或神童。要想成為
音樂家的人，就另當別論了。

　　遺傳論難為以上從生理上的資料、音樂神童與家族的資料上
分別提供遺傳論的間接論據。在欠缺解剖與基因的證據狀況之
下，一切的間接資料都有可議之處。尤其是親屬之間在音樂能力
的相關，也可表示家庭的音樂教育與子女音樂能力的相關。有音
樂才能的父母也提供了音樂環境。巴哈與莫札特的音樂家庭，最
為環境論者所津津樂道。在沒有直接的遺傳證據之下，我們可以
說卓越的音樂才能必須有遺傳供給其能夠發揮的極限，並有環境
使其潛能能夠發展到那種極限。只有環境而缺乏天賦，只可以成
為普通的音樂家，而不能成為舉世聞名的音樂家。但是如前所
述，現代音樂種類繁多，樂器也多姿多釆。這種音樂環境的改
變，使過去所著重的一些音樂潛能成為並非無可彌補的天賦。過
去不能成為音樂家的人，現在則可以成為音樂家，因此，遺傳的
角色便不如以前那樣重要了。

四、音樂才能測驗

　　由於本節多次提起一些音樂才能測驗，因此有必要介紹這些
測驗以增加對音樂才能以及各種研究，尤其是有關音樂遺傳的研
究的了解。對測驗本身有研究興趣的人，可與出版商（見書後所
列相關的引用書目）洽購。

㈠席歇耳音樂才能測量

（ Seashore Measures of Musical Talents ）

席歇耳是美國音樂教育界大師。他創造了世界第一個標準化的音樂測驗，九歲以上的人都可適用，可以在一小時左右測畢。不過他不用「測驗」一詞，而用「測量」，以別於一般的紙筆測驗也。從「測量」一詞可知他的工具就像量尺一樣，可以很客觀而準確地測量具體的東西。他也的確做到他所要達到的目的。

他的目的在於測量音樂才能中所未受教育影響的基本的音樂潛能。一次只測量一個可以在實驗室中可以單獨控制的特別潛能。所以他的工具必須在隔絕良好的室中進行。他的測驗於一九一九年初版，分別於一九三九年與一九六〇年修訂，其所測量的項目及各別的信度（ reliability ）如下：

測量的項目	信度
音高（ pitch ）	.82 – .84
聲音強度（ loudness ）	.74 – .85
節奏（ rhythm ）	.64 – .69
時間感（ time ）	.63 – .72
音色（ timbre	.55 – .68
音色記憶（ tonal memory ）	.81 – .84

（ Seashore, Lewis, and Saetveit, 1960 ）

　　由上可知越接近原始聽覺的才能，如音高、聲音強度與音色記憶等，其信度越高。在效度方面，有的研究將之與演奏各種樂器的成績來比，有的將之與對音樂之向心力（musicality）並論，也有的在音樂理論與作曲上尋求相關。根據六個不同的研究，這個工具的效度（validity）以與音樂向心力最高，達.46，與其他方面的音樂成績的相關並不很高，只有在音高、節奏與音色記憶上與高中一年級的小提琴成績有.32以上的相關。（Shutter, 1968, p.281）不過這些研究所用測量效度的方法對這些工具並不公平。他們將之與演奏各種樂器的能力，或與音樂理論與作曲上成績來比，就好像以為會辨味的人，就會是好廚子一樣，其間差了一大段距離。這個工具只能用以測量音樂的聽力。在這個測量上成績很低的，不能成為音樂家，成績好的不見得能成為大音樂家。因為音樂家所須具有的能力遠超過對音樂的聽力也。

　　與席歇耳音樂才能測量類似的為克瓦瓦沙音樂成就測驗（Kwalwasser Ruch Tests of Musical Accomplishment）。這個測驗比前者多測驗了音高意像（pitch imagery）、節奏意象（rhythm）、韻律感（taste）與樂器感（quality，分別樂器之不同）。但是其效度與信度均不足觀，用者不多。

㈡德瑞克音樂性向測驗
（The Drake Musical Aptitude Tests）

　　德瑞克是一個音樂家，也是一位心理學家。因此對於測驗的編訂，就比較內行。他的測驗只有兩個分測驗分別測量兩種音樂能力：音樂記憶與節奏。每一分測驗有 A 與 B 兩式。B 式或較 A 式難。每一式只要廿分鐘就可測完，適用於八歲兒童到音樂稟賦

很高的成人。

記憶分測驗共有五十四題。每一節正本的樂章都用副本「重複」二至七次。副本的樂章有的與正本完全相同，有的在時間與音符上略有不同，以視受試者是否能辨別異同。根據其測驗手冊（Drake, 1954）所載，這個分測驗的信度在.85到.93之間；與教師評鑑的相關為.32到.91。

節奏分測驗則有五十題。受試者必須能夠正確地數對樂曲中的節拍。這個分測驗的信度在.56到.96之間；與教師評鑑的相關（效度）為.31到.82。

(三)魏音音樂智力測驗
(The Wing Standardised Tests of Musical Intelligence)

魏音從一九三三年起就開始研究當時所有的音樂測驗以便製訂一個更完備而又不受環境影響的音樂測驗；他的測驗曾經多次修改。從其測驗的名稱可知這個測驗所測量的遠超過音樂的聽力。這個測驗適合於成人與七歲以上的兒童。它共有七個分測驗，包括了前所未有的和音分析（chord analysis）與音樂欣賞。整個測驗可於一小時內測畢。

第一與第二個分測驗分別為和音分析與音高改變（pitch change）。受試者必須計算和音中音色的數目，並且指出另一組和音中所有的一個音色是否較前一組和音中的音色為高或低。研究者對這兩者分測驗的評價很高，它們可以區別好與更好的音樂系學生。

第三分測驗是記憶音色。受試者必須指出同樣的音樂，奏第二遍時有那些音色被改變了。

第四至第七分測驗屬於音樂欣賞。它包括節奏、和諧、強度，與樂句（phrasing）四個變項。這些測驗都是比較兩段樂曲間在節奏、和諧與變項間的不同或優劣。這四個分測驗對十歲以下的學生而言，過為困難，所以並不適用。受試者考到最後一個分測驗、樂句時，已經相當疲乏。但是樂句這一分測驗是要受試者分別兩首樂句奏法的優劣，魏音認為其最能顯示一般的音樂智力。

由於魏音相信有一般的音樂能力，也正如人類有一般的智力一樣，所以在他的測驗中，各分測驗的分數可以加起來而成為一個總的音樂智力，並可以轉換成音樂智商。根據各家的研究，這個測驗的信度非常高，其總分的信度在.80，至.91之間。與教師評分的相關在.64到.90之間（Shutter, 1968, p.285）。

測量的項目	信度	效度
音色意象		
■音律（melody）	.73 – .85	.37 – .89
■和聲（harmony）	.66 – .85	.52 – .72
節奏音象		
■節拍（tempo）	.72 – .85	.48 – .66
■韻律（metre）	.66 – .85	.57 – .71
音樂敏感度		
■樂句（phrasing）	.67 – .78	.16 – .66
■平衡（balance）	.66 – .76	.20 – .66
■樂體（style）	.66 – .80	.44 – .87
全體	.90 – .96	.64 – .97

（按：效度是測驗成績與教師評等間之相關）

㈣歌登音樂性向測驗（Gordon Musical Aptitude Profile）

這個測驗是為小學四年級到高中三年級的學生所製。其中的音樂題都是由歌登自己所寫，而由專業大小提琴手所演奏，共籌畫六年方始完成，被認為是一個很有深度的測驗。

它共有三個部分，每一部都有二至三個分測驗，整個測驗要分三天方能完成。歌登認為選拔人才，應有充分的時間，不可馬虎。各部所測驗的項目與信度以及效度如前頁表所示。

㈤班特萊音樂能力測量（Bentley Measures of Musical Ability）

這個測驗是專為七歲到十四歲的學生而設計，共有四個分測驗，只需廿分鐘便可測驗完畢。所測驗的項目與信度如下表所示：

測量的項目	信度
音高（pitch）	.74
音色記憶（tonal memory）	.53
和音分析（cord analysis）	.71
節奏記憶（rhythm memory）	.57
全體	.84

（Shutter，1968，p.288）

其分數與教師對受試學生音樂程度的估計有很顯著的相關。由於其簡便可靠，可以用於兒童音樂能力的初步鑑別。

第四節　數理學家的特殊才能

　　本節所討論的數理的特殊才能共分兩個部分：一為數學的特殊才能，另一為科學的特殊才能。由於科學家也需要有數學的特殊才能，所以這兩種特殊才能在同一節介紹。

一、數學的特殊才能

㈠解決數學問題的特殊才能

　　什麼是數學才能？我們也可以說它就是數學測驗上所測量到的才能。而數學測驗上所測量到的才能不外乎以下四種：計算能力、空間知覺能力（ spatial perceptual ability ）、語文了解力，與數量推理或解決數學問題的能力。這些能力之間會有相重的地方。解決數學問題便需要其他各種能力。所以對數學能力素有研究的梅野（ Mayer, 1985 ）便用與眾不同的方法將之歸納成二大解決數學問題的步驟：代表問題（ problem representation ）與解決問題（ problem solution ）。代表問題是將文字中所呈現的問題用符號或者在內心予以代表（ internal representation ）。例如要解決表3－3中的問題，我們可以用 X 來代表老陳，Y 老李，將斤化成兩，因此 X = 16，Y = 8。這是一種翻譯的過程。

　　問題的翻譯（ problem translation ）是解釋數學問題中最難的一個步驟。它需要有語言知識與事實知識（ 例如一斤等於十六兩

表3-3　解決數學問題的特殊才能

問題：老陳有一斤香片，小李有半斤，他們共有幾兩？

步驟	知識	以上一問題爲例
代表問題		
■翻譯	事實	一斤有十六兩
	語言	老陳有一斤香片，小李有半斤
		$X = 16$，$Y = 8$
■統整	類別	這是一種總數的問題
解決問題		
■計畫	策略	化斤爲兩以便相加
■執行	運算	$Z = X + Y = 16 + 8 = 24$

），或者專業的知識方始能夠將語言化爲代表的符號與數字。若有代數的知識，那就更爲方便。有的學童不能了解與用適當的方式來表達多於、少於、大於之類表達兩變項間關係的關係式的命題（ relational proposition ）。例如甲校的學生三倍於乙校，前者有學生九百人，則後者有學生多少人？這種問題便會難倒不少中學生。有美國大學二年級的學生甚至不知「前者」、「後者」究爲何指。這種學生的語言知識便太差勁了。也有很多大學生不能用一公式來表達「教授的人數六倍於學生」。假如一個數學問題中存在有兩、三個關係式的問題，則很多大學生的頭腦便會弄得團團轉，甚至李代桃僵，忘記各個命題中的符號所代表的內容了。

例如：

> 一艘汽船順水時走三十六英里，用相同的時間於逆水時
> 則行二十四里。其在靜水每小時的速度較水流的速度多
> 十二里。試問水流的速度。

以上這個問題便有三個不同的命題：指定命題是指定一個價值給
一個變項，例如說：「順水時走三十六英里」便是指定命題；「在
靜水每小時的速度較水流的速度多十二里」是屬關係命題；「試
問水流的速度」則爲問題命題。研究（Mayer, 1985, pp.133 –
134）顯示答錯這個問題的學生所犯的錯誤，不外以下三種：

(1)忽略命題（omission errors）：將命題忘記了。

(2)李代桃僵（specification errors）：將命題中的變項錯記爲另
一變項。

(3)變換命題（conversion errors）：將原先所用的指定命題在
解決問題的過程中變爲關係命題，或將關係命題變成指定
命題。例如將「在靜水每小時的速度較水流的速度多十二
里」變爲「在靜水的速度較爲十二里」。

在以上三種錯誤中，犯「忽略命題」錯誤的人最多。具有數
學特殊才能的人可以在腦中同時運作多種命題而少犯以上的錯
誤。

以上所說的是「代表問題」中的翻譯過程。翻譯過後，還須
將符號用公式予以統整（integration）起來。統整時必須根據體制
知識（schematic knowledge）而認淸問題的類別。問題有問題的體
制，也正如政府有政府的體制一樣。有的數學題是平均性、加減
性、比率性、等級性，有的則爲速度性、時間性、距離性、可能

性、指數性等，不一而足。知道是什麼體制的問題後，方能有效地解決問題。

解決問題是應用數學程式運算出答案。這一步驟可以再另分成計畫（planning）與執行（execution）二個小步驟。前者是設計出解決問題的方法，這裡便有很多創作的空間；後者只不過運算而已，今日這種功能已為電腦所取代了。

在另一方面，以上所列的四個小步驟，每一步驟都需要與問題有關的知識。茲再將表3–3的知識欄中所列各步驟所需的各種知識解釋如下：

(1)語言（linguistic）知識：必須能看得懂數學問題中的語言。

(2)事實（factual）知識：必須具備與問題有關的學科（例如天文地理、理化等）知識。

(3)體制（schematic）知識：必須知道問題的類別，比較性（甲比乙多）、加減性、分數性等如前所述。

(4)策略（strategic）知識：知道或設計出解決問題的方法。

(5)運算（algorithmic）知識：必須具備與該問題有關的運算（代數、幾何、微積分等）知識。

如表3–3中所示，將問題用符號予以代表的問題翻譯過程，需要有語言與事實的知識；統整需要體制知識，計畫需要計算方法的知識與創造力；執行則需要運算的知識。因此，數學的特殊才能並不是只有一種，而是由很多種才能組合而成。它可以界定為運用特殊的知識以從事翻譯、統整、計畫，與執行四個步驟以解決數學問題。學生之間對以上所列知識與步驟的個別差異很

大，具有特異的數學特殊才能者，不但要會算，而且還會了解問題，用符號代表問題，以及創造性地想出解決問題的方法。凡此種種，都需要靠很高的智力。實際上是否如此，且看下文。

(二)閱讀能力、智力與數學才能的相關

從梅野所歸納的二大解決數學問題的步驟：代表問題與解決問題，我們可以推論前一步驟應與閱讀能力與一般智力有關。有許多研究也支持了這種推論。根據艾肯（ Aiken, 1972 ）總結八篇研究的報告可知閱讀能力與數學成就在中小學學生間的相關從 .40到.86不等，多數在.60左右。可惜的是那些研究並沒有將數學成就分成兩個部分：一為對數學文字問題的了解；另一為數字的計算。否則當可發現閱讀能力與計算能力間的相關。有的學生在上課時都能聽懂老師所講的數學，計算題也都會做。但是到了考試，成績只是中等。查閱考卷，發現一些文字（思考）題做錯了。做錯的原因大致有二：沒有看懂問題，以及不知如何去解決問題。這二大原因，是否都與一般智力有關呢？

上述艾肯的報告中也顯示語文（包括閱讀）能力、數學成就與智力之間有正的相關。但是當語文或閱讀能力與智力的相關剔除之後，數學成就與智力的相關便減弱了。由此可見語文能力是數學成就與智力的樞紐。不過這是因為數學成就測驗不只是測驗計算能力，它也包括了很多用文字敘述的解決數學問題的題目。這類題目是需要經過上述「代表問題」中「翻譯」與「統整」兩步驟來了解。翻譯有賴於語文能力。

明乎此，則表3－1所示女性數學家在「概念領悟測驗」上之均數為131.7，僅次於創造作家與斯坦福上智人才的平均數，就

不足爲奇了。富於創造性的男性與女性數學家在「概念領悟測驗」上之均數則分別爲148與144，僅次於創造作家而比斯坦福上智人才更高（Helson, 1980）。這是因爲數學才能包括了各種數學語文與推理的能力，若無很高的智力，便無法達到高峰。

㈢遺傳與數學才能

　　假如數學才能主要是由語言，計算與推理三種能力所構成，則前二種能力都有很多的資料以支持遺傳說。世界知名的語言學家鍾斯基就一再證明語言能力是天生的。最近有加拿大麥基爾大學（McGill University）的研究者發現一種有支配力量的基因控制了學習文法的能力。缺乏文法基因的人光是爲了講話就累得要死，因爲他們必須繼續不斷地爲動詞的時態和名詞的多數傷透腦筋。

　　此外，在前述嘉德納的多元智慧原理中，邏輯與數學智慧是一種獨立的智慧。它與遺傳很有關係。嘉德納說有許多白癡別無所長，卻有驚人的計算能力，似乎他們的神經線路總在某部門連結得像計算機一樣。其他部門的路線圈，卻在人類文化中搭不上關係。我們必須注意的是他所說的數學智慧，是計算的能力。

　　關於這一問題傳統的研究方向不外乎從性別、年齡、種族、家族與雙生兒方面著手。在性別方面，即使女性的語言能力要比男性強，男性的數學能力還是比女性高（Maccoby & Jacklin, 1974）。

　　在年齡方面，有一些早期的研究都發現數學能力和體力一樣，到了十九、二十歲之後就到達高峰，而字彙的能力則尚可增加，但增加的速度則隨年齡而俱減（Stafford, 1972）。數學史上

充滿著早熟的數學天才。數學資賦優異的兒童往往在三至五歲就
顯示超凡的計算能力，數學家得到博士學位的年齡比其他科學家
早，富於創造性的數學家在三十餘歲就有卓越的成就。（Alken,
1973）早熟數學家最突出的例子首推派斯可（Pascal）。他的父
親用盡方法不讓他兒子看到與聽到數學，但連圓形、方形、三角
形都不知甚麼稱呼的派斯可卻獨自修改許多歐幾里得幾何學中的
定理。現代操縱學（cybernetics）之父韋納（Wiener）於十一歲中
學畢業，十四歲在塔虎特學院獲得學士學位，十八歲在哈佛大學
獲得數學邏輯科博士。這些早熟的跡象就是數學能力受遺傳所影
響的象徵。最近有一發展心理學家韋恩發現五月大的嬰兒就有一
加一或二減一之類的簡單的加減能力。他們對錯誤的計算結果，
會張大眼睛，注視良久。這個研究雖然並不足以證明遺傳說，但
足可開一新的研究方向（美洲世界日報一九九二年八月廿九
日）。

　　從種族來看，在美國之華裔與日裔兒童，在數學測驗上，多
年來一直領先於美國各社會階層及其他各族裔學生的數學分數。
這種現象引起美國約翰霍普金斯大學教授斯坦利（Stanley,
1992）的興趣。他從一九六九年起就長期研究早熟的數學特殊才
能。最近曾經以美國的學業性向測驗（SAT）中的數學部分請人
譯成中文後，施測於三百名在上海的資賦優異的初一學生，結果
發現其中有7％成績在七百分以上，這種成績已足夠進入第一流
的美國大學；兩萬四千名十三歲以下的美國資賦優異的學生也參
加了這一測驗，他們之中只有0.2％成績超過七百分。這種數學
測驗的最高成績為八百分。除此之外，以研究中、日、美三國兒
童學業成就著名的密西根大學教育家史蒂文森（Stevenson）最近

又發現中日兒童的數學成績較美國者高出甚多。他與其他研究員在一九八〇至一九九〇年間研究了四千名三個國家兒童的數學才能，結果發現美國數學最好的學生尚不如成績平平的台灣與日本的學生。

以上這些研究者也都發現中日兩國的數學教材比美國高深，學數學的時間也比美國學校多。他們都沒有將發現引申到遺傳的問題上去。最近有一項由密蘇里大學和大學的教育科學研究院合作的研究發現美國學生的加法沒有中國的小學生做得快，是因為英文的數學字彙讀起來大多比中文數字冗長而拗口。當美國學生還沒念完十七時，中國學生早就做完具有十七一數的加減題了（美國世界日報一九九二年十二月三十日）。研究者還說英文使得數字難記，這種說法固然有理，但是尚不能解釋為何在美的土生華裔學生的數學也比美國學生好。此外，這類的研究尚須探討有多少學生在做數學時，須要將數字念出來方可計算。因為善算者就如善讀者，於閱讀時，是用看而不用讀。因此而能一目十行，無損於了解也。

在家族方面，斯塔福特（Stafford, 1972）曾經介紹一些研究以顯示家庭分子間數學能力的相關。由於男性的數學能力比女性強，他便推測在 X 染色體中的一個隱性基因負責數學的能力。假如這種假定是對的，由於女子的第二十三對染色體中有一個 X 染色體是從父親處得來，男子的從母親處得來，所以在家庭分子間的各種親屬關係中，父女與母子間的相關應該是最高的。各研究的資料顯示除了父女之相關不如預期之外，他從三個研究中果然發現了這一種與性別有關的相關資料。父女之例外並不重要。重要的是父子間的相關非常低，因為假如該基因是在 X 染色體

中，則父親可以將之傳給女兒，而沒有傳給兒子。蓋前者有兩個
X 染色體，而後者則只有一個，而這一個是得自母親的。

　　影響人類智力的基因，無論是高的或低的，似乎都存在 X
染色體中。最近研究發現下智的人，其在 X 染色體中有一壞的
基因可以使其他基因發生不了作用。由於男人只有一個 X 染色
體，要是有人得到這種壞的基因，在今日仍無法可救，但具有兩
個 X 染色體的女子，若有一個壞掉，則另有一個可作備用。尤
有進者，有很多如色盲等與基因有關的毛病都只傳男而不傳女，
所以以前所說「弱者，妳的名字是女人」是不對的。

　　最強有力的證明應該是來自雙生子女的研究。斯塔福特所引
用的一個柏特（Burt）的研究發現被分開撫養的雙生兒，在數學
測驗的相關為 .723，而無親屬關係的兒童在同一家庭中長大，其
相關則為 .476。可惜柏特曾有偽造另一研究資料的紀錄。這個研
究是否可靠，不得而知。不過斯塔福特自己曾研究三百位對從十
二到十八歲同卵與異卵雙生兒在一種數量推量測驗的相關。他將
實際所發現：一對雙生兒都有，其中一個有，其中一個沒有，兩
個都沒有數量推理能力的次數與上述 X 染色體單一隱性基因理
論上所推測的次數加以比較，結果發現所實際發生的次數與所預
期的次數若相符合。由此他相信數量的推理能力是由 X 染色體
單一的隱性基因所遺傳下來的。

　　雖然如此，在他〈數量推理的遺傳與環境要素〉一文中，仍
然提醒教育家們不要忽視環境的角色。數量推理能力的發展是由
遺傳與環境所交互影響的。沒有後天的密集訓練，數量的推理能
力是不能發展到高峰的。

㈣數學才能測驗

與藝術以及音樂才能相比，數學的才能比較容易分割界定，而且數學家不會像藝術家一樣，認為他們的才能，不可言喻，運用之妙，存乎一心。因此數學才能的測驗比較容易設計，也易於受數學家所採用。所以這方面的測驗，非常之多，但是多為數學成就測驗。本節只介紹廣受研究的數學才能測驗。

1.數學能力測驗（Test of Mathematical Abilities）

這個測驗是為八歲半到十八歲十一個月的學生所設計，所測量的項目包括對數學的態度、字彙、計算、一般知識、故事問題、數學智商等六項。每一項都構成一個分測驗，可在二十五分鐘之內測完。不過這些分測驗之間的相關都高達.70以上，尤其奇怪的是非語文的計算能力與字彙能力的相關也高達.75，這使人懷疑這個測驗是否真正測量數學能力抑或數學成就。

計算題測驗算術，代數、分數、小數，以及一些幾何運作。故事問題測量解決數學問題的能力，尤其著重相關訊息與不相關訊息的區別。字彙測驗則要求受試者寫出二十種諸如比率、圓周率等數學名詞的定義。一般知識測驗中，有些問題，例如投硬幣得頭的可能率，是很明顯的數學題。有的如問住在北半球的意義，就很難說是數學題了。這一個分測驗必須個別施測；其他的則個別或團體皆可。若年紀比較少，則以個別測驗為宜，而且不必給與字彙測驗。

這個測驗與著名智力測驗中數學分數的相關並不甚高，其效度只在.26到.31之間；其信度則因分測驗與年齡而異。一般知識的分測驗在十四到十五歲學生之間，其信度高達.96，計算分測

驗對十一歲的學生而言，只有 .57，但是其他分測驗的信度都在
.70到 .89之間（ Davison, 1985, p.1578 – 1579 ）。

　　2.早期數學能力測驗（ Test of Early Mathematics Abilities ）

　　這個測驗的目的是測量學生數學思考的優點與缺點，其對象
是四歲到八歲又十一個月的兒童。測驗必須將五十個問題個別地
念給學生，而學生也必須口頭作答，或在試卷上計算。有的試題
如數字記憶題只給三秒的時間。整個測驗可以在二十分鐘之內考
完。

　　測驗的內容包括兩部分。一為測量正式的數學概念，例如數
學習俗、數字事實、計算，與十進位數等；另一為測量非正式的
數學概念，例如數一數、非正式的計算，以及諸如或多或少之類
相對性的數量概念。測驗的結果可以用來診斷數學能力特強與特
弱的地方，以便教師能針對弱點以設計符合學生需要的補救教學
的教材；或發現特優的數學才能以提供更富挑戰性的數學教育。

　　這個測驗與其他語言測驗以及智力測驗的相關（效度）分別
為 .66與 .39，其各種信度亦皆在 .90左右。不過獲得這些數字的
研究，所用的人數不多，不可作為定論（ Lindeman, 1992, p.1560
– 1561 ）。

　　3.愛荷華代數性向測驗（ Iowa Algebra Aptitude Test ）

　　這個測驗是用於八年級（相當於初二）學生，五十分鐘內可
以測定。它包括四個分測驗，共有八十個選擇題。第一分測驗包
括三十四個數字或代數符號的次序題，受試者必須選一個答案以
完成題中的順序。第二個分測驗有四個簡單的與代數運算有關的
課文，每一課都有數題以測驗學生對課文的理解。第三分測驗則
有二十個用代數來代表語句的題目，例如：「一個人一小時行 a

里，行 b 里需用多少小時，應該如何用代數來表達？」。第四分
測驗提供十個計算 X 值的公式，學生必須指出如何改變公式中
的數值，以使 X 值改變。

　　這個測驗的常模是根據九千二百七十位愛荷華州的學生。其
與數學成就測驗的相關為.78，與代數成就測驗的相關為.74；與
代數課成績的相關為.64與.69，所以其預測效度相當高。至於信
度則達.93以上（Bashaw, 1972, pp.899－900；Hoyt, 1972, pp.900
－901）。所以這是一個甚獲佳評的測驗。另外有一李氏代數能
力測驗（Lee Test of Algebraic Ability）缺少效度與信度的資料，不
被專家看好，本節不另介紹。

二、科學家的特殊才能

㈠有關科學家智能之研究

　　本節的目的，在探討富於科技創造的人員，是否特別需要依
靠或特長於一些智能，而不是在探討某一類的科學（例如生物學
家）需要有那一組的智能。根據安那羅（Roe）早期對六十四名
有成就科學家的研究，她發現生物學家以及實驗物理學家的研究
工作依賴視覺想像（visual imagery），理論物理學家有一半用視
覺想像，一半用語言來想像，社會科學家則主張用語言想像。社
會科學家與理論物理學家的語言能力，比非語言智力為高，但是
實驗物理學家則相反。人類學家之數學能力很差。而生物學家大
多依賴理智控制（rational controls），而其他二組則是非批判性的
（uncritical）。物理學家對人際關係不感興趣，避免人際關係，

而且經常有焦慮感。社會科學家對人類關係極為關懷。

　　安那羅的研究雖然有所獲，卻不夠精細，吉爾福特之「智慧結構」理論，不承認人類有一般的智慧，而只有特殊的智能。那麼科技創造最需要那些特殊智能，自在必須研究之列。吉爾福特（1963）曾經選取二十八種他所認為與科技創造最有關的智能，然後請三十五位在科技上有卓越成就的人物（表中稱為甲組），依各智能在其工作上的重要性而列成七等。第一等為最不重要，第七等為最重要。這三十五位受研究的人員中，有九位是物理學家，六位工業心理學家，九位機械工程師，五位系統工程師（system engineers）和科技人員以及九位專門從事研究的科學家。後來他的助手另在一個專家集會的場所，請五十多位富於創造的人物，就二十八種智能予以評等。評等人士包括十四位教育家，十二位人事工作人員，四位軍事人員，八位從事廣告業者，七位從事訓練工作，五位從事商業，以及一些科技人員。除去後者，共得五十位（表中稱為乙組）；研究的結果如表3-4。

　　表中每三個英文字母的組合，是代表了一個智能（詳見郭有遹著《創造心理學》，正中）。第一個字母代表心智運作間次中的一種心智，第二個字母代表材料間次中的一種材料，第三個字母代表產品間次中的一種產品。在二十八種智能中，若以心智來分，匯合思考之平均數（4.5）為五科中最高，其他四種順序為認知（4.3）分殊思考（4.0）、評鑑力（3.5）與記憶（3.3）。這些平均數的差異可能沒有統計學上的顯著性，但是記憶的平均數低於匯合思考以及最高的可能分數（七分）甚多，而且在廿八種智能中，記憶智能（mmu）的等第在科學研究組與非研究組中各在二十一與二十三位，排位相當低。因此可以說記憶的重要

性，不如其他四種心智。

表3－4　科學家（甲組）與非科學家（乙組）所認爲最重要的智能

代號	智　能	均　數	（甲組）等第	（乙組）等第
NMR	想出與某一特定觀念切合的訊息（例如詩中之對仗）	4.3	14.5	13
DMC	產生同一性質的各種不同觀念	4.3	14.5	3
NMS	將一些事件或步驟組成合乎理則的秩序	4.0	16	20
DMI	發展一計畫時能兼顧各部的細節	3.9	17	19
DMT	就某一情境而產生各種機巧或非凡的觀念	3.7	18	15
DMU	放心產生大量的主意（重量不重質）	3.6	19	6
CFR	了解各物間的關係	3.5	20	18
MMU	記憶他人所說的觀念或所得到的解答	3.3	21	23
CFS	能看出一些物體中的空間形式（如從抽象派的錶面中看時間）	3.1	22	21
CFC	了解物體屬於那一類別	2.9	23	24

NSR	用一種符號以代表所可代表的東西	2.7	24	27
CMU	對於字彙的了解	2.7	25	28
ESR	根據規則以處理符號（例如解決簡單的代數問題）	2.5	26	28
DMR	產生一些均能表達某一意義的字彙（例如同義字）	2.1	27	22
EFU	辨別物體外貌上的異同	2.0	28	26
CFT	放棄不適用的舊辦法而想出新奇的解答	6.4	1	2
CMT	你為事物的顯而易見所拘而能另具慧眼	6.3	2	1
CMS	了解問題中各種要素間之關係	6.1	3	4
NST	將一結構中之功能重新組織起來以發揮新的功能	5.6	4	8
NMT	將一物體另作他用	5.5	5	5
CFI	具體地看出一些不同的行動（如下棋）而準備選擇最有效者	5.0	6	7
NFT	放棄所看到的圖形結構以便能看出另一結構	4.8	7	9
EMI	對各問題的敏感性	4.7	8	11

CMR	看出各種思想或觀念間的關係	4.7	9	14
EMR	在查核答案是否正確時能夠運用理則關係	4.5	10	16
CMI	能夠預知事件之所需或後果	4.5	12	12
CSS	發現一群符號或一種模式中所有的複雜關係	4.5	12	17
CFT	想像若是將所看到的模式重新組合後會變成什麼樣	4.5	12	10

　　在材料方面，三種要素（行為項沒有包括在內）之平均數，圖形（4.0）、符號（3.8）、語意（4.3）甚為接近，表示這三要素在科技創造中都同等重要。

　　在產品方面，各要素間平均數的差距比較大。平均數最高的三項依次為：轉相（5.3）、含義（4.5）與系統（4.4）。最低的三項為類目（3.6）、關係（3.5）與單位（2.8）。

　　茲將以上三個間次，各要素的最高平均數再單獨列出：

　　⑴心智方面：匯合思考。

　　⑵材料方面：語意。

　　⑶產品方面：轉相。

　　這三要素所組成的智能，是用匯合思考以產生語意的轉相（英文代表是 NMT），這一智能在表3-4中的等第在二組中都是第五，的確相當重要。

　　這個研究確定了「轉相」在科學創造中的地位。但在心智方

面的發現，出乎吉爾福特的意料。表中顯示科學家將 DMC（放心產生大量的主意）評得很低，而非科學家則將之各評為三及六等，顯然科學家不重視分殊思考。

　　吉爾福特一向認為分殊思考與創造最為有關，匯合思考只不過是產生對的、最合理則的答案而已。他認為這可能是那些從事實際解決問題的受試人物、只知最終結果（問題之最佳解答）之重要，而忘記在尋找答案之過程中，用了不少分殊思考。最後，表中甲（科學家）、乙（非科學家）兩組的評等極為相似。因此我們不能說那些智能，對科學家特別重要。但我們從表3－4可知那些（前五項或八項等）智能對創造特別重要，這就是這個研究的收穫。

　　上述吉爾福特的研究是對整個科技創造而言。後來另有二個研究則在探討科技創造過程中發現問題這一步驟所需要的智能。第一個研究是由亞琳（Arlin, 1979）所做。受試者是六十位大學四年級的女生。她們必須用腦力激盪法就十二件物品盡量發問。結果顯示發問最多的人，其問題的類別多屬於吉爾福特智慧結構中產品間次中的類目、關係，與單位。發問少而品質高的問題則多屬系統、轉相，與含義。由於受試者都是大學生，而且是就所給與的物品而發問，所以這個研究的結果對於富於創造的人以及在研究過程中自動發現問題的人不見得能夠適用。

　　第二個研究則是針對第一個研究的短處而加以改進。研究者蘇柏妮克（Subotnik, 1988）的研究對象是一九八三年西屋科技才能發掘委員會所發掘出來的各層次的得獎人。該委員會首先就全美各校所推薦的有科技成就的青年中選出三百位傑出的青年，此為初選的第一組，然後從第一組中再選出四十位入圍者（semi fi-

nalists），此為複選的第二組。最後就這四十位予以面談而再精
選出十位組成第三組。蘇柏妮克的研究對象只包括這三組中願意
參加研究的人。其中女生五十名，男生九十六名。受試者必須指
明他們所研究的問題是否(1)由自己所選擇；(2)由父母、老師、朋
友或實驗室主持人，如教授之類所提議；(3)由上述任何人物所指
定。根據他們之所答而知共有五十七位獨自發現研究的問題，八
十九位則由他人所提議或指定。

　　在另一方面，吉爾福特曾經從「智慧結構」的所有智能中，
列出三十一種與科學發現有關的智能。蘇柏妮克便請那五十七位
獨立發現問題的受試者於閱讀這些智能的定義與例子之後，選出
曾經用以為西屋科學獎發現研究題目所曾經用過的智能。然後就
所用過的智能選出最重要的五個依其重要的程度予以排列。被每
一位受試者列為最重要的智能給與五分，次要者四分，以此類
推。只有那五十七位獨立發現問題的受試者的答案予以統計分
析。研究結果顯示以下五種智能在發現問題這一步驟中最為重
要：

　　(1)語意含義的匯合思考（NMI）
　　(2)語意含義的評鑑思考（EMI）
　　(3)語意系統的認知（CMS）
　　(4)語意轉相的匯合思考（NMT）
　　(5)符號系統的認知（CSS）

　　以上五種智能是依其重要性予以排列。其中第一個英文字母
代表其所代表的心智，第二個代表材料，第三為產品。從此可知
在產品中以含義、系統，與轉相最為重要；在心智上則以匯合思
考最為重要，認知次之。鑑於哈得遜（Hudson, 1966；1968）曾

經在英國男孩中發現對科技感興趣或在科技班的男孩多為匯合思
考者，以及上述吉爾福特亞琳，與她的研究，蘇柏妮克便認為分
殊思考在發現科技問題這一工作上並不重要。

　　雖然如此，分殊思考在整個科技創造過程中的地位並不能就
此抹殺。蘇柏妮克要受試者所做是「選出最重要的智能……」。
若她另加一問題：在最後決定所要研究的題目之前，是否考慮過
其他題目，或用分殊思考列出其他問題以供最後選擇？則蘇柏妮
克可能發現分殊思考雖然不是產生終端問題或答案所用的心智，
但卻對產生終端問題或答案很有助。分殊思考是在不能馬上找到
正確解答時，才有用處。若是有人，特別是專家，能夠憑其豐富
的經驗、學識與推理能力，立即就解決了問題。在這種情形下，
就不需依靠分殊思考了。

　　此外，蘇柏妮克發現「語義的含義」在發現問題這一步驟中
占頭等重要的地位。這一發現也說明了科技發明的性質。當一個
新的科技理論或發明出現之後，往往便有許多學術界與工業界的
專家搶先加以應用發揮。學術界會忙於探討新發明發現對其他領
域的影響，工業界則忙於開發新產品。凡此種種都屬於含義與轉
相的範圍。很多科技專家習於此種尋找含義的工作，西屋科技獎
得獎人也會多循慣行的路而尋找研究的題目。因此，「語義含
義」對他們來說，便非常重要。但這並不表示對別人來說，其他
產品類目，尤其是轉相，的重要性次於含義。對於富於創造性的
人，例如愛因斯坦之類的開山祖師，轉相產品的重要性應該超過
含義的。是否果然如此，則應以這類的人為對象，另作研究了。

㈡遺傳與特殊科學才能

　　研究天才遺傳的開山祖師高登（1878）對法官、政治家、將官、文學家、科學家、詩人、音樂家、畫家以及神學家等九類天才家放研究的結果，發現親屬的關係越近，兩者成天才的機會也越多。不過在科學家方面，其父成為天才的人數比較少。他後來在一八七四年用問卷的方式研究一百八十位英國皇家學會在科學界具有領導地位的會員。這個研究調查了科學家的早期興趣與能力，以及最初使他們對科學感興趣的外在因素。他發現多數（60％）的科學家自幼就對科學有很強烈的愛好；而這種內在的傾向是遺傳的。這個結論很難令人信服。

　　在美國方面，有詹姆斯加泰爾（J.K. Cattell, 1915）用問卷法研究一千多名美國科學家的家族。從九百七十八份寄回的問卷中，他發現他們的祖先大多是英國人，有百分之八為德國人，百分之五則為其他各國之人。他認為這是因為移民人數多寡的關係，並非英國種族比較優秀。繼加泰爾之後，有布林霍爾（Brimhall）作一設計比較周到的問卷研究。他的研究對象是在一九○三到一九一○年在《美國科學家人名辭典》（American Men of Science）中被尊為有卓越貢獻的（獲有星號者）在世科學家。人數約有一千名，分屬十二類：解剖學、人類學、生物學、化學、地質學、數學、病理學、物理學、生理學、心理學以及動物學。問卷查詢每位科學家是否有親屬(1)曾經從事有系統的科學工作；(2)對科學有重大貢獻，可列入名人辭典；(3)在科學或其他領域有貢獻。符合條件而將問卷寄回者共有九百五十六人。若其親屬也列名於《美國人名辭典》（Who's Who in America）、《美

國科學人名辭典》（ Amerian Men of Science ）、《 美國傳記大辭
典》（ Appleton American's Cyclopedia of American Biography ）者，便
予以統計，若是親屬關係在堂表兄弟姐妹之外者，便不予計入。
結果他發現每千人中有五百二十一人有親屬也在科學界具有崇高
的地位。布氏以《 美國名人辭典 》爲標準而發現卓越科學家的兄
弟成爲名人的機會七倍於普通人，但在同一領域成爲名人的機會
則較一般人口高出二百十七倍（ Brimhall, 1923, pp.74－88 ）。

　　除與一般人口比較之外，布林霍爾還比較近親間成就的相似
度。他將科學家依其親屬關係分成五種：⑴兄弟姐妹；⑵父母與
子女；⑶伯舅與姪甥輩；⑷祖父母；⑸堂表兄弟姐妹。兄弟姐妹
間遺傳之相似度較父母與子女間者爲高。他發現一個卓越的科學
家，其兄弟或姐妹也成爲卓越科學家的人數要比其父或母也成爲
卓越科學家的人數高出一倍，較姑姨伯叔舅者高出四倍
（ Brimhall, 1923, pp.137－152 ）。

　　最後，布林霍爾將科學家的卓越性依加泰爾的等級標分成四
等：⑴在前百名最有成就的科學家之內；⑵在其次二百名之內；
⑶在三百名到千名之間；⑷在千名之外。每類科學家卓越性的等
第均經十名屬於該類著名的科學家加以評等。結果發現在第一與
第二等的科學家中約有32％有卓越的親戚；在第三與第四等之中
約有24％。他還發現卓越的科學家有成名的配偶的機會高過一般
人二百倍以上（ Brimhall, 1923, pp.326－344 ）。

　　布林霍爾以上三種結論不但支持高爾登的天才遺傳說，而且
也支持高登所謂的配偶類選（ assortive mating，亦即門當戶對 ）
說。

參 考 資 料

邢光祖（民63.10.6）：藝術的工夫，中央日報，副刊。

郭有遹（民72）：創造心理學，正中書局。

郭有遹（民82）：中國天才盛衰史，國立編譯館。

郭有遹（民82）：智能本位教學法，五南圖書出版公司。

郭有遹（民83）：創造性的問題解決法，心理出版社。

簡捷（民85.4.10）：文章千古新鮮事，世界日報。

Aiken, L. R.（1972）. Language factors in learning mathematics. *Review of Educational Research*, 42, 359-385.

Aiken, L. R.（1973）. Ability and creativity in mathematics. *Review of Educational Research*, 43, 405-432.

Anastasi, A.（1976）. *Psychological testing*.（4th Ed.）. New York： MacMillan.

Anastasi, A. and Levee, R. F.（1960）. Intellectual defect and musical talent： a case report. *American Journal of Mental Deficiency*, 64, 695-703.

Arnheim, R.（1954）. *Art and visual perception： a psychology of the creative eye*. Berkeley： University of California Press.

Barron, F.（1967）. The psychology of the creative writer. Chap. In Mooney, R. L. and Razik, T. A.（Eds.）. *Exploration in Creativity*. New York： Harper & Row, pp. 69-74.

Barron, F.（1969）. *Creative persons and creative process*. New York：

Holt, Rinehart and Winston.

Bashaw, W. L. (1972) . Review of Iowa Algebra Aptitude Test. In Buros, O. K. (Ed.) . *The Seventh Mental Measurements Year-book*. Highland Park, N.J. : Gryphon Press.

Bentley, J. E. (1937) . *Superior children*. New York : Norton.

Bentley, A. (1966) . *Musical ability in children and its measurement*. London : Harrap.

Brimhall, D. R. (1923a) .Family resemblances among American men of Science. II. Degree of resemblance in comparison with the generality : propertion of workers in each science and distribution of replies. *American Naturalist*, 57, 74-88.

Broadbent, D. E. (1958) . *Perception and communication*. London : Pergamon.

Buck, L. A. (1991) . Creativity in the retarded. *Empirical Studies of the Arts*, 9, pp. 75-95.

Burkhart, R. (1967) . The relation of intelligence to art ability. Chap. in Mooney, R. L. and Razik, T. A. (Eds.) . *Exploration in Creativity*. New York : Harper & Row, pp. 246-258.

Carey, L. J. & Flower, L. (1989) . Foundations for creativity in the writing process : thetorical representations of ill defined problems. In Glover, J. A., R. R. Ronning, & C. R. Reynolds (Eds.) , *Handbook of Creativity* (pp. 283-303) . New York : Plenum Press.

Carroll, H. A. (1930) . Generalization of bright and dull children. *Technological College Counter*, *Education*, 439, 54.

Cattell, J. M. (1915) . Families of American men of science. *Popular Science Monthly*, 86, 504-15. Abstract in M. I. Stein & S. J. Heinze (Eds.) , Creativity and the Individual (pp. 82-83) . Glencoe, Il : Free Press of Glencoe.

Cawelti, S., Rappaport, A., & Wood, B. (1992) . Modeling Artistic creativity : an empirical study. *Journal of Creative Behavior*, 26, 83-94.

Collins, A. & Gentner, D. (1980) . *Identifying the organization of writing processes*. In L. W. Gregg & E. R. Steinberg (Eds.) , *Cognitive Processes in Writing* (pp.51-72) . Hillsdale, NJ : Lawrence Erlbaum Assocciates.

Corter, H. M. (1952) . Factor analysis of some reasoning tests. *Psychological Monographs*, 66, No. 8 (whole No. 340) .

Cox, C. M. (1926) . Genetic studies of genius. Stanford, Calif. : Stanford University Press, vol. II, The Early mental traits of three hundred geniuses.

Davison, M. L. (1985) . Review of Test of Mathematical Abilities. In Mitchell, J. V. (Ed.) . *The Nineth Mental Measurements Yearbook*. Lincohn, NA., University of Nebraska Press.

Drake, R. M. (1957) . *Manual for the Drake Musical Aptitude Tests*. Chicago : Science Research Associates.

Ellis, H. (1904) . *A study of British genius*. London : Hurst & Blackett.

Farnsworth, P. R. (1958) . *The Social Psychology of Music*. New York : The Dryden Press.

Faulkner, R. (1941). Tests in fundamental abilities of visual arts. In Buros, O. K. (Ed.) *The* 1940 *Mental Measurements Yearbook*. Highland Park, N. J.: Gryphon Press.

Flower, L. S. & Hayes, J. R. (1980). The dynamics of composing: making plans and juggling constraints. In L. W. Gregg & E. R. Steinberg (Eds.,), *Cognitive Processes in Writing* (pp.31-50). Hillsdale, NJ: Lawrence Erlbaum Assocciates.

Galton, F. (1870). *Hereditary Genius*. New York: Appleton. Abstract in M. I. Stein & S. J. Heinze (Eds.), Creativity and the Individual (pp. 85-90). Glencoe, Il: The Free Press of Glencoe.

Galton, F. (1874). *English Men of Science: Their nature and nurture*. London: Macmillan. Abstract in M. I. Stein & S. J. Heinze (Eds.), Creativity and the Individual (pp. 90-92). Glencoe, Il: The Free Press of Glencoe.

Gardner, H. (1983). *Frames of mind: The theory of multiple intelligence*. New York: Basic Books.

Getzels, J. W. & Csikszentmihalyi, M. (1976). *The creative vision: a longitudinal study of problem finding in art*. New York: John Wiley & Sons.

Gordon, E. (1965). *Musical Aptitude Profile Manual*. Boston: Houghton Mifflin.

Gordon, E. (1968). A study of the efficiency of general intelligence and musical aptitude tests in predicting achievement in music. *Council for Research in Music Education*, 13, 40-45.

Guilford, J. P. （1957）. Creative abilities in the arts. *Psychological Review*, 64, pp. 110-118.

Guilford, J. P. （1963）. Intellectual resources and their values as seen by scientists. In C. W. Taylor and F. Barron （Eds.）, *Scientific Creativity： Its Recognition and Development*. （pp.101-118）. New York： John Wiley.

Hayes, J. R. & Flower, L. S. （1980）. Identifying the organization of writing processes. In L. W. Gregg & E. R. Steinberg （Eds.）, *Cognitive Processes in Writing* （pp.3-30）. Hillsdale, NJ： Lawrence Erlbaum Assocciates.

Helson, R. （1983）. Creative mathematicians. （Ist ed.）. In Albert, R. S. （Ed.）, *Geniusand eminence* （pp.311-330）. New York： PergamonPress.

Hoyt, C. L. （1972）. Review of Iowa Algebra Aptitude Test. In Buros, O. K. （Ed.）. *The Seventh Mental Measurements Yearbook*. Highland Park, N.J.： Gryphon Press.

Hudson, L. （1966）. *Contrary imaginations： a psychological study of the young student*. New York： Schocken Books.

Kwalwasser, J. and Ruch, G. （1924）. *Kwalwasser Ruch Tests of musical accomplishment*. Iowa City： Bureau of Educational Research and Service.

Lehman, C. F. （1952）. A study of musically superior and inferior subjects as selected by the Kwalwasser Dykema Music Tests. *Journal of Educational Research*, 45, 517-22.

Lindeman, D. P. （1992）. Review of Test of Early Mathematics Ability. In Mitchell, J. V. (Ed.). *The Nineth Mental Measurements Yearbook*. Lincohn, NA., University of Nebraska Press.

Lundin, R. W. (1985). *An objective psychology of music*. (Third Edition). Malabar, Fl. : Robert E. Krieger Publishing Co.

Maccoby, E. E. & Jacklin, C. N. (1974). *The Psychology of sex differences*. Stanford University Press.

Mayer, R. (1985). Mathematical Ability. In R. J. Sternberg, (Ed.) *Human abilities* : *an information processing approach*. New York : W. H. Freeman. pp. 127-150.

McGhee, W. & W. D. Lewis. (1942) A comparison of certain personality characteristics of musically superior and musically retarded children. *Journal of Educational Research*, 600-610.

Meier, N. C. (1973). Factors in artistic aptitude : final summary of a ten year study of a special ability. *Psychological Monographs*. 51, 140-158.

Miles, C. C. & Wolfe, L. S. (1936). Childhood physical and mental health Records of historical geniuses. *Psychological Monograph*, 47, 390-400.

Mursell, J. L. (1939). Intelligence and musicality. *Education*, 59, 559-62.

O ' Conner, N. and Hermelin, B. (1987). Visual and graphic abilities of the idiot savant artist. *Psychological Medicine*, 17, pp. 79-90.

Palmer, O. (1959). Horn Art aptitude inventory (review). In Buros, O. K. (Ed.). *The fifth Mental Measurements Yearbook*.

Highland Park, N. J. ： Gryphon Press.

Plomin, R., DeFries, J. C., & Loehlin, J. C. （1977）. Genotye environment interaction and correlation in the analysis of human behavior. *Psychological Bulletin*, 84, 309-322.

Radocy, R. E. & Boyle, J. D. （1988）. *Psychological foundations of musical behavior*. （Second Edition）. Springfield, IL. Charles C. Thomas.

Revesz, G. （1954）. *An introduction to the psychology of music*. OK ： University of Oklahoma Press.

Roderick, J. L. （1965）. An investigation of selected factors of the creative thinking ability of music majors in a teacher training programme.Ph. D. Dissertation, Music. University of Illinois.

Roe, A. （1946a）. Artists and their work. *Journal of Personality*, 15, 1-40.

Roe, A. （1946b）. The personality of artists. *Educational and Psychological Measurement*, 6, 401-408.

Saunders, A. W. （1941）. Tests in fundamental abilities of visual arts （Review）. In Buros, O. K. （Ed.）, *The* 1940 *Mental Measurements Yearbook*. Highland Park, N. J. ： Gryphon Press.

Scarr, S. & McCartney, K. （1983）.How people make their own environments ： A theory of genotype environmental effects. *Child Development*, 54, 424-435.

Scarr Salapateh, S. （1975）.Genetics and development of intelligence.In F. D. Horowitz （Eds.）, *Review of Child Development Research*. （Vol. 4, pp. 1-57）.Chicago, IL ： University of

Chicago Press.

Schachtel, E. G. （ 1959 ）. *Metamorphosis*. New York： Basic Books, 1959.

Scheid, P., & Eccles, J. C. （ 1975 ）. Music and speech： Artistic functions of the human brain. *Psychology of Music*, 3, 21-35.

Scheinfeld, A. （ 1965 ）. *Your heredity and environment*. Philadelphia： J. B. Lippincott.

Schoen, M. （ 1940 ）. *The Psychology of Music*. New York： Ronald Press.

Seashore, C. E. （ 1938 ）. *Psychology of Music*. New York： McGraw Hill.

Seashore, C. E., Lewis, D., and Saetveit, J. C. （ 1960 ）. *Manual of instructions and interpretations for the Seashore Measures of musical talents*, 2nd revision. New York： The Psychological Corporation.

Sergeant, D. & Thatcher, G. （ 1974 ）. Intelligence and social status, and musical abilities. *Psychology of Music*, 2, 32-57.

Shuter, R. P. G. （ 1966 ）. Heredity and environmental factors in musical ability. *The Ergenic Review*, 58, 149-150.

Shuter, R. （ 1968 ）. *The psychology of musical ability*. London： Methuen.

Shuter Dyson, R. （ 1982 ）. Musical ability. In D. Deutsch （ Ed. ）, *The Psychology of Music*. New York： Academic Press.391-412.

Simonton, D. K. （ 1980 ）. Thematic fame, melodic originality, and musical Zeitgeist： a biographical and transhistorical content analysis. *Journal of Personality and Social Psychology*, 38, 972-983.

Simonton, D. K. （1986）. Aethetic success in classical music：a computer analysis of 1935 compositions. *Empirical studies of the Arts*, 4, 1-17.

Simonton, D. K. （1989）. The Swan song phenomenon：last works effects for 172 classical composers. *Psychology and Aging*, 4, 42-47.

Simonton, D. K. （1991）. Emergence and realization of genius：the lives and works of 120 classical composers. *Journal of Personality and Social Psychology*, 61, 829-840.

Sloboda, J. A., Hermelin, B., & O' Connor, N. （1985）. An exceptional musical memory. *Music Perception*, 3, 155-170.

Stafford, R. E. （1972）. Hereditary and environmental components, *Review of Educational Research*, 42, 183-201.

Stanton, H. M. （1922）. The inheritance of specific musical capacities. *Psychological Monographs*, 31, 157-204.

Stein, M. I. （1953）. Creativity and culture. *Journal of Psychology*, 36, 311-22.

Wing, H. D. （1954）. Some applications of test results to education in music. *British Journal of Educational Psychology*, 161-170.

Wing, H. D. （1960）. *Manual for standardized tests of musical intelligence* （City of Sheffield Training College, Ref. 600）, N. F. Ed. Res.

Wing, H. D. （1962）. A revision of the Wing musical aptitude test, *Journal of Research on Musical Education*, 10, 39-46.

Ziegfeld, E. （1949）.Review of Meier Art Tests：I. Art Judgment. In

Buros, O. K. (Ed.). *The Third Mental Measurements Yearbook*. New Brunswick, N.J. ： Rutgers University Press.

Ziegfeld, E. (1949). Review of Horn Art aptitude inventory ： preliminary form, 1944 revision. In Buros, O. K. (Ed.). *The Third Mental Measurements Yearbook*. New Brunswick, N.J. ： Rutgers University Press.

第四章

創造思考教學

第一節　創造思考教學的時代背景

創造，使人類掌控歷史的變數；

創造，使社會邁向卓越的未來……

創造力是人類大腦中最珍貴的寶藏，也是奠定未來的基礎
（ Basics of tomorrow ）近些年來，由於人力資源的開發日益受到重
視，有關啟發創造力的方法及策略也普受歡迎，此現象在工商企
業界尤其明顯。國內外有關創造力的著作為數不少，大都具有廣
闊的應用價值；它不僅能指導我們怎樣去創造，更為我們的創造
發明找到一條成功的捷徑。但創造能力的發揮，必須靠人們從生
活實踐中加以掌握、運用、從做中學習，才能真正達到其功效。

任何一種學問、活動、趨勢之所以盛行，為大家所重視或接
受，都一定有其現實的背景，創造思考教學之所以被重視，是有
其時代背景，茲分下列幾項因素加以敘述（陳龍安，1998 ）：

一、社會的邃烈變遷

這是一個瞬息萬變的時代，我們不能以過去所學的教現在的
孩子去適應未來的生活。由於人口的激增，社會的邃變，人和人
之間往往因為彼此在資源上、利益上、意識型態、甚至價值觀念
的衝突，而引發了各種層出不窮的社會問題。人類所面對的問
題，大如權威的解體、獨立運動、中央與地方爭權、黨派的競

爭、執政的輪替……等等，小至家庭、婚姻、親人、人際關係
……等問題，其複雜度，已遠超過以往的年代。我們已經無法以
不變應萬變，時勢所趨，有時候必須以萬變應萬變。

二、教育的改革趨勢

　　我國由於傳統教育的束縛、升學競爭的壓力，「應試及應
賽」的教育偏重背書、考試，忽略了思考創造，以致於培養出
「功利、自私、缺乏積極主動，以及團隊精神」的人才，這種
「一試有用，一世無用」的教育，多年來一直爲有識之士所詬
病，近年來，各界莫不呼籲加強創造人才的培養。

　　今天我們學生最大的智能缺陷，就是缺乏想像力和創造力。
我們的學生很可能在學業上有很好的表現，但面對新的問題情
境，卻顯得有些能力障礙。近年來各國極力倡導的啓發思考的教
育目標，以及我國近年來所推展的創造思考教學，都是一種教育
方法的革新。

三、企業的生存及發展有賴創造力

　　創造力是促進社會、政治、經濟、文教以及科技發展的原動
力；企業是一種管理及行銷的的藝術，是創造力的極致表現，較
有創造的行業，才能生存發展，因爲企業人所掌握的資金、人
才、市場及觀念都是變數，變化極大唯有創意人才能掌握這些變
數，充分運用，開創新猷。

　　今日及未來的企業，需要一套創新的經營及管理的策略來配

合，否則將不足以因應多變及動盪不停的時代演進。所以企業界流行一句話：「沒有創意，就沒有生命」。

四、大腦功能研究的發現

聰明靠大腦，勤用腦生智慧，常用腦成大業。

傳統的教育比較偏重左腦的認知、記憶與邏輯或垂直思考，而較不強調右腦的創造思考或想像力。

人類大腦奧秘無窮，潛力無限。根據腦醫學的報告，在這約三磅重充滿皺褶的大腦裡，有三百億以上的神經細胞，每個神經細胞相當於一部微電腦。人腦所能儲存的資訊量，比全世界圖書館所儲存的總合還要多。而心理學家估計一般人使用其腦力最多只千分之一，甚至更低。我們有極大的潛能尚未發揮；自從美國實驗心理學家史佩利（Roger Sperry）研究人的腦分成左右兩個半球，各有其功能後，在過去幾年間，幾乎說右腦就等於創造力，而事實上左右腦對我們的思考都非常重要，創造力是由左右腦的交互作用產生。我們強調右腦的特質，是因為我們的教育太過度強調左腦的記憶、語言能力及數學、邏輯思考的特質。右腦的開發亦即創造力的培養。

五、成龍成鳳：親子教育的改變

創造力是每個人與生俱來，而且取之不盡、用之不竭的寶藏，可是大部分的父母都不知道如何去灌溉，使得創造力隨著孩子的成長而逐漸枯竭。不過這並不能怪父母們失職，因為傳統的

教育大多只教我們運用「左腦」，而智慧的種子還有一大半卻蘊藏在我們的「右腦」裡面！

　　目前的教育方式，有人稱爲「罐頭式」的教育，目的就是要教育出一批批整齊畫一、秩序井然的「罐頭兒童」。這樣的「乖孩子罐頭」，很容易養成依賴習慣，將來面對多變的社會，自然無法適應新問題的挑戰，而喪失了許多追求卓越的機會。也因此我們教育子女時必須改變傳統的觀念，而改變傳統觀念的第一步，就是改變對「聰明」的認知。事實上，聰明並不在於孩子學到多少，或背了很多常識、兒歌、唐詩……，而是當他遇到問題時，懂得怎麼樣去解決，遇到困難能孜孜不倦的探索並解決困難。事實上，這就是創造力的訓練。

六、未來學的逐漸獲得重視

　　緬懷過去、把握現在、創造未來。未來是不可知的，充滿著變數但卻令人憧憬的。未來的世界究竟是個怎樣的世界，美國來學家杜彿勒（Toffler）在他的名著《未來的衝擊》一書中指出，未來的世界將充滿新奇性、多樣性與暫時性。在第三波、大未來等書中亦再三提出，我們如何面對變動大而又不可知的未來，人類如何自處？要了解今天的趨勢，並尋找適當的策略，我們就必須放棄零亂的細節，而直接去分析趨勢和趨勢間的關聯。於是，三部曲就是要在亂陣中理出頭緒，來說明人類新文明橫掃地球的新紀元（吳迎春，1992）。

　　要對未來進行精密的預測簡直是無稽之談，生命本來就充滿種種超現實的意外，即使是那些看來最紮實可靠的數據和模式，

都只能奠基在微弱的假設上，尤其是針對人的事情。而且這三本書的主題——快速改變，本來就註定讓任何細節的預測馬上過時。統計數字會改變，新科技會取代舊科技，政治人物更是大起大落。然而，在我們邁入不可知的未來前，我們手中最好先握有一張雖不完整卻有粗略雛型的地圖，一路摸索一路更正修改，總比完全摸不著方向來得好。

七、創造力理論的系統研究

　　自一九五○年吉爾福特於 APA 年會中鄭重提出重視創造力的重要之後，關於「創造力」的研究如雨後春筍般地在學界孕育而生。近年來，眾多學者（Sternberg，1988；Gardner, 1988；Sternberg，1999；Stein，1999）均分別針對創造力研究進行整理及分析。其中嘉德納（1988）與 Sternberg（1999）均提出科際整合（interdiscipline）與會合取向（Confluence Approach）的觀點。

　　梅野（1999）回顧近五十年創造力的發展，提出六個未來研究取向，包括了心理計量取向（psychometric）、實驗取向（experimental）、傳記取向——包括個案研究與歷史計量研究（biographical，including case study and historiometric）、生物取向或認知神經科學（biological or cognitive neuroscience）、人工智慧取向（AI）（computational）及脈絡取向——包括文化及演化觀點（contextual, including cultural and evolutionary）。這些研究也奠定了創造思考教學的理論基礎（楊智先，2000）。

　　我國各級學校教育目標，均列有創造思考與問題解決能力的培養。但欲達成此一教育目標，有賴教師運用有效的教學方法來

配合。台北市教育局為培養學生之創造力及革新教學方法，乃在
保有傳統教學法之同時，注入新的精神與理念，於民國七二年全
面實施創造思考教學。民國七九年台北市立師範學院成立創造思
考教育中心，民國八十一年九月中華創造學會正式成立，從此我
國創造力的推展，邁進一個新的里程。

　　總之，創造思考教學，即是希望透過教育的方式培育具有創
造力的人才為各行各業創造出更美好的遠景，為國家社會開創新
契機。

第二節　創造思考教學的涵義與原則

如果教學有創意，學生的學習會有興趣；
如果學生有興趣，教育的效果會更滿意。

一、創造思考教學的涵義

　　創造思考教學，就教師本身來講，乃是鼓勵教師，因時制
宜，變化教學的方式（賈馥茗，1976）。其目的在啟發學生創造
的動機，鼓勵學生創造的表現，以增進創造才能的發展。就創造
思考教學的內涵來看：是教師透過課程的內容及有計畫的教學活
動，在一種支持性的環境下，激發和助長學生創造行為的一種教
學模式（毛連塭，1984）。故而創造思考教學不同於所謂的創造
性教學。創造性教學（ Creative Teaching ）是指教師有創意，展現

生動活潑的教學方式，其目的不一定在培養學生的創造力；而創
造思考教學（Teaching for creativity）的主要目標則在激發、助長
學生的創造力，兩者顯然有所不同，但相輔相成，教師教學有創
意，學生也學到創造力，相得益彰。換言之，創造思考教學乃是
利用創造思考的策略，配合課程，讓學生有應用想像力的機會，
以培養學生流暢、變通、獨創及精密的思考能力。而教師在生動
的教學中也能享受到快樂、充實與成就。因此，它有下列幾個特
徵：

(1)以創造力為目標：教學的首要目標在鼓勵學生應用想像
力，增進其創造思考能力。

(2)以學生為本：學習活動以學生為主體，採合作協同或團隊
方式增加學生互動及相互激盪的機會，教師不獨佔整個教
學活動時間。

(3)以民主為導向：提供一種支持的、民主、自由、安全、和
諧的情境與氣氛。

(4)以策略為運用啟發創造思考的各種策略，教學方法注重激
發學生興趣、鼓勵學生表達與容忍學生不同的意見，不急
著下判斷，使他們能夠在快樂的學習中更聰明、更靈敏、
更能面對問題、解決問題。

事實上，創造思考教學從學習的種類來看，是屬於思考的、
問題解決的。從創造的本質來看，是流暢的、獨創的、變通的與
精進的。不管創造是一種思考的能力或歷程，都表現在教學上，
所以說創造思考教學並非特殊的或標新立異的教學方法，與傳統
的教學法並不相衝突，而能相輔相成、互為效果的。例如在教學
中應用發表教學法或欣賞教學法，啟發教學法，都可表現出創造

教學的特徵。所以創造思考教學，也可以說是指導學生發展創造的才能，鼓勵學生經由創造的歷程，學習作有效創造的活動（方炳林，1984）。

戴維士（Davis，1986）指出創造力教學或訓練主要在達成以下幾項目標：

⑴讓學生成為具有創造意識及創造態度的人

⑵讓學生更了解創造力的主題

⑶讓學生致力於創造力的活動

⑷讓學生應用創造性問題的解決歷程

⑸強化學生創造性的人格特質

⑹協助學生學習創造思考的技巧

⑺經由練習增強學生的創造思考能力

潘尼斯（Parnes，1967）認為創造力是可以學習的。而創造思考教學的主要目標就在於開發學生的創造力（Wright & Fesler，1990；毛連塭，1989）。

二、創造思考教學目標與架構

創造思考教學的主要目標就是在培養學生的創造思考能力，要實施創造思考教學亦有其基本架構，以下將做進一步的介紹：

創造思考教學的目標

創造思考是一種能力，通常包含擴散性思考的幾種基本的認知能力：敏覺力、流暢力、變通力、獨創力以及精進力，茲分別舉例說明如下：

1.敏覺力

敏覺力是指一個人能夠敏於覺察事物，具有發現缺漏、需求、不尋常及未完成部分的能力。也就是對問題或事物的敏感度。例如：當你改變兒童的玩具或作業，看他多久才能發覺，發覺之後是否比以前注意，發覺越快，能比平時注意越久，即表示其敏覺力越強。如：你遭遇問題，往往能很快的發掘問題的重點，及困難之所在。

敏覺是：自知之明、一葉知秋、知己知彼、機警過人、見微知著、高瞻遠矚、觀察入微、料事如神、旁敲側擊、洞燭先機、獨具慧眼、明察秋毫。

2.流暢力

流暢的關鍵字是多樣性。是想出很多可能性或答案的能力，流暢就是點子源源不斷，也就是指反應觀念的多少。在任何會議上，當一個人對討論的主題提出許多看法和構想時，就能觀察到他的流暢力表現。我們常形容一個人「下筆如行雲流水」、「口若懸河滔滔不絕」、「文思泉湧」、「思路暢通」等都是流暢力高的表現。

流暢是：思路暢通、連綿不絕、左右逢源、俯拾皆是、滔滔不絕、接二連三、洋洋灑灑、紛至遝來、意念泉湧、行雲流水、應對如流、信手拈來、旁徵博引、如數家珍、一瀉千里、口若懸河。

3.變通力

變通的關鍵字是調適，是指一種改變思考方式，擴大思考類別，突破思考限制的能力，看看我們是傾向於停留在習慣性的想法，或是自動地擴展到新思考的方向。是我們能以不同觀點來做

不同分類或不同的思考，從某思考列車轉換到另一列車的能力，或是以一種不同的新方式去看問題。試試看，茶杯除了裝茶水的用途以外，還有那些不同種類的用途。變通的思考意味著你能發現方法來改變觀念、事物與習慣。在思考的方向上，你有能力變更速度，改道而行。

變通是：窮則變，變則通、觸類旁通、舉一反三、因時因地制宜、隨機應變、山窮水盡疑無路，柳暗花明又一村。

4. **獨創力**

獨創的關鍵字是與眾不同的或獨特的。是一種能想出不尋常反應的答案、新穎的想法的能力，能做出別人意想不到的事情或跟別人同樣的事情而想法與人不同。亦即「和別人看同樣東西，卻能想出和別人不同的事物」，指「萬綠叢中一點紅」、「物以稀為貴」，獨特新穎的能力。獨創力是由某一項反應在全體反應所佔的比例來決定，別人雷同越少，獨創力越高。

獨創是：獨特新穎、獨具匠心、一枝獨秀、鶴立雞群、與眾不同、標新立異、推陳出新、萬綠叢中一點紅。

5. **精進力**

精進的關鍵字就是添加。是一種補充概念，在原來的構想或基本觀念再加上新觀念，增加有趣的細節，和組成相關概念群的能力。亦即「精益求精」、「錦上添花」、「描繪細膩」和「深思熟慮」、「百尺竿頭更進一步」的能力。

精進是：裝飾、引伸、增加、擴大、充實、點綴、添加、周密詳盡、慎思熟慮、深謀遠慮、精益求精。

創造在情意態度方面具有想像、挑戰、好奇與冒險等心理特

質：

1.想像力

想像力的關鍵字是視覺化或具像化，是指善用直覺推測，能夠在腦中將各種意象構思出來，並加以具體化，便具有超越感官及現實的能力。它使我們能超越現實的限制，進入一個無所不能的世界。

想像是：超越現實、夢幻世界、望梅止渴、異想天開、天馬行空、若有所思、千思萬想、不可思議、意像聯想、自由聯想、海闊天空、任憑遨遊。

2.挑戰性

挑戰的關鍵字是從混亂中理出頭緒，是指在複雜混亂的情境中，尋求各種可能性，找出問題的頭緒，能夠「臨危不亂，接受挑戰」。

挑戰或複雜性是一種處理複雜問題與混亂意見，以尋求解決問題的能力，它將邏輯條理帶入情境中，並洞察出影響變動的因素。

挑戰是：錯綜複雜、抽絲剝繭、亂中有序、百折不撓、鍥而不捨、衝破難關、自強不息、循序漸進、追求抉擇、再接再勵、求新求變。

3.好奇心

好奇的關鍵字是疑惑，是指面對問題樂於追根究柢，把握特徵以求徹底了解其結果，能夠「打破沙鍋問到底」。好奇心就是對事物感到懷疑，疑問即伴隨而來。問題產生時，便去調查、探詢、追求，雖然感到困惑，卻仍能繼續思索、沈思，以求明白事情的真相。

「好奇心」是經由懷疑、思考、困惑而形成的一種能力，它是開始去發問、思索及嘗試的關鍵，好奇心經常是伴隨在能滿足於預知未來的意念中而產生的。

好奇是：追根究柢、百思不解、奇奇怪怪、問題重重、探個究竟、仔細調查、真相大白、一團迷霧、打破沙鍋問到底。

4.冒險性

冒險的關鍵字是猜測。是指面對失敗及批評，還能鼓起勇氣再接再勵，全力以赴，能夠「勇於探索」。冒險就是有猜測、嘗試、實驗或面對批判的勇氣，它包括堅持己見及應付未知情況的能力。

冒險是：赴湯蹈火、勇往直前、英雄本色、見義勇為、勇於猜測、大膽假設、不入虎穴焉得虎子。

我國學者賈馥茗綜括各家觀點，認為創造的人格特質為自由感、獨立性、幽默感、堅毅力及勇氣等五項。美國學者懷斯的研究認為具有創造力的人，大都具有以下的特質：較能接受各種新事物；做事較能博注；樂於接受各種挑戰；勇於面對各種衝突。

由此可知，創造必須具備某種人格特質，這一點已為多數學者所認可，唯各家說法不一。但歸納言之，創造性思考在運作過程中，常須突破成規，超越習慣，以求新求變，冒險探究的精神去構思觀念或解決問題，其行為表現出想像心、挑戰心、好奇心、冒險心等情意的特質。

綜合言之，認知層面的五種能力：敏覺力、流暢力、變通力、獨創力與精進力以及情意層面的想像力、挑戰性、好奇心與冒險性是培養創造思考能力的九個重要關鍵。

三、創造思考教學的原則

　　歷來有許多學者提出有關創造思考教學的原則與建議，以下僅提供數位學者的意見，供作參考（陳龍安，1989、1999）。

　　美國學者 Felddhusen 和泰利分格（1980）曾對創造思考教學提供了以下十項原則：

　　1.支持並鼓勵學生不平凡的想法和回答

　　學生都是藉著老師鼓勵的方向發展，當學生提出獨特的意見或想法時，如果老師暫緩判斷，給與支時與鼓勵，不但增強了此學生的反應，而且往往會影響到全體同學，使他們也勇於表達，進而造成熱烈討論的氣氛，此為創造思考教學的起點。

　　2.接納學生的錯誤及失敗

　　協助學生了解什麼是錯誤，以及在一種支持他的氣氛下，告知可接受的標準。「成功是不怕失敗，能夠做最大的努力，讓今天比昨天好。」老師往往在學生錯誤時給與責備或懲罰，這不但不會有效果，反而增加學生的挫折感，失去克服困難的信心與勇氣；事實上，錯誤是最好的學習機會，失敗也是成功的基礎，最重要的是老師能有接納的雅量，能把握機會，讓學生從錯誤中獲得經驗及學習機會。

　　3.適應學生的個別差異

　　尊重學生的興趣與想法，不要強求一致的標準或答案，應讓學生能依自己的潛能盡力發揮，老師應依學生的個別差異做彈性要求。當學生表現或從事於其興趣的活動時，老師應尊重其選擇，並鼓勵其從事獨立學習。

4.允許學生有時間思考

　　創造思考需要時間，老師在設計活動或或提出問題時，應該學生有思考的時間，不要像「急驚風」似的逼迫學生做立刻的反應。教師在教學活動中，可盡量提供一些激發性的情境，善用各種教學媒體，如實物、標本、圖片……等，配合發問技巧，給與學生充分的時間思考，讓學生能醞釀及發展其思考的產品。

5.促進師生間、同學間、相互尊重和接納的氣氛

　　良好的師生關係是奠定教學成功的基礎，老師可透過各種暖身的活動，例如做猜東西的遊戲或做手指遊戲，以促進教室中相互尊重與和諧的氣氛，其主要的方法是師生均能養成「微笑和點頭，專心聽他說」的習慣，不急著做價值的批判。

6.察覺創造力的多層面

　　創造力的表現不僅在認知能力、流暢力、變通力、精進力的培養，也重視其情意態度：(1)好奇心(2)冒險性(3)挑戰性(4)想像力的表現，其表達的方式也不僅限於紙筆，在唱遊、美勞、語言、實作方面皆可涉及。因此，老師在教學時應讓學生有機會充分表達自己的作品，他們可以用故事、唱歌、繪畫或捏泥巴……等方式來表現。

7.鼓勵正課以外的學習活動

　　讓學生也機會嘗試新的體驗，對於有興趣的事物作進一步的研究。例如觀察綠豆發芽，了解造物的奧秘，由觀察日出日落學習大自然的變化。鼓勵其利用課餘時間在父母的輔導下，隨時發問，學習更多的事物，獲得更多的新知。

8.傾聽及與學生打成一片

　　老師能夠專心聽學生的叙述，接納學生的反應，並與學生一

起討論，共同評估，在課前課後與學生和諧相處，打成一片；以良好的師生關係，帶動教學的成功。

9.讓學生有機會成為決定的一份子

盡可能讓學生有機會發動一些教學活動，例如今天要做什麼遊戲，學些什麼？並盡量採用學生的意見，准許學生作這些決定，不但讓他覺得受到尊重，而且也具有責任感。

10.鼓勵每個學生都參與

創造思考教學係以學生為主體，因此在活動中應鼓勵學生都參與，從班級及小組，分組比賽到個人的獨立學習，都讓學生能置身其中，具有參與感與責任感。

總之，創造思考教學的原則在提供民主、和諧的支持性環境；建立良好的教學氣氛；重視與接納學生不同的意見，不立刻下判斷，並能鼓勵學生去看、聽、嘗試、探索及操作；同時老師能分享學生創造的喜悅，熱中於學生的表現與想法，進一步鼓勵學生養成獨立學習的習慣，把握這些原則必能有助於創造力的提高。

第三節　創造思考教學的模式與實施

一、創造思考教學的模式

美國課程與教學專家梅格（Maker, 1982, p.1）認為教學模式是一種結構化的組織架構，用以發展特殊學習活動和教育環境。

一個良好的教學模式應具備以下五個特點（毛連塭，1987）：

　　(1)有明確的目的中心領域（ area of concentration ）

　　(2)能提出學習者及教學歷程的基本假設

　　(3)可作爲發展日常學習活動指引

　　(4)爲學習活動提出明確的模式（ patterns ）和要求

　　(5)有研究資料支持其有效性

　　創造思考的教學模式即爲激發或培養學生創造力的基本教學架構，學者指出：人類雖然強調創造力的重要，但一直沒有一套系統的方法來培養人類的創造力。自從吉爾福特首創智能結構模式以來，許多學者專家紛紛以此作爲培養創造力的基本架構，設計各種實際的教學方案（毛連塭，1989）。

　　Joyce 和 Weil（ 1980 ）在其著作《教學模式》（ Model of teaching ）一書中將所有的教學模式，依其共通性分爲五大領域：

　　(1)資訊處理模式（ the information processing family ）以培養處理資訊、組織數據、體會問題及解決問題的能力。

　　(2)個人模式（ the personal family ）強調個人自我觀念之發展。

　　(3)社會模式（ the social family ）著重個人與社會或與其他團體之關係。

　　(4)行爲改變模式（ behavioral models of teaching ）重視系統地操作學習活動以改變可觀察的行爲。

　　(5)思考的模式。適應學生個別差異，提供學生思考的學習機會。

　　陳龍安（ 1990 ）綜合各種式和特點建立了「問想做評」創造思考教學模式。這個模式是教師在一種支持性的環境下，運用啓

發創造思考的「問（Asking）、想（Thinking）、做（Doing）、評（Evaluation）」四組教學策略，以增進學生創造思考能力的一種教學模式。其基本內涵就一教學模式繪表如圖4－1：

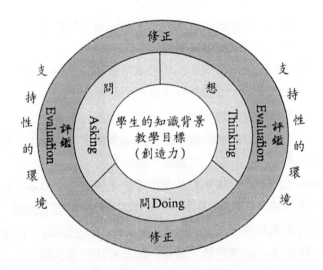

圖4-1　『問想做評』創造思考教學模式(陳龍安，1990)

「問想做評」創造思考教學模式其特點為：

(1)推陳出新：在學生原有知識背景之上，實施問、想、做、評的活動。

(2)有容乃大：強調愛的教育，暫緩批判，能容忍不同或相反意見的雅量，以及提供和諧的教學氣氛。

(3)彈性變化：問想做評的程序可依實際狀況強行整理，可問→想→做→評，也可以問→做→想→問→想→做→評，靈活運用。

二、創造思考教學的實施

㈠創造思考教學的架構

　　創造思考教學的架構主要源自創造力理論，並根據創造思考九大關鍵教學目標，再採以各種相關教學方式及策略進行策略進行創造思考教學活動設計，最後以創造評量方式進行評鑑藉以評估整體的教學效果（陳龍安，2000）。

　　創造思考教學的主要目標在培養學生創造力，一般來說研究創造力的培養，基本上乃是在探討如何透過「創造的引導者」——教師。應用創造思考教學的策略，提供創造的環境，亦能激發「創造者」——學生的「創造動機」，培養「創造的人格特質」以發揮創造的潛能，而有創造的行或結果。但由於觀點不同，有人從創造者本身去研究，包括創造力、創造的動機、創造者的人類特質，及創造思考的技能等。也有人從創造的行為去研究，包括創造思考過程的內外在行為等。另有人從創造品（創造的成果）去研究，包括有形的具體創造品和抽象的觀點或現論的創造，甚至超乎三者之外，研究足以助長創造力、創造動機、創造思考技能，和創造行為的創造性環境。所以創造思考教學的計也有所不同。

㈡創造思考教學的基本步驟

　1.問：就是「問題」，提出問學生的問題，或安排問題的情境。

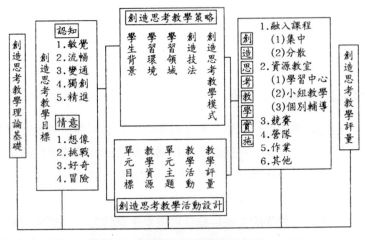

圖4-2　創造思考教學架構圖

　　「問」的要素是雙向及互動的過程：而智慧與愚笨的分野，在於有智慧的人問對了問題，提出了答案；愚笨的人不是對問題視而不見，就是逃避問題（劉思量，1985）。

　　在創造思考教學中，教師以問題為開始，依據學生的知識、經驗背景及需求，將所欲進行的學習內容編製成問題，由簡入深，其安排的方式可用吉爾福特（1977）智能結構（SOI）模式的發問策略中，以認知、記憶的問題為引導，奠定學生的知識基礎；以擴散性思考及聚斂性思考的問題來訓練其創造性解決問題的能力；以評鑑的問題來導學生判斷、選擇與做決定。

　　在本階段教學中，特別強調以擴散性思考的問題來激發學生的想像力與創造力。張玉成（1983，1988，1993）的發問技巧及陳龍安（1984）所研擬的創造思考發問技巧「假如、列舉、比較、替代、除了、可能、想像、組合、六 W 類推」的策略可供

使用。

　　發問是教師最常用的教學技巧，也是最容易實施的教學方式，但並不是每位教師都能做得很好；因此必須對各項發問技巧多練習。本節中之問題策略可供參考。除了教師發問外，在本模式中也鼓勵學生提問題，學生的問題是「好奇心的發動」——是「心智的饑渴」（王鴻仁，1985）。

　　2.想：就是「思考」，鼓勵學生思考想像，提供學生思考的時間。

　　「學而不思則罔」，有效的思考決定於思而有所得，這就是創造思考教學基本要素中「想」。根據吉爾福特的 SOI 模式。有聚斂性思考和擴散性思考兩種。聚斂性思考是遵循邏輯方式而作的推理，有常規可循，只要推理正確就能得到解題的答案。而擴散性思考是一種自由、廣闊的思考，不照傳統的方式，不依固定的方向。雖然有時會偏離主題，無法立即獲得解題的答案，但因其分歧的聯想、意念泉湧下，比較容易獲得解題得新觀念，也就是追求第二個以上的答案，這也有助於問題導向的思考。

　　在思考的過程中，傾聽與專注很重要。在聽和想之中，並不只限於聽覺和大腦的作用，常常會伴隨著視覺及其他官能的活動；透過大腦的分化與統整，結果才能眼到、耳到、手到、心到，進而接收現成的資料，引導出新觀念。

　　思考有思考的時間與空間：思考的時間是指教師提出問題後，要給學生至少三秒以上的時間思考（張玉成，1983；王鴻仁，1985；洪碧霞，1983）。思考的空間是指提供學生支持性的環境與氣氛。

　　3.做：就是「活動」，運用各種活動的方式，讓學生從做中

學。

　　教學在創造思考教學中，必須設計一些活動或遊戲，幫助學生針對問題，並將思考所得展現出來。在「做」的階段中，有個種不同的運作方式，亦即活動方式的多樣化，讓學生寫、說、讀、畫、演、討論等都是。重視引導學生活動地學、從做中學，其要點為：

1.採用多樣、彈性、能引起學生思考的活動。
2.安排適宜的學習環境與教學氣氛。
3.鼓勵全體學生參與，並注意個別差異。
4.盡量運用五官並用的教學活動。
5.與家長密切配合，充分運用社區資源。
6.鼓勵共同想像，集體創作；分組實習或實作以發揮團體精神。
7.訓練學生視聽的技巧，賈馥茗（民65）提出六項原則：
　(1)在自己的講述中故意加入錯誤的部分或漏洞，讓學生指出，並予指出者以獎勵。
　(2)使學生為其同學的述說補充或繼續。
　(3)使學生提出對述說的修正或改進意見。
　(4)隨時指名未注意聆聽者，使其重述述說者的話。
　(5)使學生歸納述說的內容要點。
　(6)使學生對述說提出問題。
8.為使創造性學習活動容易發生及進行，陶倫士（1971）提出下列活動方式（賈馥茗，1976）：
　(1)計畫不完全與無結果的情況，使學生感覺惶惑而繼探索；以層出不窮的變化使學生推陳出新；尋求不明確或疏忽的

材料；以繼續探索為樂。

⑵使學生自製故事、問題或事物，從而解決、想像或表演。

⑶使學生發問。將教學中的「教師問，學生答」的方式，變成學生問、學生答。從問所不知以求了解而開始學習，到問所已知以為練習，將是更有效、更有趣的學習。

4.評：就是「評鑑」，運用暫緩批判、欣賞創意的原則，重視形成性評量與自我評鑑的方法。

創造思考教學的評鑑係依據教學目標，採用多元方法，進行多次持續的評量，兼顧反應過程與結果。「問想做評」創造思考教學模式跟其他創造思考教學模式一樣，都強調「暫緩批評」的原則。但並不排斥評鑑；而是希望透過形成性評量及多元評量例如檔案評量，實作評量，角色扮演、問題解決……的方式取代傳統的紙筆評量。上述教學步驟可以靈活運用、「問→想→做→評」也可以「問→想→做→問→做→評」當然也可以「問想→做想→問做→……」讓教學多元化，生動化來修正教學的方式，並引導學生用自我評鑑來增強自信心。

第四節　創造思考教學的策略

一、一般的創造思考教學策略

㈠解凍或暖身的策略（Warmup）

教師實施創造思考教學的首要工作是設法把教室的氣氛帶動起來，讓學生感覺很和諧、快樂，有學習的意願與動機。因此，提供學生安全或與自由環境及學習氣氛非常重要。

「冰凍三尺，非一日之寒」，有些老師平時上課採軍事管理，學生進教室都坐得直挺挺，雙手背在後面，像五花大綁似的，規定不能隨便講話，一個命令一個動作。這種學習的環境，如何能激發學生的想像力呢？因此，在創造思考教學時，如何讓學生的心情放鬆，這是第一要件。學生在自由無拘束及無評價性的氣氛下，才能充分發揮創造能力。因為如果有一種權威或控制的壓力下，學生怎麼敢提出跟老師不一樣的看法或答案呢？解凍的基本原則有：

　　⑴老師和學生打成一片，共同研討，建立良好的師生關係。
　　⑵給學生充分自由表達意見的機會，讓學生敢想也敢講。
　　⑶盡量取消點名、要求學生立正發音等形式的活動。
　　⑷盡量獎勵不平凡而價值的問題或意見。
　　⑸對學生的作品及意見，不要立刻下評斷，留到最後讓全體
　　　學生共同評估。
　　⑹養成學生間和諧的關係，能容忍不同看法的態度，不譏笑
　　　他人的意見。

㈡提供創造的線索

有時候在實施創造性的問題或活動時，學生因受到知識背景的限制，很可能「沈默」太久，或無從反應，這時候，教師必須

提供一些線索或指引，以激發學生的思考。例如：當老師採用「屬性列舉」的技能，要學生提出桌子的屬性時，學生弄不清楚如何提出，教師可告訴學生一些例子，比如說在名詞方面的屬性，桌子有用木頭做的，用塑膠做的「　」等，學生即能舉一反三，聯想到白金、鐵、水泥、竹子「　」等特性。

又如教師拿著一枚十元硬幣問學生：「錢幣是圓形的，還有那些東西是圓形的？」，鼓勵學生舉出圖形的東西，當學生江郎才盡說不出來時，教師可以提供聯想的線索，「廚房有什麼東西是圓的？」、「醫院、廁所『　』」如此一來，點子就會源源不斷而來。

當教師提出問題讓學生思考時，學生都會利用過去所學的舊經驗，及課本上的材料，分別試著去解決。然而，每個學生有個別差異，各人的經驗不同，常會遭遇到挫折，使得學習動機與興趣降低，因此，教師就必須以「助產士」的角色，提出一些線索，適度的輔導學生去探討問題的關鍵、搜集有關資料，或請教別人，加以綜合、重組，以創造一些新觀念或新方法，解決遭遇到的問題（汪榮才，1980；陳龍安，1984）。

㈢鼓勵與讚美的策略

有一句話說：「孩子都是往大人鼓勵的方向發展」，當學生提出一些不平凡的意見或問題時，教師應多給學生鼓勵和讚美，以激發學生創造思考的動機。更重要的是，其他學生看到教師鼓勵提供各種不同答案的同學，無形中也會激勵他們，大膽提出一些新的構想，形成「百花齊放」、「爭先發音」的場面及氣氛，有助於培養創造思考的能力。

　　美國創造力大師在研究如何激發孩子創造力時，即提出增強孩子不平凡的意見有助於創造力的提昇。「讚美是神奇的魔力」。

二、創造思考教學的發問技巧

　　創造思考教學最常使用的技巧或策略，就是發問技巧。問題的安排以及發問的適當與否，會直接影響到教學的效果，所以學者指出：良好的問題是教學成功的基礎（Garner, 1963； Hunkins, 1968, 1970； Taba, 1968； 張玉成，1983，頁13）。歷來學者（ Bloom, 1956； Sanders. 1966； Gallagher & Aschner, 1963； Parnes, 1967； Kerry, 1980；張玉成，1983；洪碧霞，1983；陳龍安，1989）對問題的種類有很多不同的分法，也提供了一些策略可作為教學用，筆者歸畫創造思考的發問技巧為十字口訣：
　　「假列此替除可想組六類」

1.假如的問題

　　你可以利用日常生活發生的一些狀況來問孩子，例如：看見消防車時，可問孩子：「假如家裡失火了，你怎麼辦？」他可能會說：「我找太空戰士來救我！」「如果太空戰士有事不能來，怎麼辦呢？」這時，他可能會靜下來仔細想出很多方法，然後你再問他，就會刺激他的思考，啓發他的創造力。

2.列舉的問題

　　比如「茶杯有什麼用途？」你會發現小孩子會各種不同的答案，像「茶杯可以拿來當武器」、「可當媽媽的擀麵棍」、「尿急時也可以用來裝尿」……。

3.比較的問題

　　所謂比較的問題是指拿兩樣或兩樣以上的東西讓他比較，比如：「人腦和電腦有什麼同？」「這個茶杯和那個茶杯有什麼不一樣？」。這時候你會發現孩子會不斷詳細地觀察，而這些問題的目的就是要觀察、思考。

4.替代的問題

　　例如：「如果你去郊遊，卻忘了帶茶杯，你可以用什麼東西來代替它？」、「你今天很『高興』，你可以用什麼語詞來代替它？」當然，孩子會說「快樂」或「愉快」等等，你會發現孩子的智慧開始在提昇了。

5.除了的問題

　　「要到美國去，除了坐飛機之外還有什麼方法？」、「學校除了教你讀書寫字之外，你還能學到什麼？」一般說來，除了的問題都是將「最平常的答案」剔除，希望小朋友能提出比較別出心裁的答案。

6.可能的問題

　　「明天如果下雨，可能會發生什麼事？」、「爸爸現在可能在做什麼」可能的問題通常是日常生活中曾經發生的問題，至於像「如果地球沒有空氣，可能會發生什麼麼事？」之類的問題，不妨歸爲「想像」之類。

7.想像的問題

　　有關未來或現實生活中沒有遇過的問題，例如：「想想看，一百年後的台北市會變成什麼樣子呢？」、「如果眞有外星人，他們會長成什麼樣子呢？」

8.組合的問題

給他很多不同的材料,讓他任意組合。例如:給他幾個不同的字,讓他組成一個句子;給他七巧板,讓他組成不同的圖形;給他不同的線條、圖案,讓他組合成不同的花邊……。

9.六 W 的問題

我們也可以經常使用「為什麼?」「是什麼?」「在哪裡?」「誰」「什麼時候」和「怎麼辦」等所謂的「六 W」的方式來設計問題。例如:「為什麼要種樹?」、「要種什麼樹?」、「種在那裡?」、「誰來種?」「什麼時候種?」、「怎麼種?」;又如大家要去露營,去哪裡?什麼時候去?帶什麼去……等等,讓孩子對一個簡單的問題,作更深入的思考。

10.類似的問題

例如:「媽媽和警察有什麼相同的地方?」或「貓和電冰箱有什麼相同的地方?」,這類型的問題,固然可以比較兩種性質相近的東西,但為了激發孩子的想像力,通常都選擇看起來似乎毫不相干的事物來進行比較。這種問題孩子也比較不會受現有知識的限制,而能自由思考解答。

在創造思考教學中問題的提出,候答與待答的技巧相當重要,茲提出下列注意事項以供參考(張玉成,1983):

(一)問題提出的技巧

1.各種問題兼重

創造性問題雖具特質,但不能獨行其事,須以認知記憶性及批判性問題為件,建立基礎,產生準備作用。

2.運用有序

各類問題提出之順序應注意其內容連續性。一般而言，創造性問題在其他各類問題之後，但批判性問題具彈性，有時須在創造性問題之後提出。

3.注意語言品質

清晰和速度是兩個應重視的語言品質。發問口音不正、速度過快，學生不易了解和掌握題意，直接影響反應效果。

4.多數參與

為達目的，一方面須把握先發問，後指名回答的原則；另方面則要普用高原式策略，所謂高原式策略：指教師提出一個問題，經由多人回答不同意見後，再行提出深入一層的問題，如是循而進到某一預定目標為止。

㈡侯答技巧

1.侯答時間不宜過短

教師發問之後到指名回答，或教師再度口說話的這段時間叫侯答時間。學者指出，創造性問題內之回答，需要時間醞釀與發展侯答時間過短，匆忙間難得理想之反應。

一般認為，侯答時間不宜短於三秒鐘。

2.不重述問題

教師複誦的習慣容易養成學生聽講不認真態度，並且浪費時間。

3.指名普遍

有創造性的回答內容往往不合教師期待，間接地會影響教師准許發言的機會。創造能力高的學生其學業成績未必好，所以在

指名回答時，只求普遍。

㈢理答技巧

1.減緩批判

羅吉斯呼籲提供心理安全與自由的環境，以利創造性思考之發展，發問過程，教師和同學對回答內容所抱持的態度，及當時環境氣氛的重要決定因素，師生喜於批評則造成壓力，損害心理完全與自由，導致不願或不敢示意見的態度。反之，教師與同學能兼容並收，於他人表示意見之當時不輕予批評，甚或鼓勵暢其所言，則教室氣氛可能呈現安全與自由，當有利學生創造性思考之發展。

2.容多納異

見解觀念多而不凡，乃創造性思考特質之一，不幸的，一般教師發問之後，所期許的答案，都是單一標準性質者，學生因而養成一問一答習性。

創造性發問技巧，主張教師同學能開放心扉，容多（多提意見）納異（接受不同意見）。

3.探究匡補

舉例而言，教師問：「為防止眼睛近視須注意那些衛生習慣？」同學答：「不躺著看書」，教師續問：「還有其他見意嗎？」這是匡補技巧。

三、培養擴散性思考能力的教學策略

產生多樣化且品質好的構想即是「擴散性思考」，但是重點

在於所輸出資料的多樣性及質上。聚斂性思考和擴散性思考的差異，在於前者強調最好或標準的答案，而後者強調反應的多樣及變化（ Guilford， 1977, 1985, 1986 ）。這項能力極佳的學生，會被認為富有創意、創新、流暢、獨創，並且幽默；他們不遵循傳統的「 標準答案 」，這點和擴散性思考能力差的學生完全不一樣。但是，擴散性思考的產生過程並不是漫亂無章的，真正的反應發生還是需要紀律，並且考慮品質的問題。因此，最好的擴散性思考中，還是隱含有一些聚斂特質的。雖然擴散性思考和創造力在大部分研究中有顯明的差別，兩者卻是息息相關。比較合理的說法是：擴散性思考是創造活動的必要條件，但不是充分條件。儘管還是一些「 額外 」的努力來引發創造力，擴散性思考是創造力發展的先驅，是其重要性無庸置疑。因此成為創造力的發展過程中的重要部分。

　　培養擴散性思考能力的教學策略，首在以彈性、寬容的態度面對學生，不批判學生的努力，鼓助並表現幽默。越能接納，學生越可能有創造性的表現。最好每週找出部分課程，用以建立可鼓勵創造性反應的情境。就鼓勵或壓制自發力而言，教師態度的影響高於任何其他因素。在創造思考教學的原則一節中，有幫助發展這些態度的建議。發展擴散性思考並不難，而且在教學後能立刻顯現顯著成果（ 僅次於記憶能力 ）。

　　解說式的教學行為，最適合牽引學生的記憶或認知，然而鼓勵知識應用的教學策略，卻需要學生能夠運用他們所學的，來做假設，或想出許多可能的起因、結果或解決之道。因此，在運用擴散性思考策略時，必須要學生很主動的參與創造，而不只學習資訊。

茲介紹在教學常用的策略如下：

㈠腦力激盪法（Brainstorming）

「腦力激盪」，是利用集體思考的方式，使思考相互激盪，發生連鎖反應，以引導創造性思考的方法。

1.腦力激盪（BS）的基本原則：

　(1)暫緩批評：不做任何有關優缺點的評價。

　(2)自由奔放：歡迎自由聯想，但要自我控制，不說廢話。

　(3)越多越好：點子越多越好，每一組每一次腦力激盪至少數十分點子。

　(4)結合歸納：鼓勵巧妙地利用並改善他人的構想。

2.步驟：

　(1)選擇及說明問題。

　(2)說明必須遵守的規則。

　(3)組織並激發團體的氣氛。

　(4)主持討論會議。

　(5)記錄大家所提出來的意見或觀念。

　(6)共同定標準並評估，以選取最好的意見。

3.注意事項：

　(1)領導者必須維持熱烈的氣氛。

　(2)記錄員需盡可能將提出的設想記錄下來。

　(3)參加人員以五至十人為宜。

　(4)避免過多專家涉入。

　(5)主題應於會議前告知參加者。

　(6)時間進行的掌控：最佳設想宜於會議快結束前提出。

⑺評價不宜於同一天進行。

⑻可以三明治技巧加強效果，例如：BS→評價→BS 或個人
　作業→小組 BS→個人作業。

4.實例—益智性發問活動

　　老師隨時準備一些益智性問題，向學生提問，引發他們反應
回答，可收腦力激盪功能。

㈡六六討論法

　　把一個大群體分為每組六人的小組，並且只進行六分鐘的討
論。其以腦力激盪法為基礎，可以消除「人數太多，不利於自由
發言，從而導致參加者提設想的積極性減退」，與「人多可以有
較多的發言，容易收集到相當有趣的構想」。

1.步驟：

⑴決定主題。

⑵把規模較大的團體分為五至十人的幾個小組。

⑶在各小組中安排一位主持人（兼記錄員），在各個小組中
　進行腦力激盪活動。

⑷討論時間為五至十分鐘。

⑸各小組得出結論，報告結果。

⑹對全體出席者提出報告，再由全體成員進行討論或對設想
　進行評價。

2.注意事項：

⑴主持人在會前應考慮小組的構成，現場宜迅速辨識出席者
　的能力，並任命各小組的主持人。

⑵主持人事前宜熟悉腦力激盪法之規則及要領，同時準備好

相關書面資料，交給出席者。

(3)在第五、六道程序中未被列入報告的設想，不可捨棄，應加以收集，供將來應用。

㈢635默寫式腦力激盪法

635法是指有六位參加者，各提出三個設想並在五分鐘內完成之方法。

　1.步驟：

(1)開始進行前由提示問題，以六個人為一組，每人都必須在面前的卡片上寫出三個設想，並在五分鐘內完成。

(2)五分鐘一到，每個人都要把面前的卡片傳給右鄰的參加者。在第一個五分鐘內，各人分別在傳送到自己面前的卡片上填寫三個設想，這想，每隔五分鐘一次，一共六次，三十分鐘為一個循環，根據計算，每一個循環得到一百零八個設想。

　2.注意事項：

(1)不能說話，思維活動可自由奔放。

(2)由六個人同時進行作業，可產生更高密度的設想。

(3)可以參考他人寫在傳送到自己面前的卡片上的設想，也可改進或加以利用。

(4)不因參加者地位上的差異，以及懦弱的性格而影響意見的提出。

(5)卡片的尺寸相當於當於 A4開紙張，上面畫有橫線，每個方案有三行，共九個方案的空白處，分別加上一到三的序號。

㈣奔馳（SCAMPER）

Eberle（1971, 1982）提出「奔馳」的設計表格，可供檢核表使用；這種設計主要藉由幾個字的代號，來幫助我們了解並實際運用。我們可用「代合調改用消排」單字代表，以利記憶。

(1)取代（Substituted, S）

何者可被「取代」？誰可代替？有沒有其他材料程序、地點可代替？

(2)結合（Combined, C）

何者可與其「結合」？結合觀念、意見？結合目的構想、方法？

(3)調整（Adapt, A）

是否能「調整」？有什麼事物與此調整？有沒有不協調的地方？過去有類似的提議嗎？

(4)修改（Modify, M）

可否「修改」？改變意義、顏色、聲音、形式？可否擴大？加時間？較大、更強、更高？

(5)使用（Put to other uses, P）

利用其他方面？使用新方法？其他新用途？其他場合使用？

(6)取消（Eliminate, E）

是否「取消」？有沒有可以排除、省略或消除之處？是否詳述細節，使其因而更完美、更精緻呢？

(7)重新安排（Rearrange, R）

有沒有可以旋轉、翻轉或置於相對地位之處？怎樣改變事

物的順序？或重組計畫、交換組件？（陳龍安，1990）

㈤發明十步法

「發明創造」是指發明（對產品、方法，或者其他改進提出的新的技術方案），實用新型（對產品的形狀、構造或者其結合所提出的適於實用的新的技術方案）和外觀設計（對產品的形狀、圖案、色彩或者其結合所做出富有美感而適合工業上應用的新設計）。授予專利權的發明和實用新型，應當具備新穎性（在申請日以前沒有同樣的發明或者實用新型在國內外出版物上公開發表過，或在國內公開使用過或者以其他方式為公眾所知，也沒有同樣的發明或者實用新型由他人向專利局提出過申請並且記載在申請日以後公布的專利申請文件中）、創造性（同申請日以前已有的技術相比，該發明有實質性特點和顯著的進步，該實用新型有實質性特點和進步）、實用性（該發明或者實用新型能夠製造或者使用，並且能夠產生稱職效果）。

發明十步法由日本著名的「發明大王」中松一郎先生提出，他曾經獲得二千三百件發明專利，並根據多年他從事創造發明活動的實踐，總結出發明三要素：

合理──符合科學性。

靈感──積累豐富的經驗，在廣博牢固的知識基礎上產生。

實用──發明得以存在的重要屬性。

有關發明的十個步驟：北京市科技幹部局（1999，P135-145）：

⑴拋棄一切陳舊迂腐的觀念，使思維自由奔放。

(2)深入細微調查，做到心中有數。

(3)掌握與發明對象有關的知識（各種機械概念，邊緣學科知識）。

(4)善於捕捉自己的靈感，並努力使之實現。

(5)按自己頭腦中的印象，進行實際試驗。

(6)對試驗中的數據進行認眞的討論。

(7)了解是否實用，如不十全十美，就反覆尋求新發明。

(8)再試驗，如不成功則再次尋求。

(9)如獲成功，就使他日臻於完善。

(10)發明成爲一種有實用價值的產品。

(六)心智圖法（Mindmap）

1.方法簡介：

　　是一種以擴散思考的方式組織不同的想法、觀念，激盪創意、改善記憶力和想像力的心智繪圖技術（羅玲妃譯，1997）。

2.作法：

(1)空白紙一張

(2)白紙平放在桌上

(3)在紙中央寫或畫上主題

(4)用彩色圖形表示主題

(5)主要的議題像書的章節般圍繞在主題周圍

(6)主題擴散到分支如標題

(7)由主支衍生出第二階層想法線條較細

(8)其他想法出現時加在第三四層用圖樣符號或代表關鍵字

(9)在文字或圖像上加上立體框框以顯出重點

⑽有關聯的想法可用彩色線條圍繞或符號箭頭表示

⑾讓心智圖美化

⑿開心玩

㈦討論法

1.三三兩兩討論法

每二人或三人自由組成一組，不能少於兩人，也不能多於三人，彼此分享、討論……三分鐘後再跟大家報告。時間到，請舉手推薦對方發表，被推薦人請先謝謝推薦人再報告。六人一組，只進行六分鐘的小組討論，每人一分鐘。其方法與程序為：

⑴決定主題。

⑵推選一位主席、一位計時員、一位記錄。

⑶每人輪流發言一分鐘未到不可停止發言；一分到還沒有講完，計時員應要求立即停止發言。

⑷推派一位發言代表回到大團體分享成果。

2.七何檢討法（5W2H檢討法）

這是一種對現有的辦法或產品，從七個問題來重新檢討的思考策略。這六個問題是：

⑴為何（Why）

⑵何事（What）

⑶何人（Who）

⑷何時（When）

⑸何地（Where）

⑹如何（How）

⑺何價（How Much）

㈧九宮格法

1.曼陀羅法

曼陀羅法是利用像練習書法用的九宮格圖,將問題寫在中間,由問題所產生各種想法則寫在四面八方,也可配合六 W 法從 who、what、why、when、where、how 來思考

2.蓮花法

⑴發給每一位成員一張九宮格圖,在圖的中心寫上一個問題或中心主題。

⑵請小組成員想出相關的創意,寫在圖形正中央的小正方形周圍的格中。

⑶參與者針對選定的九宮格圖中的主題想出八個新創意。並將這八個新創意填入緊接著九宮格圖正中央的下方有著另一個九宮格圖中。

㈨六頂思考帽

DE BONO 所創六頂思考帽的策略:如何使用六頂思考帽,使我們思考具有效率──用一種嶄新、睿智的方法,去處理任何問題。

戴上黑帽,挖掘批判見解。換上黃帽,迎接陽光般的樂觀!綠帽帶來豐富的創意。為了中立就用白帽。為了訴諸情緒就用紅帽。一旦網羅全數可能的解答,就著手分類!(像天空的藍帽,領你超然俯瞰問題。)結果證明效果驚人(許麗美,1980)。

白帽:客觀審視數據和資料。

紅帽:將感覺、預感、直覺合理化。

黑帽：合邏輯的否定、評估、小心謹慎。

黃帽：合邏輯的肯定、找出可行性和利益點。

綠帽：新點子和創意思考。

藍帽：控制思考作決擇過程。

　　六項思考帽概念有兩個主要的目的，第一是簡化思考法，容許思考者一次處理一件事，不必兼顧情緒、邏輯、資料、希望和創造力。第二是容許變更思考法，而不具攻擊性的特色。如果能了解各項帽子的意義而這些思考法在討論的時候就能發揮最大的功效。

㈩十二思路啓發法

　　十二思路啓發法的原名叫「十二個聰明的辦法」，是上海市的創造教育工作者在指導和田路小學進行創造力啓發教育的過程中，總結提煉出來的。

十二思路的大意

項　目	大　意	奧斯本檢核表中的相關內容
加一加	增加、組合	可否增加什麼？可否附加些什麼？可否增加使用時間？可否增加頻率、尺寸、強度？可否提高性能？可否重新組合？可否嘗試混合、合成、配合、協調、配套？可否把物體組合？把目的組合？把特性組合？把觀念組合？
減一減	削減、分割	可否減少些什麼？可否密集、壓縮、滾縮、聚束可否微型化？

擴一擴	擴展、放大	可否增加新成份？可否加倍？可否擴大若干倍？可否放大？可否誇大？
縮一縮	收縮、密集	可否縮短、變窄、去掉、分割、減輕？可否變成流線型？
改一改	改進、完善	可否改變功能、顏色、形狀、運動、氣味、音響外形、外觀？是否還有其他改的可能性？
變一變	變革、重組	可否變換？有無可互換的成分？可否變換模式？可否變換布置順序？可否變換操作工序？可否變換因果關係？可否變換速度或頻率？
搬一搬	搬去、推廣	有無類似的東西？利用類比能否產生新觀念？過去有無類似的問題？可否模仿？能否超過？
學一學	學來、移植	有無新的用途？是否有新的使用方式？可否改變現有使用方式？
代一代	替代、變換	可否代替？用什麼代替，還有什麼別的排列？別的成分？別的材料？別的過程？別的能源？別的顏色？別的音響？別的照明？
聯一聯	插入、連結	可否連結另一領域？可否插入別的想法？
反一反	顛倒、反轉	可否顛倒？可否顛倒正負？可否顛倒正反？可否頭尾顛倒？可否上下顛倒？可否顛倒位置？可否顛倒作用？
定一定	界定、限制	如何界定？有否限制？

莊傳釜、張振山（1998）

　　有些老師認為創造思考教學無法在今天升學掛帥的教育下實
施；他們所持的觀點是：創造思考教學無助於學業成績；事實
上，創造思考教學或創意力訓練，不但不會妨礙學業成績，反而
有助於學生在面對學業壓力時，紓解情緒，思考出調適及成功的
途徑。就以創造力訓練中的敏覺、流暢、變通、獨創及精進等五
種能力的訓練效果來說：

(1)敏覺力讓學生在讀書或準備考試時，能把握重點，抓住解
　題的關鍵。

(2)流暢力讓學生能思路流暢、想出許多解決問題的方法，能
　下筆如行雲流水。

(3)變通力讓學生在面對難題時，不會鑽牛角尖，能夠「窮則
　變，變則通」。

(4)獨創力讓學生有自己獨到的見解，能實現其獨具匠心的特
　質。

(5)精進力讓學生能計畫周詳，解題時考慮週到，並能時常檢
　查，不會粗心大意。

　　創造力訓練，可以讓師生感受充滿樂趣，興趣和回饋的經
驗；創造力也會使人每天生活中的心情快活，提昇學習的效果，
增加學習動機，豐富學習的環境。培養創造力的教室是一個學習
的最佳場所，因為它把學習環境變成一間鼓勵學生用腦思考及讚
美他們的實驗室。你會發現這些學生在學習過程中變得更積極，
而且更快樂。當學生在嘗試他們自己的想法時，如果感到越來越
順利，則會發展出自信心，團體互動的力量，也將使學生們彼此
互相分享觀念，並且尊重每個人不同的想法。他們會一起工作以
改進方法，並且從許多方面的配合來看事情，因而獲得技巧。你

也將得到好處，因為學生將學會則不再需要太多的指導。你會變成一個學習者，享受學生們的創意發明。各種學習的過程，對於日常生活不但不但有關連且能派上用場，學以致用。最重要的是，班上的學生將會產生濃厚的學習動機。

附錄：創造思考教學的活動設計示例

國小二年級國語科創造思考教學活動設計

編號：3.01.01

單元名稱	帶弟弟上學	教學範圍	二年級上學期　國語科 第一課　第6-7頁
活動目標	透過字詞練習及問題情境訓練學生的創造力與問題解決的能力	準備教具	1.生字卡十二張 2.賓果遊戲用紙 3.如名片之紙片約一百張 4.磁鐵 5.紙箱
活動設計構想	本課程設計擬先以複習本課生字為始，進而施以造詞、造句的擴散性思考訓練，並輔以作文練習以訓練學生的想像力及組合能力；最後深究本課課文，提出問題情境，藉以培養學生問題解決的能力。請老師於授課時，配合創造性的發問技巧實施之。		

模式	活　動　內　容	備　註
做	活動一：複習本課生字 1.語文金氏遊戲——訓練學生的敏覺力 　(1)老師拿出本課生字卡，先揭示二至三張，帶學生唸過後，不妨請學生在空中寫字，增加複習的趣味性。	

問想 做	(2)從所複習的生字卡中抽離一張，讀學生找出缺少的生字是哪一個？如此每次增加複習的字數，但最多一次不超過六個字彙，以免形成壓力。進行時可以班為單位，亦可分組競賽。

2.生字賓果遊戲——訓練學生專注與耐心等待

做	(1)發下賓果遊戲用紙。因遊戲用紙只有九個格子，只能填入九個生字，故可將本課生字卡放入紙箱中，由老師或小水抽出九個生字，再請學生將生字分別填入格子中，可自行決定哪個生字擺在哪個格子裡。
做	(2)請老師在黑板上示範。
	(3)遊戲開始，由老師從箱中抽出生字並大聲唸出，學生將所聽到的字在自己的遊戲用紙中找出並做記號，一字只出現一次。過程中，有的學生可能很快找到老師所唸的字，有的比較慢，請耐心等候。如此，所做記號的字先連成三條直線大喊 BINGO 獲利。（十五至廿分鐘）

	活動二：字腦力激盪	
問想 做 想做	1.金磚遊戲——訓練學生的流暢力 　(1)以本課生字來造詞，如以「新」為 　　　例，可造：新年、新生革新等。 　(2)遊戲開始之前，老師先在黑板上畫 　　　等距離的點，行列各三點即可。再 　　　將全班分成數組，各組輪流造詞， 　　　造出詞後即可到黑板連點，先將四 　　　點連成一個正方形者則擁有一塊金 　　　磚，並做上記號。擁有金磚數最多 　　　之組別為優勝。	可將學生編號 輪流造詞，避 免部分小朋友 因造不出詞而 不能參與遊 戲。另造出詞 的組別可選擇 要否連點
想做	(3)各組須將所造的詞先寫在紙片上， 　　　交給老師以磁鐵固著於黑板上，然 　　　後才可連點畫直線。（十五至廿分 　　　鐘）	
做	2.若時間許可，可挑出與本課有關之語 　　詞九個，再玩一次賓果遊遊，玩法同 　　上。	

79.10.4

國小二年級國語科創造思考教學活動設計

編號：3.01.02

單元名稱	帶弟弟上學	教學範圍	二年級上學期　國語科 第一課　第6-7頁	
模式	活 動 內 容			備 註
問想做	活動三：詞句組合——訓練學生組織能力 1.請學生就活動二所造的詞來造句。 2.每位輪流造句，老師鼓勵不同的想法或根據相同的詞造不同的句子。（十五至廿分鐘）			或指定他組連點。
問想做評	活動四：金頭腦時間—訓練學生問題解決能力 1.二年級的小朋友都剛從一年級升上來，是否還記得自己第一天上學的情景？能否形容那天的感覺？如果用一種東西來代表那天的心情，你會選什麼？爲什麼？ 2.如果平常都是家人帶你上學，可是有一天，家人都有事無法帶你去上學，你會怎麼樣？ 3.紅燈、綠燈除了當交通號誌，擺在馬路上，你覺得還可以放在哪裡呢？爲什麼？（廿至三十分鐘）			可先定義紅、綠燈

79.10.4

參 考 資 料

方炳林（1974）：普通教學法。教學文物出版社，第188－200頁。

毛連塭（1984）：台北市國民小學推展創造性體育課程實驗報告。台北市教師研習中心編：創造性教學資料彙編，第1－12頁。

毛連塭（1987）：資優教育教學模式。台北市：心理出版社。

毛連塭（1989）：實施創造思考教育的參考架構。創造思考教育，創刊號，第2－9頁。

王木榮（1985）：威廉斯創造力測驗修訂研究。台灣教育學院輔導研究所碩士論文。

王鴻仁（譯）（1985）：發問的智慧。台北市：遠流。

汪榮才（1980）：發展資優學生創造能力策略。教育部編：資優兒童研究叢書第六輯。

吳迎春（1992）：大未來。台北市：時報。

洪碧霞（譯）（1983）：有效的發問技巧。新竹師專特教中心。

許麗美（譯）（1980）：六頂思考帽。台北：心理出版社。

張玉成（1988）：開發腦中金礦的教學策略。台北：心理出版社。

張玉成（1993）：思考技巧與教學。台北：心理出版社。

張玉成（1983）：教學發問技巧及其對學生創造思考能力影響之研究。台北市：教育部教育計畫小組編印。

莊傳釜、張振山(1998):創造工程學基礎。北京:解放軍出版
社。

楊智先(2000):工作動機、選擇壓力與社會互動對創造力之影
響。政治大學教育研究所碩士論文計畫書未出版。

陳龍安(民1984):啓發創造思考的策略。台北市教師教學研習
中心(編),創造性教學資料彙編(71-112)。

陳龍安(1989):創造思考教學的理論與實際。台北市:心
理。

陳龍安(1999):創造性思維與教學。北京:中國輕工業出版
社。

陳龍安、朱湘吉著(1998):創造與生活。台北:五南圖書公
司。

陳龍安(1990):「問想做評」創造思考教學模式的建立與驗
證。國立台灣師範大學教育研究所博士論文。

陳龍安(2000):香港校本資優課程設計:創造思考教學。香
港教育署。

羅玲妃譯(1997)(Buzan, T. & Buzan, B.著):心智繪圖——
思想整合利器。台北:一智企業有限公司。

賈馥茗(1976):英才教育,台北市:開明書局。

Bloom, B. S. (Ed.). (1956). Taxonomy of educational objec-
tives : *Handbook I*, *cognitive domain*. New York : David Mckay.

Carter, L. K. (1984). The effect of multimodal creativity training on
the creativity of twelfth graders. *Dissertation Abstracts International*,
45, 2091A.

Davis, G.A. (1986). Creativity is forever. Iowa : kendall /Hunt Publishing company.

Feldhusen, J.F. & Treffinger, D.J. (1980) *Creative thinking and problem solving in gifted deucation*. Texas：Kendall／Hunt Publishing Company.

Guilford, J. P. (1977). *Way beyond the IQ*. Buffalo, NY：Creative Education Foundation.

Guilford, J. P. (1985). The structure – of – intellect model. In B. B. Wolman (Ed.) , *Handbook of intelligence* (pp. 225 – 266) New York：Wiley.

Guilford, J. P. (1986). *Creative talents：Their nature, uses and development*. New York：Bearly.

Gardner, H. (1988). Creativity：An Interdisciplinary perspective. *Creativity Research Journal*, 1, 8 – 26.

Gallagher, J. J., & Aschner, M. J. (1963). A preliminary report： Analysis of classroom interaction. *Merrill – Palmer Quarterly*, 9, 183 – 194.

Hunkins, F. P. (1968). The influence of analysis and evaluation questions on achievement in sixth grade social studies. *Educational Leadingship*, 25, 326 – 332.

Hunkins, F. P. (1970). Analysis and education question：Their effects upon critical thinking. *Educational Leadership*, 27, 697 – 705.

Joyce, B. & Weil, M. (1972) *Models of teaching*. Englewood Cliffs New Jersy：Prentice – Hall Inc.

Kerry, T. (1982). *Effective questioning*. New York：MacMillan Education.

Mayer, R. E. （ 1999 ）. Fifty Years of Creativity Research. In RJ.Sternberg （ Ed ）, *Handbook of Creativity*. （ pp.449 – 460 ）. NewYork：Cambridge University press.

Maker, C. J. （ 1982 ）. *Curriculum development for the gifted*. Rockville, MD： Aspen Systems Corporation.

Parnes, S. J. （ 1967 ）. *Creative behavior guidebook*. New York： Scribners.

Stein, M. （ 1999 ）. A Socio – Psychological Study of Factors Associated with the Creativity of Researchers in Industry.載於一九九九年資優教育研究學術研討會論文集。

Sternberg R.J. & Lubart, T. I. （ 1999 ）.The Concept of Creativity ： Prospects and Paradigms.In R.J. Sternberg （ Ed ）, *Handbook of Creativity*. （ pp.3 – 15 ）. New York：Cambridge University press.

Sternberg, R. J. （ 1998 ）.The Theory of successful Intelligence.載於創造力、智力與思考研習會研習手冊。

Sanders, N. M. （ 1966 ）. *Classroom questions： What kind*？ New York：Harper and Row.

Taba, H. et al. （ 1963 ）. Thinking in elementary school children. （ Cooperative research project report No. 2574 ）. Washington： U.S. Office of Education.

Torrance, E. P., & Myer, R. E. （ 1971 ）. *Creative learning and teaching*. York：Dodd, Meal & Co.

Wright, C., & Fesler, L. L. （ 1990 ）. Nurturing creative potentials： A model early childhood program. In C. W. Taylor （ Ed. ）, Expanding awareness of creative potentials worldwide （ pp. 138 –

142). Salt Lake, UT：Braib Talent – powers.

第五章

創造力評量

第一節　創造力評量緣起與類別

一、創造力評量緣起

　　心理學家很早就關心個人能力的問題，在心理學發展的初期，就有許多心理學家致力於個別差異現象的探討，不過早期的心理學源自物理學，因此研究方法多取自自然科學，而其研究重點亦較偏向於可觀察的生理反應現象，例如感官感覺對各類刺激的反應時間、速度或感覺閾限（ threshold ），或如著名的愛賓郝斯（ E. Ebbinghaus, 1850-1909 ）探討學習無意義音節的結果與記憶問題等。在此類研究中，較特殊者為美國心理學家卡泰爾（ J.M. Cattell, 1860-1944 ）曾將其所設計的一系列測量生理特質的工具命名為心理測驗，認為這一類感覺動作（ sensorimotor ）測驗的結果可用以評估人類的智力，但許多研究的結果並未支持此種說法，以致當時的學者逐漸對這一類測驗失去信心，至於人類其它抽象複雜的心理功能更少有人加以研究（ Brooks & Weinraub, 1976 ）。

　　針對上述此種偏頗的情況，法國心理學家比奈（ A. Binet, 1857-1911 ）也頗不以為然，在其一八九五年創刊的《心理學年刊》（ L'Annee Psychologique ）上，即常撰文批評之。比奈認為智力測驗應評量較複雜的心理功能，如記憶、注意、理解、判斷、審美及想像等（ Binet & Henri, 1896，見 Brooks & Weinraub, 1976；

Brown, 1989）。比奈曾建議以開放式的題材評量有創意的想像力，例如讓受試者看墨漬圖片後說出一段故事、說出三個押韻的字（詞）、根據三個字詞（如巴黎、幸運、河流）組成一句話等，這種構想可說是創造力評量的雛形（Barron & Harrington, 1981）。

　　比奈的構想頗符合評量創造力的旨趣，但因爲其主要研究重點在於評量個人能力以用之於教育，而學校的學習又多偏重知識的理解與記憶，較少有運用創造力的機會，因此學者或實務工作人員對於創造力方面的探討亦較少；而且比奈的構想又因爲不能解決計分的問題，以致該類題目在一九〇五年版本之後即予以取消。將比西量表介紹到美國並編成正式個別智力測驗的推孟（L. M. Terman），也因所做之比較研究設計錯誤而將有關創造性的題目摒除於測驗之外（Guilford, 1986），乃使創造力的評量與智力測驗分道揚鑣。

　　創造力的評量自一九五〇年吉爾福特倡議加強創造的研究後，才開始受到廣泛的注意而逐漸有若干正式的測驗問世。吉爾福特本人即曾依據其智力結構說（Structure of Intellect），編製數份與創造力有關的測驗，但眞正有系統地發展創造思考評量工具者，應屬五〇年代即任教於美國明尼蘇達大學的陶倫士，其所編製的明尼蘇達創造思考測驗（Minnesota Tests of Creative Thinking，後改名爲陶倫士創造思考測驗 Torrance Tests of Creative Thinking, TTCT）爲衆多創造心理學研究的重要工具，截至目前爲止，與之相關之研究報告已達一千篇以上。唯近年來由於對創造力的觀點有分歧而趨多元化的情形，加上測驗理論與統計方法的創新，乃有更多不同觀點、不同形式的評量工具發展出來。

二、評量創造力的方法及其類別

　　四十餘年來，評量創造的工具逐漸增多，而其評量方式亦愈趨多樣化，何塞瓦等人（Hocevar, 1981；Hocevar & Bachelor, 1989）分析上百種評量創造的工具後，將之歸納為以下八類：

㈠幅射式思考測驗（tests of divergent thinking）

　　此為創造力研究最常使用的工具，主要係源自吉爾福特的智能結構說中的幅射式思考（divergent thinking）的理念，吉爾福特本人亦編製有數種評量幅射式思考的測驗，如「其他用途」（Alternate Uses）、「標題」（Plot Titles）、「結果」（Conse-quences）等。但目前使用最廣者應為陶倫士創造思考測驗（Tor-rance, 1974）。此外，尚有針對工程師與工業設計師所編的普度創造測驗（Purdue Creativity Test, Lawshe & Harris, 1960；許健夫，民61）等。

　　此類測驗由於其理論主要係依據幅射式思考的基礎，而近年來許多研究發現幅射式思考僅為創造的一部分而非其全貌，因此有人認為此類測驗並非真正評量創造，僅為幅射式思考的評量，故多稱之為幅射式思考測驗（Davis, 1989）。

㈡態度與興趣量表（attitude & interest inventories）

　　許多研究者認為創造者常會表現有利於創造的態度與興趣傾向，因此可由個人對創造的興趣與態度鑑別其創造力的高低。基於此一理念所編製之工具甚多，如羅基（T.J. Rookey）之賓州創

造傾向量表（Pennsylvania Assessment of Creative Tendency, PACT，見陳英豪等，民70）、威廉斯（Williams, 1980）之創造評量組合測驗（Creativity Assessment Packet, CAP）中的創造性傾向量表（林幸台、王木榮，民76）、羅賽浦（E. Raudsepp）的創造傾向量表（Creative Scale，見丁興祥等人，民80）以及卡天納與陶倫士（Khatena & Torrance, 1976）所編之創造知覺問卷（Creative Perception Inventory）、戴維斯與瑞姆（Davis & Rimm, 1982）之發掘興趣團體問卷（Group Inventory for Finding Interests, GIFFI）等均是。

(三)人格測驗（personality inventories）

　　若干學者認為創造不僅是認知方面的特質，人格因素對創造行為的表現亦具有重要影響作用，因此評量與創造有關的人格特質（如獨立、冒險、開放、想像等）亦可推知其創造力的高低。基於此一概念，許多知名的人格測驗即常被用以評量創造力，最主要的為形容詞檢核表（Adjective Check List, ACL），高夫（Gough, 1979）更由此發展出創造人格量表（Creative Personality Scale）。此外，如卡式十六因素人格測驗（Sixteen Pesonality Factor Questionnaire）、加州心理問卷（California Psychology Inventory），甚至羅夏克墨漬測驗中 M 量表與主題統覺測驗之空白卡片等均可用以評量創造的性格（Frank, 1979；Wakefield, 1986）。但由於人格測驗（特別是投射測驗）在施測與解釋上頗為專業，因此在資優學生鑑別程序上並未普遍運用（Callahan, 1991）。

㈣傳記問卷（biographical inventories）

　　個人目前的行為狀態是過去經驗累積的函數，創造行為亦不例外，在個人生活經驗與周遭環境中所接觸的事物皆可能有助或有礙創造行為的發展，因此何賽瓦（Hocevar, 1981）認為此類工具最能預測個人未來在創造上的成就。基於此一假定，若干學者發展出傳記式問卷，藉個人過去所遭遇的經歷及家庭或學校的環境狀況等題目，評量創造的潛能。此類工具主要的有泰勒（C.W. Taylor）等人所編之阿法傳記問卷（Alpha Biographical Inventory, Institute for Behavioral Research in Creativity, 1968）與謝佛（Schaefer, 1970）的傳記問卷（Biographical Inventory：Creativity），前者較偏重於科學家與工程師方面創造力的評量，後者適用範圍較廣，含蓋科學、寫作、藝術等方面的評定。

㈤教師、同儕或督導人員的評定
（ratings by teachers, peers, & supervisors）

　　此類工具均係由他人進行評定的工作，主要為教師、家長、同儕或督導人員等人，根據其對某人的觀察與了解，評定其創造力或創造傾向，唯所採用的評定標準可能因工具之不同而有若干差異。在學校系統方面，最常被提到的為阮祖理等人（Renuzulli、Hartman & Callahan, 1977）所編之資優學生行為特質評定量表（Scale for Rating the Behavioral Characteristics of Superior Students, SRBCSS）中的創造性量表（林寶山，民73；郭靜姿，民76）、威廉斯之創造評量組合測驗（CAP）中的創造性評定量表（林幸台、王木榮，民76）、瑞姆與戴維斯（1982）的學前兒童興趣指

標（Preschool & Kindergarten Interest Descirptor, PRIDE）等。

　企業界亦經常以督導人員評定方式甄選有創造力的員工，如比爾（Buel, 1965）以一份創造行為特質清單提供督導人員評量出有創意的人，泰勒等人（Taylor, Smith, & Ghiselin, 1963）亦以若干特質（統整性、尋找事實的慾望、獨立、彈性、毅力、合作、創造等）供政府研究部門督導者評選有創意的科學家。

㈥產品評判（judgments of products）

　此一評量方式與上述各類均有所不同，若干學者認為一個人所發展或表現的產品是評判其創造性高低最直接的依據，因此以其產品做為衡鑑創造力的高低是最直接的方法。評判產品的人可以是該領域的專家，亦可以是一般人，而評判的標準則視研究者所根據的創造定義而異，如貝斯摩等人（Bessmer & O'Quin, 1986；Bessemer & Treffinger, 1981）以新奇、問題解決及精進與統合三個向度做為判斷產品創造性之指標；陶倫士（Torrance, Weiner, Presbury, & Hendeson, 1987）在甄選資優兒童所撰寫之未來劇本（future scenarios，如〈2001年故事〉），則根據其是否有創意的想像、對社會文化建設性的影響、未來導向的成份以及感覺情緒的涉入等為評分的標準。

㈦傑出人士（eminence）

　許多學者認為研究傑出人士所具有的特質可以提供評量創造力的指標，最著名的研究為人格評量與研究學院（Institute of Personality Assessment & Research, IPAR）在七十年代所進行的一連串研究，其對象包括有創意的建築師、作家、數學家等（Barron,

1969；McKinnon, 1976），從此等分析中，探討其所具有的人格特質或家庭背景因素，可做為甄別創造力高低的依據。近年則有西曼頓（1976）以結構方程模式（structure equation model）等統計方法從音樂家、科學家等的歷史與傳記資料中，發現個人因素（年齡）與社會因素（政治穩定性）對創造產品的影響。

　　此類研究多以少數傑出人士為對象，與創造為普遍之特質、人人皆有的觀點可能相違背，因此其研究結果在實際運用上尚有待進一步探討。

㈧自陳式創造活動與成就
（self reported creative activities & achievements）

　　評定創造力的高低最便捷的方法是依個人陳述其所從事的活動與成就加以評斷，如曾獲得專利權、公開展出個人的作品、參加科學展覽競賽的名次、刊登於全國性報紙或雜誌上的詩或小說等文學作品、參加戲劇表演等。何蘭（J.L. Holland）等人在此方面有甚多研究，並據以列出一檢核清單（checklist）。Hocevar（1979a）曾以實證的方法將上述活動與成就編成一份評量問卷，可評出個人在藝術、工藝、文學、音樂、戲劇及數學——科學等六方面的創造性，使用者一一檢核個人資料符合所列項目的次數，藉以代表個人的創造力的高低。此外，陶倫士（1969）、阮寇（Runco, 1986）等人亦有類似的表列式清單做為評估之依據。此種方法雖然不易決定何種活動或成就可視為創造，但其表面效度相當高。

　　除上述八類評量方式外，Hocevar & Bachelor（1989）尚列舉十數種未能歸類的測驗或其他評量工具，如曼尼克的「遙隔聯念

測驗」（ Remote Associates Test；Mednick, 1962 ）、巴壬——威爾斯的「藝術量表」（ Barron Welsh Art Scale；Barron & Welsh, 1952 ）、柯頓的「適應與創新量表」（ Kirton Adaption Innovation Inventory；Kirton, 1976 ）等。從上述各類的名稱上即可發現評量創造的方法多樣化，迥異於與一般所熟知的心理評量，此種情況亦可說是創造力本質使然，多樣化的評量工具可對個人的創造力有整體的了解。

　　此外，由於評量的內容源自研究者所根據的創造概念或建構，因此評量創造的方法又可按其對創造的定義，依訊息處理論的觀點，從下述三方面加以分類：⑴輸入：指創造者的背景及所具有之特質（包含人格傾向）；⑵歷程：包括運用創造思考的過程、方法或進行的活動；⑶輸出：指創造的產品或其成果。再若以評量所依據的素材與方式區分，則又可分為直接以各種刺激（題目）測量個人創造力的測驗、自陳式的問卷（包括性格測驗）以及根據他人的觀察（包括對作品的評判）所做的評定或提名等三類。

　　總之，無論分類的方式如何，從以上所述的分類之多樣性，可知創造力的評量並無唯一、必定的方法，而且各類評量方式皆有其獨特之處，因此若要了解個人創造力的全貌，似宜以多重評量的角度，從多方面蒐集更廣泛的資料著手。

第二節　創造力測驗

一、陶倫士創造思考測驗（ TTCT ）

　　陶倫士（ 1974 ）將創造定義為「……覺察問題、困難、資料
缺漏或遺失的部分，進而加以推測或形成假設，再據以考驗（ 甚
至重複考驗 ）其真實性而得到確定的答案，最後即將結果與他人
溝通。」（ p.8 ）此一定義明顯地偏重於創造思考的歷程，陶倫
士即依此定義而編製出「 陶倫士創造思考測驗 」（ Torrance Tests
of Creative Thinking ）。

　　陶倫士創造思考測驗有語文與圖形兩種版本，各又有甲乙兩
式複本，可做為實驗研究時前後測之用。語文測驗有七個活動
（ activities ），前三項活動以一幅頗為奇特的圖畫為核心，由受
試者(1)發問，(2)猜測原因，(3)猜測結果；由此三項有連續意義的
活動中，可了解受試者面對一圖畫式的刺激時，如何發覺可能存
在的問題、推測造成此等問題可能的原因、進而對未知的情況做
大膽的推測。其餘四項活動分別為：(4)產品改良，以某一玩具
（ 如：象、猴、綿羊等 ）為題材，要受試者想像如何改變可以增
進其用途或趣味。(5)不尋常的用途，以磚塊、廢車或空紙盒為題
材，構思各種可能予以轉變用途或廢物利用的方法。(6)不尋常的
問題，與第一項活動相近，但改以語文方式呈現題目，視受試者
所問之問題及彼此之關聯性，了解其思考之角度與內容。(7)假

設，虛構一種不太可能發生的情境，讓受試者想像可能發生的事。各部分施測時間五至十分鐘不等，共需四十五分鐘，連同施測說明等程序，約需一小時。

圖形測驗有三項活動：⑴構圖，受試者利用題本上印好的一小幅幾何圖形自行構成完整的圖畫；⑵未完成圖畫，題目爲兩幅未完成的線段，由受試者加上線條而完成有意義的圖畫；⑶線條或圓圈，受試者利用題目上固定的平行線、圓圈或三角形作畫。此三項活動施測時間均爲十分鐘。

此外，陶倫士（Torrance, 1979, Torrance & Wu, 1981a）有鑑於上述兩種版本施測時間較長、計分不易，因此另行編製簡式測驗一種計有六個分測驗，語文（產品改良、發問問題、假設、不尋常用途）與圖形（未完成圖畫、三角形）兩部分，可於三十分鐘內施測完畢。上述各個版本國內曾予修訂（吳靜吉等，民70a；吳靜吉等，民70b；林幸台、潘素卿，民74；陳龍安，民75；劉英茂，民68），亦有新的常模（丁興祥等，民81；吳靜吉，民81）。

上述各部分活動依受試者作答（畫）之內容，按計分標準可計算四種分數：⑴流暢（fluency），指扣除重複或不相干的反應後，所有反應的量（次數），用以表示受試者思路的順暢情形；⑵變通（flexibility），指反應的類別多寡，用以表示其思路的變化寬窄情形；⑶獨創（originality），指反應的內容是否稀有、與眾不同，用以表示其品質是否具有獨特性；⑷精進（elaboration），指反應內容的細膩程度，用以表示受試者對其「產品」的細節注意的程度（此一分數通常僅計算圖形測驗部分）。

此外，陶倫士（Torrance & Ball, 1984）爲增進對創造的全盤

了解，同時考慮計分的簡便，針對圖形測驗另行發展一種改良式計分辦法（streamlined scoring system），除計算流暢、獨創、精進外，加上標題及開放兩個分數（以上五種分數均為常模參照分數），且受試若有情緒表達、精緻的故事情境、動作、統整、不尋常視覺、內部透視、突破侷限、幽默、想像、未來意像等十三種反應（林幸台，民70），則給與額外一至三分的加分（陶倫士稱之為「創造功力指數」creative strengths，是為一種標準參照分數）。

陶倫士創造思考測驗的信度相當良好，效度方面除有同時效度與構念效度考驗外，陶倫士（Torrance, 1969, 1972, 1984a, 1993；Torrance & Wu, 1981b）曾追蹤研究一九五九年施測的樣本數十年，進行預測效度考驗，結果發現小學時接受測驗得高分者，成年後亦有高創造的成就（包括專利、發明、獲獎紀錄、創業等）與動機（生涯抱負），且有隨年齡增長而加大其差距的情形──高分者成就與動機越來越高，而低分者則未改變。由陶倫士所做的追蹤研究可證實本測驗有相當的預測效度。

陶倫士根據其對創造的定義所編製之陶倫士創造思考測驗，是目前使用最多、最廣的標準化測驗，有關其效度的研究，已累積達上千篇，但受到的批評也最多（Callahan, 1991； Davis, 1989）。早期由於缺乏預測效度之資料，因此受到許多的質疑，認為該測驗僅能用於研究與實驗（Chase, 1985）；但也有若干正向的評論，如泰利芬格（1985）認為：「沒有一個測驗可以將多樣化的創造完全含蓋在內……陶倫士測驗可以對創造的相關層面提供有意義的領悟。如果能與其他工具並用，並由合格的專家發揮其敏覺性與正確的判斷力，它可以發揮其效用。」（p.1634）

事實上，它確實提供許多人探討創造力的空間，也刺激更多人發展不同的評量工具，雖然如此，陶倫士（1993）亦認為測驗分數之外，尚有更多人格或情意方面的特質（如對工作的熱愛、堅持、生活的目標、願意接受挑戰、廣泛的經驗、旺盛的精力、使命感等）影響個人真正的創造表現，因此陶倫士本人亦從編製本測驗的經驗中，進一步考慮受試者的認知型態與不同的反應方式，設計以語文、圖形、動作、聲音等為刺激題目的測驗以及數種評量創造特質的自陳式量表，對於創造力的評量貢獻至鉅。

二、吉爾福特創造力測驗

吉爾福特所創的智能結構說受到廣泛的重視，其所提出的幅射式思考亦為許多研究創造學者所認同，吉爾福特（1977）本人依其構念，針對各個智力結構中的單元，分別設計有不同的測驗評量幅射式思考，其中有部分單獨出版，較常見者有下述三種：

1.其他用途（alternate uses）：

在 B、C 兩個版本上各有六個題目，均為一般常見的物品，如鞋、鈕釦、鐵釘、牛奶盒等，題目上舉有一答案為範例，讓受試者填寫六個答案（Christensen, Guilford, Merrifield, & Wilson, 1960）。此測驗屬於類別的變通，可測量其智力結構中語意的類別產品（DMC）與語意的轉換（DMT）。

2.標題（plot titles）：

題目是一個故事，受試者看完故事後給與該故事一個標題（命名），由此顯示其對故事整體的掌握程度。此測驗可測量其智力結構中語意的單位產品（DMU）與語意的轉換（DMT）。

3.結果（ consequences ）：

有五個假設性的情境，如「人們不再需要睡眠」、「地心引力突然只剩一半了」等，題目提出四個範例答案，另有二十行空格供受試者寫出該情境出現後可能的結果（ Christensen, Merrifield, & Guilford, 1958 ）。此測驗屬於意念的流暢，可測量其智力結構中語意的單位產品（ DMU ）與語意的轉換（ DMT ）。

上述測驗多係吉爾福特探究智能結構時所設計的工具，在其因素分析結果中證實其構念之存在，但缺乏其他信、效度方面的資料（ Gleser, 1977；Keats & Thompson, 1977；Quellmalz, 1980 ），在他人的研究中，則有褒貶互異的結果評論（ Davis, 1989；Zegas, 1976 ）。

此外，吉爾福特等人亦曾依據同一理論編製小學版本的創造力測驗（ Creative Tests for Children, CTC ），題目型態如同上述，乃取自智力結構研究所使用之工具，但經修改適合小學生程度，施測過程亦易為兒童了解。其信、效度亦佳，然而其基本理念仍為輻射式思考的結果，若干研究亦發現與兒童生長背景與關，故仍待進一步探討（ French, 1977；Yamamoto, 1977 ）。

國內林幸台、楊雅惠及林清文（ 民79 ）依據上述諸測驗，將之修訂適用於國中學生之版本，共有五個分測驗（ 單字聯想、詞的聯想、觀念聯想、結果聯想、用途聯想 ），可評出流暢、變通、獨創三個分數。間隔兩週之重測信度為.74～.91，內部一致性介於.57～.85之間；數項同時效度考驗之結果亦尚稱良好。此外，此修訂版亦試圖將之運用於聽障學生（ 楊雅惠，民79 ）。

三、威廉斯創造思考活動
(Test of Divergent Thinking)

　　威廉斯（ Williams, 1970 ）曾提出一套獨特的創造思考教學模式，強調認知與情意應並重的教學設計。依此教學模式，威廉斯（ 1980 ）乃編製一套組合測驗（ Creativity Assessment Packet, CAP ），包括三部分：⑴幅射式思考測驗，⑵幅射式情意測驗，⑶威廉斯評定量表。其中幅射式思考測驗的修定版（ Williams, 1993 ）有兩個版本（ Form A & B ），各有十二幅未完成的圖畫，受試者在規定的時間內加以完成；此一部分可評得六種分數：流暢、變通、獨創、精密、標題與總分。其評分方法大致與陶倫士測驗相同，唯精密一項係從「對稱」的角度考慮，凡所繪之圖越非對稱，得分越高。

　　本測驗以十二幅圖畫為刺激物，流暢之得分即以畫完多少幅圖為計分依據，由於時間充裕，大部分受試者皆可完成十二幅圖，因此可能降低此一分數之鑑別作用（ Damarin, 1985 ）。此外，本測驗信、效度資料頗為欠缺，因此頗受批評（ Fekken, 1985 ）；根據新版指導手冊（ Williams, 1993 ）報導：以一千餘名小學至高中學生間隔五年之重測信度在.60以上，兩個版本之效度（未註明為何種效度）分別為.71、.76，與家長及教師之評定的相關分別為.59、.67，兩個版本總分與評定量表之相關為.74。卡根（ Kagan, 1988 ）曾以之與其他幅射式思考測驗以及威廉斯評定量表求得相關在.22至.40之間，皆達顯著程度；唯若去除語言因素，則其與語文幅射式思考測驗之相關則不顯著。

　　國內有林幸台、王木榮（民76；民83）分別依據新舊版所做之修訂，唯評分方面另依據陶倫士新的計分方法增加「開放」乙項得分，所使用之圖形亦依國內樣本預試結果有所增刪。評分者間信度介於.87～1.00之間，重測信度在.41～.68之間，內部一致性介於.40～.87；與陶倫士創造思考測驗之相關在.38.～73之間。國內修訂版以台灣地區小學四年級至高中三年級六千六百六十八名學生為常模樣本，建有各年級男女學生百分等級常模。

四、動作與運動測驗
（ Thinking Creatively in Action and Movement ）

　　本測驗係陶倫士（1981a）根據意念流暢（ideational fluency）的概念所編製之測驗，唯作答方式除可以口語表達外，亦可以動作或運動呈現，因此特別適用於幼兒。測驗內容包括四部分，其中有三部分係依一般常模參照方式計算流暢與獨創的分數：(1)「多少方法」，要兒童想出或以動作演出由房間一端到另一端的各種方法；(2)「還有什麼其他方法」，要兒童想出或表演將紙杯丟進垃圾桶的方法；(3)「還能怎麼用紙杯？」，要兒童說出或表演如何利用紙杯。另一部分則以效標參照方式評量獨創的分數，題目是：「你能像……一樣動嗎？」，要兒童表演像樹一般在風中搖動、像魚一樣在水中游、在大象後面推牠等動作。

　　本測驗可計算流暢與獨創兩種分數，獨創的評分可能有主觀的缺點，然其指導手冊有若干範例可供參考。本測驗信度相當良好，三至五歲兒童間隔兩週的重測信度為.84，評分者一致性係數流暢為.99、獨創為.96。效度方面則因欠缺適當可用於幼兒的

效標，因此所進行之效度考驗較少，與聚斂式思考的測驗結果之相關均低且不顯著，與幅射式思考反應之相關則在.50上下，與幽默之相關爲.40～.46，但另有研究發現流暢與智商、年齡皆有顯著相關（Tegano, Moran, & Godwin, 1986），因此研究上使用者較多，尙未能做爲教育決策的依據（Evans, 1986），然而在學前兒童的創造力評量方面，確已提供一可再進一步發展的空間（Renzulli, 1985）。

五、聲音與影像測驗
（Thinking Creatively with Sounds and Images）

　　本測驗爲陶倫士（Torrance, 1984b；Torrance, Khatena, & Cunning- ton, 1973）另一種創意的產品，其中包括兩部分：一係以四種相當特異的聲音（音效）爲刺激物，藉唱片或錄音帶分別播放三次，每次受試者在聽過後，利用十數秒鐘的空檔寫下所感受、想像到的東西。另一部分與前者相當類似，但刺激物爲十個擬聲的單字（如 zoom、fizzy、jingle），分別呈現四次。兩部分均以常模參照方式計算獨創分數。

　　本測驗在信、效度考驗方面與動作與運動測驗相似，均有良好的信度，效度方面雖有若干資料（如與「我自己」〔見下述〕之相關爲.34，Khatena & Bellarosa, 1978；另亦有預測效度之研究，Torrance, 1984b），但尙不足以支持其構念，故仍有待進一步考驗（Houtz, 1985）。

六、普渡創造力測驗

本測驗係美國普渡大學工業心理學教授侗芬（J. Tiffin）主編，勞謝及哈瑞斯（Lawshe & Harris, 1960）合編而成，有兩個複本，主要用於工程人員創造力的評量。其題目有三部分：(1)題目有八個立體畫面的物品，要受試者分別舉出其用途；(2)題目為四組各有兩個立體畫面的物品，要受試者將之連在一起使用；(3)題目為八個平面圖，要受試者舉出其所代表的物品名稱。各類題目與前述數種創造力測驗頗為相似，唯所提供之刺激物較與工程、工業上所接觸者有關。

本測驗可計算流暢與變通兩種分數：流暢係第三部分之反應次數，變通係第一、二兩部分反應之類別數。另可將變通得分＋流暢得分之一半求得總分，唯研究者並未說明計算總分方式之根據。在指導手冊中所提供的信、效度資料方面亦較少，其複本信度係數為.86～.95，評分者一致性係數變通為.87、總分為.97。另有依得分之高低預測其訓練結果之效度分析資料，而與評量智力與機械能力之相關皆不顯著，證明其所測結果有其特殊性。梅瑞菲德（Merrifield, 1965）認為此一測驗相當有用，然而在另一評論中，梅耶（Mayo, 1965）則認為尚需加強其信、效度之考驗。

本測驗國內許健夫（民61）曾加修訂，名之為「創造力測驗」【按：該測驗另參考 AC 創造力測驗（AC Tests of Creative Ability）加上語文方面題目】其評分者信度為.82，折半信度為.86，複本信度為.65；求得內部效度（與總分之相關）為.86，

以建築設計成績爲效標之關聯效度係數爲 .16～.40，以機械設計成績爲效標之關聯效度係數爲 .07～.17，以工業設計成績爲效標之關聯效度係數爲 .18～.31，普通組及專業訓練組學生之間有若干顯著差異，顯示可以區別接受設計訓練者。該修定版亦以大專院效建築、機械、工業設計及教育系學生三百七十三人建立百分位數及標準分數之常模。

七、幾何形式兒童創造力測驗

本測驗（Gross Geometric Forms Creativity Test for Children）係葛羅斯等人（Gross, Green, & Gleser, 1982）所編製，以五塊三種顏色的幾何圖形紙板，首先讓受試者併成一隻貓臉，然後再鼓勵其自由併出各種東西（非抽象圖形）。受試者一共可併十次，施測者觀察其進行過程，並依下述原則評定是否得分：(1)新的設計而非重複先前的圖樣；(2)給與名稱；(3)有活動表現（該物正進行某種活動）；(4)主動說出其色彩；(5)增加若干裝飾（附加其他有意義紙板並給與名稱）；(6)可了解其意義（所併之物品與命名有關）。符合上述標準者給一分，否則爲零分；六項分數加總即爲個人得分，受試者可得最高分爲60分，三、四年級兒童平均可得30分。

本測驗適用於三至十二歲兒童，屬於個別式測驗，無時間限制，頗符合創造的原理。評分相當複雜，可能仍有主觀成分的影響；根據測驗手冊所載，評分者一致性爲 .87～.90，十次嘗試的內部一致性爲 .85，但未說明六項分數間的相關，因此六項分數直接相加爲總分是否合理有待進一步研究。效度考驗資料頗多，

唯多爲九歲以前之樣本考驗結果，且各項分數之考驗結果亦參差
不一，特別是「命名」的分數，因此對三、四年級以上兒童之適
用性頗受質疑，但就學前兒童之創造力評量而言，確爲目前較可
使用之工具（Vernon, 1985）。

第三節　自陳式量表

一、賓州創造傾向量表

　　本量表原係羅基（T.J. Rookey）所編之 Pennsylvania Assess-
ment of Creative Tendency（PACT），主要在評量創造行爲的情意
領域。原測驗有數種版本，各有十三至四十五題不等的題目，適
用於國小高年級至國中程度的學生。具有良好的重測信度與內部
一致性；效度方面，有內容效度與效標關連效度之考驗，結果尚
稱良好。

　　國內由陳英豪等（民70）以高雄市國小四年級至國中三年級
學生爲樣本加以修訂，修訂後之量表有四十六題，正反題目均
有，如：

　　「我常想自己編一首新歌。」
　　「一個人要等到長大成人之後，才能想出解決問題的好
　　辦法來。」

作答方法採五點量表形式，受試者依其同意該敘述句的程度勾選適當的選項，結果係以總分呈現。修訂版之信度良好，以高雄市國小五、六年級學生進行間隔四個月的重測，其信度係數分別為.85、.81。效標關連效度考驗尚佳，與陶倫士創造思考測驗亦有某種程度的正相關。此外，研究者亦以因素分析方法，抽取「創新變化性」與「探索性」兩個因素，唯僅佔總變異之34.5%，因此各題的獨特性相當高。

二、威廉斯創造傾向量表

此為威廉斯評量創造組合測驗（CAP）中的一部分，其性質十分接近賓州創造傾向量表，屬於情意方面的評量，適用於兒童與青少年。原量表有五十題四選一的陳述句，由受試者依其符合該敘述句的程度選擇其一（包括「不確定」之選項），結果可計算冒險、好奇、挑戰、想像四種分數。信、效度方面資料較少，所報導之信、效度係數皆屬中等。

國內修訂版（林幸台、王木榮，民76；民83）除依項目分析結果增刪若干題目外，並去除「不確定」之選項，改為三選一的作答方式。間隔四週重測信度為.61～.74，內部一致性為.81～.85，與賓州創造傾向量表之相關為.57～.82，與教師及家長之評定相關為.34～.57。唯初步因素分結果顯示四種創造性格因素僅能解釋總變異的四分之一，因此本量表可能尚有其他部分未完全顯現於四個創造傾向分數上。國內修訂版以臺灣地區小學四年級至高中三年級六千六百六十八名學生為常模樣本，建有各年級男女學生百分等級常模。

三、羅塞浦創造傾向量表

羅塞浦（Raudsepp, 1981）的創造傾向量表（Creative Scale）採多元綜合觀點編製，爲自陳式五點量表；原有十個分量表，經丁興祥等人（民80）修訂後，刪除相關較低者，餘七個分量表爲：價值取向、工作態度、興趣、問題解決行爲、人際關係、人格、自我知覺。

修訂後量表有一百六十一題，適用於大學生，其內部一致性係數爲 .46～.93，間隔一個月之重測信度爲 .62～.83，效標關聯效度及因素分析結果頗佳。

四、傳記問卷

本量表（Alpha Biographical Inventory, IBRIC, 1968）係泰勒（C.W. Taylor）深入研究美國太空總署科學家與工程師的家庭背景與個人資料後所編，主要立論根據在於創造與個人過去的經驗息息相關，故可藉個人的嗜好、興趣、兒時經驗等生活經歷預測其創造力。本問卷自一九五九年起出版 A 式以來，歷經數十年來陸續之修訂，已有二十種版本。U 式版本有三百題，適用於七至十二年級，藉實徵研究結果訂定評分標準（empirical keying），可評量學業表現、創造、藝術潛能、領導、生涯成熟及教育傾向六種分數。此問卷雖有多年研究文獻支持然而有關信、效度方面的資料並不多，因此 Borman（1985）、Lee（1985）等人均認爲應謹慎使用。

　　賈馥茗、簡茂發（民71）曾根據最早期的三個版本加以統整並修訂爲適用於國中學生的版本，共一百一十題，採五選一的作答方式，題目如：

「你平常閱讀幾種雜誌？(1)七種以上(2)四～六種(3)二～三種(4)一種(5)沒有。」
「你從那裡得到的知識最多？(1)學校(2)家庭(3)課外自修(4)自己觀察(5)朋友。」
「你最常模仿下列那一些人？(1)父母(2)老師(3)朋友(4)兄弟姊妹(5)其他。」

　　由初步之研究資料顯示，該問卷與創造思考測驗有顯著的低相關（.08～.11），而高創造力組的傳記問卷得分顯著優於低創造力組學生，故作者認爲尚可做爲了解學生創造力的粗略指標。
　　上述問卷所根據的資料較窄，其適用範圍以科學家與工程師的創造力爲主；另有類似的測驗，係由薛佛（1970）所編之創造性傳記問卷（Biographical Inventory：Creativity）其所含蓋的範圍較廣，共有一百六十五個題目，含蓋生理特質、家庭、教育史、休閒活動及其他等，男生可測得數學——科學、藝術——寫作兩方面，女生則有寫作與藝術兩方面的資料。

五、你怎麼想、發掘興趣團體問卷、發掘才能團體問卷、學前興趣指數

　　此四種量表均爲戴維斯與瑞姆（Davis, 1975, 1989；Davis &

Rimm, 1982；Rimm, 1982, 1984；Rimm & Davis, 1976, 1980）所編製，他們認為性格與傳記資料可用以鑑別有創意的學生，但因年齡的不同，故分別有適用之問卷，其中「你怎麼想」（How Do You Think Inventory）適用於大學生，「發掘興趣團體問卷」（Group Inventory For Finding〔Creative〕Talent, GIFT I）適用於初中學生，「發掘興趣團體問卷」（Group Inventory for Finding〔Creative〕Talent, GIFT II）適用於高中學生，「發掘才能團體問卷」（Group Inventory For Finding Interests, GIFFI）有三種形式，分別用於小學高、中、低年級學生，至於「學前興趣指數」（Preschool & Kindergarten Interest Descriptor, PRIDE）則用於學前兒童，但因幼兒無法自行閱讀填寫，故此一問卷係由家長填寫，應屬於評定量表形式。

　　上述各量表題數稍有不同，但內容大致相同，均為評量與創造有關之特質，如自信、獨立、精力充沛、冒險、好奇、幽默、想像、藝術興趣、被複雜神秘的事物所吸引以及創意的嗜好或活動等。其題目大都與上述諸量表相似，唯尚有若干較特殊的題目，如反省（reflectiveness，〔我常想到什麼是對、什麼是錯的問題〕）、隱私的需要（need for privacy，〔我喜歡與朋友在一起玩，很少自己獨處〕）。

　　本量表的作答方式因年級而異，小學生為是否（二選一）的題目，中學以上版本則為五選一的形式。各量表整體而言，施測容易為其最大優點，信度亦頗為良好，效度方面尚佳，但各版本的效度數據資料不一，因此德威尼爾（Dwinell, 1985）認為如與其他工具共同用於鑑定創造力的程序中尚不失為有效的工具，而魏克菲爾德（Wakefield, 1985）則認為用於小學中、高年級的鑑

定應無問題，其他年級則應特別愼重。

六、創造知覺問卷

　　本問卷（Khatena- Torrance Creative Perception Inventory）係卡天納與陶倫斯（Khatena & Torrance, 1976）所編製，包括兩部分：其一是「你是那一種人」（What Kind of Person Are You, WKO-PAY），共有五十題強迫選擇式的題目，用以評量與創造有關之心理特質，包括接受權威、自信、好奇、覺察他人與想像等分數。題目如：

　　「喜歡獨自工作──喜歡和別人一起工作」
　　「勤勉──整潔有秩序」
　　「社會適應良好──偶而如玩童」

　　本問卷另一部分爲「我自己」（Something About Myself, SAM），係以自陳式評選方法評量創造性人格特質及創造行爲經驗，可評量環境敏覺、主動、自我強度、智性、個別性及藝術性等分數。其題目如：

　　「當我想起有趣的念頭時，我喜歡增加一點東西讓它變得更有趣。」
　　「我對很多方面都有一些才能。」
　　「許多事我都喜歡猜一猜。」

「你是那一種人」採強迫選擇式的作答方式，可能引起受試者的困難，而「我自己」採用是否二選一的方式，較易作答，但其題目皆為正向陳述句，亦可能引起反應心向的問題，此為使用本問卷必須注意的事項。本問卷有初步之信、效度考驗資料，洪瑞雲（Horng, 1986）曾修訂「我自己」量表，適用於國中以上學生及成人。其折半信度為.70，庫李二氏係數為.91。

七、學習與思考型態問卷

學習與思考型態問卷（Your Style of Learning & Thinking）是陶倫士等人（Torrance, Reynolds, Ball, & Riegel, 1977）根據大腦功能側化的原理所編製之自陳式量表，原測驗有兩種版本，各四十題，皆為三選一的形式，受試者依其情況勾選之一。題目如：

「我擅長於記住別人的臉孔。
　我擅長於記住別人的姓名。
　我擅長於記住別人的臉孔，也擅長記住別人的姓
名。」
「我時常會從例題中得到許多新的念頭。
　我偶而會從例題中得到新的念頭。
　我很少會從例題中得到什麼新的念頭。」

此一問卷可計得三種分數：右腦型、左腦型及綜合型，複本信度為.74至.85，間隔六週之重測信度平均為.84。費茲傑羅與黑諦（Fitzgerald & Hattie, 1983）綜合多項研究認為此問卷缺乏良

好的理論依據，信、效度方面亦不足。

八、認知風格問卷

本問卷（ The Style of Thinking Questionnaire ）係 R. Zenhausern
所編，經吳武典與蔡崇建（民75）修訂，係另一種依大腦功能側
化原理所編製的測驗，原問卷有三十二題，經項目分析後刪除兩
題，餘三十題，為語意差別式的題目，由受試者以八點量表方式
勾選最接近其實際狀況者。題目如：

「你很能控制自己的情緒嗎？很難──很容易」
「你善於應付那種需要寫下很長答案的考試嗎？不善於
──非常善於」
「你喜歡做事前先有計畫嗎？從不──總是如此」

本問卷可得左腦型及右腦型兩種分數，將二者分數各除以十
五之後再相減，即為左右腦側化的分數，大於零者為左腦顯勢，
小於零者為右腦顯勢。修訂之問卷其內部一致性係數右腦為
.80，左腦為.83，間隔四十五日之重測信度分別為.68及.71。

第四節 評定量表

創造常可由日常生活（或學習活動）的表現中觀察而得，因
此能有效進行此種觀察的教師（ Renzulli et al., 1977；Rimm &

Davis, 1976；Yamamoto, 1963）、同儕（Torrance,1962；Yamamoto,
1964）、督導（Buel, 1965；Taylor et al., 1963）等人，均可藉標
準化的檢核表（checklist）篩選出具有創意的學生或員工。此種
方法事實上與自陳式問卷有相通之處，均係以陳述句的方式呈現
某些與創造有關的情況，然評定量表是由他人加以評定，而自陳
式問卷則由本人按其符合該句之程度勾選，二者有客觀、主觀評
定之別。

一、資優學生行為特質評定量表
（Scale for Rating the Behavioral Characteristics of Superior Students, SRBCSS）

　　本評定量表係阮祖理等人（Renuzulli, Smith, White, Callahan,
& Hartman, 1976）根據有關資優與特殊才能者之特質，經專家及
學校實務工作人員的鑑選及研究過程編製而成，原量表有學習、
動機、創造、領導、藝術、音樂、戲劇、溝通、計畫等十個分量
表（唯僅前面四部分有信、效度之考驗）。本量表目的不在取代
目前鑑定資優學生常用的標準化測驗工具，而是將教師觀察之結
果加以統整，做為補充資料，納入鑑定過程之中。此一構想亦獲
得有關研究的支持，唯原著作者建議使用此量表應就各部分分別
計分，不宜採用總分做鑑別之依據。
　　量表中有關創造的分量表，均為採自研究成果之創造特質：
好奇、流暢、冒險、幻想與想像、幽默、審美興趣、不盲從等，
如：

「對於許多事情相當好奇，也喜歡發問。」（好奇）

「對於問題常能提出許多的構想或解決方法。」（流暢）

「極富冒險精神，喜歡嘗試和深思。」（冒險）

　　由教師評定間隔三個月的穩定係數為.79，評定者一致性係數為.91，與陶倫士創造思考測驗各項分數之相關為.24～.48，其中語文部分達顯著水準，但與圖形創造思考測驗之相關則不顯著，作者認為可能因題目較強調語文方面的創造，故不太適用於強調非語文創造力的資優教育方案。本量表已廣泛為教師用以評定學生之創造性，尤其可適用於文化背景不同學生之鑑別（Argulewicz, 1985）。

　　本量表國內亦有數人修訂（林寶山，民73；郭靜姿，民76），吳武典、郭靜姿、陳美芳與蔡崇建（郭靜姿，民76）所編訂之版本，係參考原量表並配合國內資優教育之推展，加上自行發展之題目，計有學習能力、學習精神、創造能力、人際溝通能力、研究報告能力及成就表現六個分量表，各有十個題目，由教師根據其觀察結果，以四點量表方式，自「完全不符合」至「完全符合」勾選之。該研究所提供的信、效度資料包括內部一致性考驗、評分者一致性考驗以及與智力測驗之相關等，唯尚未建立常模。

二、威廉斯評定量表（The Williams Scale）

　　威廉斯創造評量組合測驗中第三部分為評定量表，有四十八

個三選一的題目，分別針對流暢、變通、獨創、精進、冒險、好
奇、挑戰、想像八方面，各有六題供教師或家長依其對兒童的觀
察，進行評量，如：

「他（她）在回答一個問題時，會想到許多不同的答
案。」
「要他（她）畫一幅圖時，他（她）會主動畫好幾幅
圖。」
「他（她）會變換其它觀點來看事情。」

　　此外，另有四個開放式問題，由家長或教師填寫與該兒童有
關的行為或建議。
　　評定結果係由四十八題得分（每題最高可得2分）加上開放
式問題得分（最高可得4分）合計為總分（最高為100分）。開放
式問題除可計算分數外，亦可進一步依評定者所填寫的理由和意
見做質的分析，供設計訓練計畫之參考，並可由各種理由與意見
之出現次數排列等級，了解教師或家長對兒童創造力的態度。

三、學前興趣指數

　　由於自陳式的「發掘興趣團體問卷」（見前節）難以使用於
學前兒童，因此瑞姆（1982）即參照「發掘才能團體問卷」（見
前節）另行編製由家長評定的創造量表，共有五十題，可評量多
方面的興趣、獨立堅持、想像與獨創四種分數。如：

「我的孩子喜歡想問題。」（多方面的興趣）

「我的孩子很容易厭倦。」（獨立堅持─＊反向題）

「我孩子花許多時間玩想像的遊戲。」（想像）

「我孩子常問很不尋常的問題。」（獨創）

　　此一量表是 Rimm、Davis 等人所發展的一系列問卷中最後編製的一種，因此其信、效度資料較少，其內部一致性係數為 .92，另有少數同時效度的考驗，結果尚佳（Rimm, 1984）。

四、專家評定量表（rating scale）

　　此種評量方式係依已訂定的標準，評估創造產品之創意程度，評定者可由專家或深入學習該評定量表者實施，目前已有數種評定量表，可分別評定文學（Borgstadt & Glover, 1980；Davis & Rimm, 1982）、藝術（Bull & Davis, 1982；Csikszentmihalyi & Getzels, 1970）、科學（Harmon, 1963）等。

　　貝斯摩與泰利分格（Bessemer & Treffinger, 1981）提出一個創造產品分析矩陣（Creative Product Analysis Matrix, CPAM），從三個向度、以十四個指標評定產品的創造性：

　　1.新奇（novelty）：

　　⑴啟發性：可能激發其他創造性產品的產生。

　　⑵原創性：獨特、與眾不同的產品。

　　⑶轉換性：可予以轉換或變化。

　　2.問題解決（resolution）：

　　⑴適合性：符合問題情境的需要。

(2)適切性：可應用於問題情境。

(3)邏輯性：依循既有的、一般人了解的規則。

(4)實用性：產品有明顯而實際的用途。

(5)價值性：可滿足使用者生理、心理、社會或經濟上的需
要。

3.精進與綜合性（ elaboration and synthesis ）：

(1)吸引力：產品能吸引人的注意。

(2)複雜性：產品包括多種元素。

(3)雅緻性：以細緻精簡的方法呈現產品。

(4)表達性：以常人能接受的方式呈現。

(5)系統：有完整的體系。

(6)巧妙。

此一分析矩陣依據實證研究結果修正後，改爲十一個指標
（即將轉換性與吸引力二者合併爲「驚奇」、適合性與適切性歸
屬於「邏輯性」、而表達性則易名爲「易了解」），再以兩極語
意評定法方式，每一指標分別列有數個兩極的形容詞（如「原創
性」之形容詞有〔興奮——枯燥、新鮮——陳舊等〕），共計七
十個形容詞，受試者以七點量表方式評定產品的創造性（ Bess-
mer & O'Quin, 1986 ）。

第五節　評量創造力的問題與趨勢

創造力評量的多樣化情形已如前述，然而其所評量者是否即
爲創造力頗有爭議，若干學者認爲目前的創造力評量工具「提供

相當有用的資料，有助於了解創造思考的歷程」（Treffinger, 1980, p.24）、各類工具「信度高且相當有效」（Davis, 1989, p.271）；但亦有許多學者仍不滿意現況，認為評量的結果瑣碎、缺乏統整的理念，與創造所應有之特質相距甚遠（Sternberg, 1986）。換言之，四十年來創造力評量工具的發展仍有許多尚待檢討與改進之處。

　　就目前情況而言，採用創造力測驗做為評量依據者仍居多數，其他工具或為篩選（screening）工具或僅供研究之用，較不易逐予評論，因此討論創造力的評量，關鍵仍在創造力測驗本身是否確能評估創造力程度。有關此一問題的討論極多，一般均認為創造力測驗有相當大的限制，因此創造心理學者乃從改進或補充的角度思考如何增進此類工具的效果，或以更妥適的方法達成評量的目的。本節即針對可能產生的問題與學者倡議的解決方法加以闡述，同時亦可由此了解未來的發展趨勢。

一、施測情境

　　實施創造力測驗的一個重要關鍵是施測情境，創造力測驗屬於最大能力的評量，因此必須去除或控制所有會干擾其作答的因素，讓受試者在安全、自然的情境中，有機會盡其所能地全力表現。因此在陶倫士創造思考測驗的指導語中，特別強調「盡你所能多作猜測，不要害怕猜測」、「盡量想出別人想不到的想法」，其目的即在引發受試者的動機、不受太多外在或內在的約束，這種做法有如腦力激盪法之要求延遲判斷，藉此避免受試者無法在最有利的情境下作答。

　　此外，事前告知受試者某個時刻將實施創造力測驗，或施測前進行一些暖身的活動亦可增進其表現，但暖身的活動過多，或離施測時間過遠，則不易發生積極作用（Torrance, 1988）。此外，教室的環境（溫度、空間大小，甚至設施的布置）亦會影響其得分，施測時均應加注意。亦有研究發現高創造力者從教室中的布置會獲得很多線索，如主試者每隔五分鐘提醒學生看看周遭環境，亦可能提高其得分，低創造力者則無法獲得太多好處（Friedman, Raymond, & Feldhusen, 1978）。然而是否必要如此，卻是另一值得探討的問題，若施測的目的並非做為人員甄選或安置之用，則上述各種增進個人表現的措施均值得參考。

二、評分問題

　　創造力測驗常受詬病之處即其評分煩繁且主觀成分較濃，難以獲得公正的結果。此一問題固然與此類測驗的本質有關，由於受試者的反應並無固定答案，因此評分者必須判斷其是否符合題意（以決定能否計算其流暢分數）、應該屬於何種類別（計算其變通分數）以及對照指導手冊如何給與獨創分數等。在此判斷過程中，若未受過專業訓練、嫻熟評分方法，常評出不同結果，因此在還未發展更客觀的評分方法之前，最重要的是必須加強評分者的訓練，除了解評分的原則與方法外，尚應有多次練習的機會，藉共同的討論、彼此比對評分結果、分析各人對同一反應的觀點以確定其反應的真意等方法，以達到客觀評分的原則。由於評分者僅能由試卷上了解受試者所欲表達的意念，因此評分者必須熟稔創造的本質，同時能保持開放的心靈，避免太狹隘地解釋

其反應而做過於嚴苛的評定（Treffinger, Torrance, & Ball, 1980）。

在評分時，應先全部評完一個分量表後，再評第二個分量表，以保持評分的一致性；若份數不多，應盡可能由同一人評分，以確實掌握受試者的意念，若份數眾多，仍不宜由太多人分別評定同一份試卷。此外，使用此類測驗做為甄選人員時，更應要求先以數份試卷讓評分者評閱，並計算評分者的一致性程度，凡一致性係數低於.90以下者，即需探討其不一致之處，並重新評分；必要時，尚應比較數位評分者的平均數與標準差，以補相關係數之不足。總之，評分時務必講求其公正客觀，如此方可獲得大眾的信賴，不致誤用此一測驗。

三、流暢性與其他創造力指標之關係

創造力測驗通常計算流暢、變通、獨創等分數，然而許多研究發現此三個分數之彼此間的相關極高。何賽瓦（Hocevar, 1979b）計算文獻中八十二個流暢與獨創之相關係數，發現其平均數為.69，且其中有82%之相關係數超過.50；換言之，獨創分數的信度與幅合效度絕大部分是由流暢分數而來（Runco, 1990）。林幸台（1992）以國內中小學生的資料所進行之分析亦發現同樣結果：流暢、變通、獨創三者之關係極為密切，其相關係數在.64至.85之間，見表5-1。

表5-1　創造力指標之間的相關

	流暢	變通	獨創
流暢	1.00	.80＊＊	.81＊＊
變通	.85＊＊	1.00	64＊＊
獨創	.85＊＊	.70＊＊	1.00

＊對角線右上為66名五年級學生資料，對角線左下為94名國一學生資料。
＊＊p＜.01

　　若此一現象確如文獻所示，則是否有必要計算三種分數乃引起許多爭議，加上計分時主觀因素的影響，對個人創造力的評量可能造成錯誤，Runco & Mraz（1992）乃創出「念潭」（ideational pool）的想法，提議由評分者根據受試者全部的反應，從整體的角度判斷其創意之高低；此一做法目前尚未成熟，且評分者對創造概念的理解亦可能影響其所做之判斷，故尚須進一步探究其可行性，將來或可做為未來解決此等問題的思考方向。此外，陶倫士晚年所提出之改良式計分方法亦為解決此一問題可能的途徑（見本章第二節）。

四、模擬與實際情境

　　創造力測驗另一個受到批評的問題是其題目（刺激）與真實的情境有相當差距，因此創造力得分高者在實際情境中（生活上或工作上）未必有創造的表現。陶倫士（1984）曾報導其創造力測驗的預測效度，但仍未為所有學者所支持。Runco（1993）認

為此與測驗所編之題目有關，由於大部分創造思考測驗缺乏表面效度，題目與實際生活情境的關係不高，自然無法測得真正的創造力。

Milgram（1990）曾依創造力測驗的題目性質與解答，將之區分為兩類：⑴寬廣的解答（lenient solution），指測驗所呈現的語文或圖形刺激均被視為待解的問題，而評量的重點僅在計算答案是否不尋常，以之做為創造力高低的指標；⑵嚴謹的解答（stringent solution），此類測驗的重點不僅在其答案不平凡，且須可用以解決實際的問題，因此此種評量方式可能更切合實際情境，如「你想和同學們一起畫圖，但桌子旁只剩一張椅子，而且它只有三隻腳，那要怎麼辦？」、「兩張桌子倒過來放著圍成一個空間，在圈子裡有八個橘子，請你用不同的方法把橘子一個一個拿出來。」（Hong & Milgram, 1991）。

有關後一種類型的測驗題目目前仍在發展之中，因此是否值得採用仍待進一步研究。除此之外，以研究智力之建構著名的心理學家 Sternberg（1985a）曾將有關智力的理論區分為「明示的」（explicit）與「隱含的」（implicit）兩類，前者係以某一假設概念為核心，根據人們在預定用以測量心理功能的工具上的表現，加以分析後所得的結論，具有心理測量的特性（如 Spearman 的 G 因素、Guilford 的智力結構等）；而後者則為觀念上的、非驗證性的，主要源自於個人的信念系統，為一般社會人士及有關專家心目中對智慧行為的看法，此種資料可作為考驗心理評量工具的「社會效度」（social validity）之用。

目前有關創造的理論，大部分都是所謂明示的理論，但因立論架構不同或資料來源有異，以致其內涵互有參差，因此若干研

究者乃另闢蹊徑，自隱含於社會中的資料著手，探討創造的概念與評量方法，較重要者如 Runco（1984）、Runco & Bahleda（1986）、Sternberg（1985b）等之研究，分別以藝術家、科學家等為研究對象，結果發現此等已有創造表現的人物自有其對創造的系統概念，且所作的評定較單純的客觀評量更能切合實際情境。此一問題亦涉及創造力評量為一普遍性或特殊性的爭議，若干學者認為創造力測驗得分之所以與創造的成就或行為相關性不高，主要即因其測量內容過於一般性，與實際生活或工作（知識）領域關聯極少，故有分類式的創造力評量出現，唯有關此類工具目前仍在研究之中，尚未能做臨床上的使用（Barron & Harrington, 1981；Callahan, 1991；Sternberg, 1992）。

　　總之，在所謂明示的理論確實能明確地提供統整有效的立論架構前，有必要以「隱含」的取向作為蒐集資料的基礎，不過前述若干研究亦顯示：以所謂一般人士或重要人物為研究對象仍有其限制，不同向度，甚至不同領域的評定者，所得結果亦不盡相同，因此目前可說正處於過渡時期，最終仍須建立明示的理論架構。

五、創造與發現問題

　　根據人文學派的觀點，每一個人的創造力都有無限的空間可以發揮，而創造力測驗除前述種種限制外，另一可能的限制是測驗所提供的創造空間往往相當有限，一般的心理測驗多以固定的題目，要求受試者據以回答，大部分的創造力測驗亦如此，因此即使有很高的創造力，也將受到約束，受試者必須就題回答，答

非所問即不予計分（此為流暢的第一項計分原則），因此創造力測驗表面上雖無標準答案，受試者仍需受題目的限制無法自由發揮。在陶倫士語文創造思考測驗中，雖然有兩個分測驗屬於發問的題目，可由受試者自由發揮，但在計分上，並未針對此一特性將之納入評分標準之中，其分數之計算仍以一般之流暢、變通、獨創等為主，因此評分結果仍未能顯示受試者自己拓展出來的創造空間。

　　發問技巧與創造的表現有密切關係，荀子勸學篇曰：「善問者如扣鐘，扣之大者大鳴，扣之小者小鳴。」創造的表現似亦如此，在創造之初即有寬廣的空間供其發揮，則創造潛能可在無拘無束的情境中自由馳騁，若加限制，則有如圈內之馬，再鞭策亦難以得知其真正潛力如何。魏克菲德（Wakefield, 1986）曾以主題統覺測驗中的空白卡片為工具，探討受試者的反應與創造力的關係，發現空白卡片可引發有創意的受試者更多的反應，而有圖的卡片則無此作用；由於空白卡片無任何線索可尋，完全要由受試者自行「界定問題」再據以說出故事，因此受試者有主動發現問題的空間，具有創意的受試者乃得以獲得更多創造的機會。

　　賀丁伯與魏克菲德（Hudiburg & Wakefield, 1986）曾將發現問題與解決問題兩個向度，並以其開放——封閉的程度相對應，繪如圖四的四個向度之模式。魏克菲德（1987）認為此一模式屬於情境導向（situational oriented），異於華勒士之歷程導向（process oriented）的模式，模式中的四個象限即可以說明與創造思考有關的各個概念：最底下的兩個象限分別代表聚斂思考與輻射思考，二者雖同是解決問題，但一者以屬於事實性（factual）的答案解決，一者則為表現性（expressive）的反應處理；至於左側上下兩

個象限則分別代表邏輯思考與領悟性或生產性思考；右側上下兩個象限則又分別代表幅射式思考與創造性思考。

依此模式，則僅有開放的去發現問題、開放的去解決問題，始能稱之為「創造」；若是封閉的問題，即使以開放的方法解決，也只是綜合發現問題與事實性的解決問題二者，因此只能算是「發明」而已。相對於此，藝術表現屬於前者，而在企業中所講求的則以發明居多，社會服務性的工作介於二者之間，概因其可能需要更多的彈性，也需要主動去發現問題。此一說法雖未必完全正確，卻可說明「發現問題」的重要。

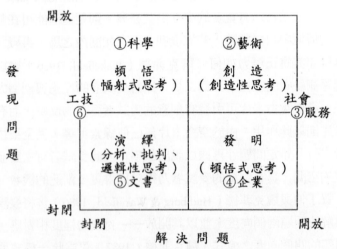

圖5-1　發現問題、解決問題與職業傾向之關係（*Hudiburg & Wakefield, 1986, p.12*）

愛因斯坦曾說：「形成問題常常比解決問題更重要，後者可能僅是數學或實驗的技巧而已。」（引自 Getzels, 1985, p.55）或

許偉大如愛因斯坦者會視解決問題為雕蟲小技,但從許多傑出人物的傳記、研究中(Getzels & Csikszentmihalyi, 1975;Gruber & Davis, 1988),可以肯定創造力的表現始自個人主動發現問題,續而針對問題尋找具有創造性的解決。根據此一論點分析目前各種評量創造力的工具,可以發現受試者在題目限制下所表達出來的想法,確實無法完全反應個人的創意,或有必要從整體的角度,藉目前頗為盛行的創造性解決問題模式(creative problem solving, CPS;Isaksen & Treffinger, 1985))做為評量工具,在受試者自行界定的情境與歷程中發展出有效且可行的創造評量模式。

總之,現階段對於創造力的評量仍有許多未臻完善之處,因此在使用時必須特別謹慎,各種評量工具皆有其優點,但亦不可忽略其限制。若能將主觀評量與客觀評定的工具互相參照運用,並從廣義的智力功能、知識、認知型態、人格特質、動機以及環境等多元因素的互動過程中整體探究之(Sternberg, 1993),才有可能對創造的全貌做更深入的了解。

參　考　資　料

丁興祥、陳明穗、蔡啓通、邱皓政、李宗沅（民80）：塞浦斯創造傾向量表修訂報告。測驗年刊，38輯，189-200頁。

丁興祥、邱皓政、陳明穗、林逸媛（民81）：國中學生拓弄斯創造思考測驗評分常模修訂。測驗年刊，39輯，105-116頁。

吳武典、蔡崇建（民75）：國中資優學生的認知方式與學習方式之探討。特殊教育學刊，2期，219-230頁。

吳靜吉（民81）：建立拓弄思語文創造思考測驗乙式常模研究報告。教育部：訓育委員會。

吳靜吉、高泉豐、王敬仁、丁興祥（民70a）：拓弄斯圖形創造思考測驗指導及研究手冊（甲式）。台北：遠流出版社。

吳靜吉、高泉豐、王敬仁、丁興祥（民70b）：拓弄斯語文創造思考測驗指導及研究手冊（乙式）。台北：遠流出版社。

林幸台（民70）：衡鑑創造力的新指標。資優教育季刊，4期，6-12頁。

林幸台、王木榮（民76）：威廉斯創造力測驗指導手冊。臺北：心理出版社。

林幸台、王木榮（民83）：威廉斯創造力測驗指導手冊。台北：心理出版社。

林幸台、楊雅惠、林清文（民79）：修定吉爾福特創造思考測驗。教育部。

林幸台、潘素卿（民74）：新版陶倫士創造思考測驗編製研究初

步報告。特殊教育研究學刊，1期，313-318頁。

林寶山（民73）：資優學生的行為特質分析。載於國立高雄師範大學特殊教育中心編：資優教育與創造性教學。

郭靜姿（民76）：學習行為觀察量表初步編訂報告。特殊教育研究學刊，3期，171-184頁。

許健夫（民61）：創造力之研究。國立政治大學教育研究所碩士論文。

陳英豪、吳裕益（民70）：賓州創造傾向量表修訂報告。教育學刊，5期，113-142頁。

陳龍安（民75）：陶倫士圖形創造思考測驗（乙式）指導手冊。台北市立師範專科學校特殊教育中心。

楊雅惠（民79）：國中聽覺障礙學生創造力評量方式之研究。國立彰化師範大學特殊教育研究所碩士論文。

賈馥茗、簡茂發（民71）：我國國中學生科學才能之測量。國立臺灣師範大學教育研究所集刊，24輯，1-91頁。

劉英茂（民68）：托浪斯語文創造思考測驗。台北：行為科學社。

Argulewicz, E.N.（1985）. Review of Scales for Rating the Behavioral Characteristics of Superior Students. In J.Mitchell, Jr. （Ed.）, *The ninth mental measurements yearbook*, Vol.2, pp.1311-1312. Lincoln, NE；Buros Institute of Mental Measurement.

Barron, F.（1969）. *Creative persons and creative process*. NY；Holt, Rinehart, & Winston.

Barron, F., & Harrington, D.M.（1981）. Creativity, intelligence, and personality. *Annual Review of Psychology*, 32, 439-476.

Barron, F., & Welsh, G. （1952）. Artistic perception as a possible factor in personality；Its measurement by a figure preference test. *Journal of Psychology*, 33, 199-203.

Bessmer, S., & O'Quin, K. （1986）. Analyzing creative products；Refinement and test of a judging instrument. *Journal of Creative Behavior*, 20, 115-126.

Bessmer, S., & Treffinger, D. （1981）. Analysis of creative products；Review and synthesis. *Journal of Creative Behavior*, 15, 158-178.

Borgstadt, C., & Glover, J.A. （1980）. Contrasting novel and repetitive stimuli in creativity training. *Psychological Reports*, 46, 652.

Borman, C. （1985）. Review of Biographical Inventory. In J.Mitchell, Jr. （Ed.）, *The ninth mental measurements yearbook* （Vol.1, pp.199-200）. Lincoln, NE；Buros Institute of Mental Measurement.

Brooks, J., & Weinraub, M. （1976）. A history of infant intelligence testing. In M.Lewis（Ed.）, *Origins of intelligence*. NY；Plenum Press.

Brown, R.T. （1989）. Creativity；What are we to measure? In J.A.Glover, R.R.Ronning, & C.R.Reynolds （Eds.）, *Handbook of creativity*. NY；Plenum Press.

Buel, W.D. （1965）. Biographical data and the identification of creative research personnel. *Journal of Applied Psychology*, 50, 217-219.

Bull, K.S., & Davis, G.A. （1982）. Inventory for appraising adult creativity. *Contemporary Educational Psychology*, 7, 1-8.

Callahan, C.M. (1991) . The assessment of creativity. In N.Colangelo, & G.A.Davis, (Eds.) , *Handbook of gifted education*. Boston ; Allyn & Bacon.

Chase, C.I. (1985) . Review of Torrance Tests of Creative Thinking. In J.Mitchell, Jr. (Ed.) , *The ninth mental measurements yearbook*, Vol.2, pp.1630-1634. Lincoln, NE ; Buros Institute of Mental Measurement.

Christensen, P.R., Guilford, J.P., Merrifield, P.R., & Wilson, R.C. (1960) . *Alternate uses*. Beverly Hill, CA ; Sheridan Supply Co.

Csikszentmihalyi, M., & Getzels, J.W. (1970) . Concern for discovery ; An attitudinal component of creative production. *Journal of Personality*, 38, 91-105.

Damarin, F. (1985) . Review of Creativity Assessment Packet. In J.Mitchell, Jr. (Ed.) , *The ninth mental measurements yearbook*, Vol.1, pp.410-411. Lincoln, NE ; Buros Institute of Mental Measurement.

Davis, G.A. (1975) . In fruminous pursuit of the creative person. *Journal of Creative Behavior*, 9, 75-87.

Davis, G.A. (1989) . Testing for creative potential. *Contemporary Educational Psychology*, 14, 257-274.

Davis, G., & Rimm, S. (1982) . GIFFI I & II ; Instruments for identifying creative potential in the junior and senior high school. *Journal of Creative Behavior*, 16, 50-57.

Dwinell, P.L. (1985) . Review of Group Inventory for Finding Insterests. In J.Mitchell (Ed.) , *The ninth mental measurements year-book*, Vol. 1, pp.362-363. Lincoln, NE ; Buros Institute of Mental Measurement.

Evans, E.D. (1986) . Review of Thinking Creatively in Action & Movement. In D.Keyser & R.Sweetland (Eds.) , *Test critiques*, Vol.5, pp.505-512. Kansas City ; Testing Corporation of America.

Fekken, G.C. (1985) . Review of Creativity Assessment Packet. In D.Keyser & R.Sweetland, (Eds.) , *Test critiques*, Vol.2, pp.211-215. Kansas City ; Testing Corporation of America.

Fitzgerald, D., & Hattie, J.A. (1983) . An evaluation of the Your Style of Learning & Thinking Inventory. *British Journal of Educational Psychology*, 53, 336-346.

Frank, G. (1979) . On the validity of hypotheses derived from the Rorschach ; VI. M and the intrapsychic life of individuals. *Perceptual & Motor Skills*, 48, 1267-1277.

French, J.W. (1978) . Review of Creativity Tests for Children. In J.Buros (Ed.) , *The eighth mental measurements yearbook* (pp.363-365) . Lincoln, NE ; Buros Institute of Mental Measurement.

Friedman, F., Raymond, B.A., & Feldhusen, J.F. (1978) . The effects of environmental scanning on creativity. *Gifted Child Quarterly*, 22, 248-251.

Getzels, J.W. (1985) . Problem finding and the enhancement of creativity. *NASSP Bulletin*, 69 (428) , 55-61.

Getzels, J.W., & Csikszentmihalyi, M. (1975) . From problem solving to problem finding. In I.A.Taylor & J.W.Getzels（Eds.）, *Perspectives in creativity*（pp.90-116）. Chicago ; Aldine Pub.

Gleser, G.C.（1978）. Review of the Consequences Test. In J.Buros（Ed.）, *The eigth mental measurements yearbook*. Vol. 1, pp.547. Lincoln, NE ; Buros Institute of Mental Measurement.

Gough, H.（1979）. A creative personality scale for the Adjective Check List. *Journal of Personality & Social Psychology*, 37, 1398-1405.

Gross, R.B., Green, B.L., & Glesser, G.C.（1982）. *The Gross Geometric Forms Creativity Test for Children*. Stoelting Co.

Gruber, H.E., & Davis, S.N.（1988）. Inching our way up Mount Olympus ; The evolving-systems approach to creative thinking. In R.J.Sternberg（Ed.）, *The nature of creativity*（pp.243-270）.

Guilford, J.P.（1977）. *Way beyond the IQ*. Buffalo, NY ; Creative Education Foundation.

Guilford, J.P.（1986）. *Creative talents : Their nature, uses and development*. Buffalo, NY ; Bearly Limited.

Harmon, L.R.（1963）. The development of a criterion of scientific competence. In C.W. Taylor & F.Barron（Eds.）, Scientific creativity ; Its recognition and development. NY ; Wiley.

Hocevar, D.（1979a）. The development of the Creative Behavior Inventory.（ERIC Document Reproduction Service No. ED 170-350）.

Hocevar, D.（1979b）. Ideational fluency as a confounding factor in the measurement of originality. *Journal of Educational Psychology*, 7,

191-196.

Hocevar, D. （1981）. Measurement of creativity；Review and critique. *Journal of Personality Assessment*, 45, 450-464.

Hocevar, D., & Bachelor, P. （1989）. A taconomy and critique of measurement used in the study of creativity. In J.A.Glover, R.R.Ronning, & C.R.Reynolds （Eds.）, *Handbook of creativity*. NY；Plenum Press.

Hong, E., & Milgram, R.M. （1991）. Original thinking in preschool children；A validation of ideational fluency measures. *Creativity Research Journal*, 4, 253-260.

Horng, R. （1986）. A factor analytic study of Chinese college students' creative self-perception. Paper presented at the 1986 Mid American Chinese Joint Annual Convention, Schaumberg, Illinois.

Houtz, J.C. （1985）. Review of Thinking Creatively with Sounds & Words. In D.Keyser & R.Sweetland （Eds.）, *Test critiques* （Vol.4, pp.666-672）. Kansas City；Testing Corporation of America.

Hudiburg, J.T., & Wakefield, J.F., （1986）. *Divergent thinking and interest in persuasive vocations*. （ERIC Documents ED 277-736）

Institute for Behavioral Research in Creativity （1968）. *Alpha Biographical Inventory*. Greensboro, NC；Prediction Press.

Isaksen, S.G., & Treffinger, D.J. （1985）. *Creative problem solving；The basic course*. NY；Center for Creative Learning.

Kagan, D.M. （1988）. Measurements of divergent and complex thinking. *Educational & Educational Measurement*, 48, 873-884.

Keats, J.A., & Thompson, A.S. (1977) . Review of Fluency Tests. In J.Buros (Ed.) , *The sixth mental measurements yearbook*. Vol. 1, p.544. Lincoln, NE ; Buros Institute of Mental Measurement.

Khatena, J., & Bellarosa, A. (1978) . Further validity evidence of Something about Myself. *Perceptual & Motor Skills*, 47, 906.

Khatena, J., & Torrance, E.P. (1976) . Manual for Khatena Torrance Creative Perception Inventory. Chicago ; Stoelting.

Kirton, M.J. (1976) . Adaptors and innovators ; A description and measure. *Journal of Applied Psychology*, 61, 622-629.

Lawshe, C.H., & Harris, D.H. (1960) . *Purdue Personnel Tests ; Purdue Creativity Test*. IN ; Purdue Research Foundation.

Lee, C.C. (1985) . Review of Biographical Inventory. In J.Mitchell, Jr. (Ed.) , *The ninth mental measurements yearbook*, Vol.1, pp.201. Lincoln, NE ; Buros Institute of Mental Measurement.

Lin, H.T. (1992) . A study on measurement of creativity. Proceedings of the Second Asian Conference on Gifted ; Growing up Gifted & Talented. Taipei ; National Taiwan Normal Univeristy, pp.375-380.

MacKinnon, D.W. Assessing creative personality. In A.M.Biondi, & S.J.Parnes (Eds.) , Assessing creative growth ; The tests. NY ; The Creative Education Foundation.

Mansfield, R.S. & Busse, T.V. (1981) . *The psychology of creativity and discovery ; Scientists and their works*. Chicago ; Nelson Hall.

Mayo, S.T. (1965) . Review of Purdue Creativity Test. In O.K.Buros (Ed.) , *The 6th mental measurements yearbook* (p.1341-1342) Lincoln, NE ; Buros Institute of Mental Measurement.

Mednick, S.A. （ 1962 ）. The associative basis of the creative process. *Psychological Review*, 69, 220-232.

Merrifield, P.R. （ 1965 ） . Review of Purdue Creativity Test. In O.K.Buros （ Ed. ）, *The sixth mental measurements yearbook* （ pp.1342 1343 ）. Lincoln, NE； Buros Institute of Mental Measurement.

Michael, W.B., & Wright, C.R. （ 1989 ）. Psychometric issues in the asseesment of creativity. In J.A.Glover, R.R.Ronning, & C.R.Reynolds （ Eds. ）, *Handbook of Creativity*. NY； Plenum.

Milgram, R.M. （ 1990 ） . Creativity； An idea whose time has come and gone？ In M.A.Runco & R.S.Albert （ Eds. ）, *Theories of creativity* （ pp. 215-233 ）. Newbury Park, CA； Sage.

Quellmalz, E.S. （ 1985 ） . Review of Alternate Uses. In J.Mitchell, Jr. （ Ed. ）, *The ninth mental measurements yearbook*. Vol.1, p.73. Lincoln, NE； Buros Institute of Mental Measurement.

Renzulli, J. （ 1985 ）. Review of Thinking Creatively in Action & Movement. In J.Mitchell, Jr. （ Ed. ）, *The ninth mental measurements yearbook*, Vol.2, pp.1619-1621. Lincoln, NE； Buros Institute of Mental Measurement.

Renzulli, J., Smith, L.H., White, A.J., Callahan, C., & Hartman, R. （ 1976 ）. *Scale for rating behavioral characteristics of superior students*. Wethersfield, CN； Creative Learning Press.

Rimm, S. （ 1982 ）. PRIDE； *Preschool interest descriptor*. Watertown, WI； Educational Assessment Service.

Rimm, S. （ 1984 ） . The characteristics approach； Identification and beyond. *Gifted Child Quarterly*, 28, 181-187.

Rimm, S., & Davis, G. （ 1976 ）. GIFT ; An instrument for the identification of creativity. *Journal of Creative Behavior*, 10, 178-182.

Rimm, S., & Davis, G. （ 1980 ）. Five years of international research with GIFT ; An instrument for the identification of creativity. *Journal of Creative Behavior*, 14, 35-46.

Runco, M. A. （ 1984 ）. Teacher's judgments of creativity and social validity of divergent thinking tests. *Perceptual & Motor Skills*, 59, 711-717.

Runco, M.A. （ 1986 ）. Divergent thinking and creative performance in gifted and nongifted children. *Educational & Psychological Measurement*, 46, 375-384.

Runco, R.A. （ 1990 ）. Implicit theories and ideational creativity. In M.A.Runco, & R.S. Albert, （ Eds. ）, *Theories of creativity*. Newbury Park, CA ; Sage.

Runco, M.A. （ 1993 ）. Divergent thinking, creativity, and giftedness. *Gifted Child Quarterly*, 37, 16-22.

Runco, M. A. & Bahleda, M. D. （ 1986 ）. Implicit theories of artistic, scientific, and everyday creativity. *Journal of Creative Behavior*, 20, 93-98.

Runco, M.A., & Mraz, W. （ 1992 ）. Scoring divergent thinking tests using total ideational output and a creativity index. *Educational & Psychological Measurement*, 52, 213-221.

Schaefter, C. （ 1970 ）. *Manual for the Biographical Inventory* ; Creativity （ BIC ）. San Diego, CA ; Educational & Industrial Testing

Service.

Simonton, D.K. （ 1976 ）. Biographical determinants of achieved eminence；A multivariate approach to the Cox data. *Journal of Personality & Social Psychology*, 32, 1119-1133.

Sternberg, R. J. （ 1985a ）. *Beyond IQ*. NY；Cambridge University Press.

Sternberg, R. J. （ 1985b ）. Implicit theories of intelligence, creativity, and wisdom. *Journal of Personality & Social Psychology*, 49, 607-627.

Sternberg, R.J. （ 1986 ）. Intelligence, wisdom, and creativity；Three is better than one. *Educational Psychologist*, 21, 175-190.

Sternberg, R.J., & Lubart, T.I. （ 1992 ）. Creativty；Its nature and assessment. *School Psychology International*, 13, 243-253.

Sternberg, R.J., & Lubart, T.I. （ 1993 ）. Creative giftedness；A multivariate investment approach. *Gifted Child Quarterly*, 37, 7-15.

Taylor, C.W., Smith, R.W., & Ghiselin, B. （ 1963 ）. The creative and other contributions of one sample of research scientists. In C.W.Taylor & F.Barron （ Eds. ）, Scientific creativity；Its recognition and development. NY；Wiley.

Tegano, D.W., Moran, J.D., III, & Godwin, L.J. （ 1986 ）. Cross validation of two creativity tests designed for preschool children. *Early Childhood Research Quarterly*, 1, 387-396.

Torrance, E.P. （ 1962 ）. *Guiding creative talent*. Englewood Cliffs, NJ；Prentice Hall.

Torrance, E.P. （ 1969 ）. Prediction of adult creative achievement among high school seniors. *Gifted Child Quarterly*, 13, 223-229.

Torrance, E.P. （ 1974 ）. The Torrance Tests of Creative Thinking；Technical norms manual. Bensenville, IL；Scholastic Testing Services.

Torrance, E.P. （ 1979 ）. *The search for satori and creativity*. Buffalo, NY；Creative Education Foundation.

Torrance, E.P. （ 1981a ）. *Thinking creatively in action and movement*. Bensenville, IL；Scholastic Testing.

Torrance, E.P. （ 1981b ）. Predicting the creativity of elementary school children （ 1958-1980 ） And the teacher who made a 'difference.' *Gifted Child Quarterly*, 25, 55-62.

Torrance, E.P. （ 1984a ）. Some products of 25 years of creativity research. *Educational Perspectives*, 22（ 3 ）, 3-8.

Torrance, E.P. （ 1984b ）. Sounds and images productions of elementary school pupils as predictors of the creative achievement of young adults. *Creative Child & Adult Quarterly*, 7, 8-14.

Torrance, E.P. （ 1988 ）. The nature of creativity as manifest in the testing. In R.J.Sternberg （ Ed. ）, The nature of creativity. Cambridge；Cambridge University Press.

Torrance, E.P. （ 1993 ）. The beyonders in a thirty year longitudinal study of creative achievement. *Roeper Review*, 15, 131-135.

Torrance, E.P., & Ball, O. （ 1984 ）. *Torrance Tests of Creative Thinking streamlined （ revised ） manual*. Bensenville, IL；Scholastic Testing Service.

Torrance, E.P., Khatena, J., & Cunnington, B.F. （ 1973 ）. Thinking creatively with sounds and words ; Directinos manual and scoring guide. Bensenville, IL ; Scholastic Testing.

Torrance, E.P., Reynolds, C.R., Riegel, T., & Ball, O. (1977). Your style of learning and thinking, Forms A & B ; Preliminary norms, abbreviated technical notes, scoring keys, and selected references. *Gifted Child Quarterly*, 21, 563-573.

Torrance, E.P., Weiner, D., Presbury, J.H., & Henderson, M. (1987). *Save tomorrow for the children*. Buffalo, NY ; Bearly Limited.

Torrance, E.P., & Wu, T.H. (1981a). Preliminary norms technical manual ; Demonstrator Form A Torrance Tests of Creative Thinking. GA ; *Georgia Studies of Creative Behavior*.

Torrance, E.P., & Wu, T.H. (1981b). A comparative longitudinal study of the adult creative achievements of elementary school children identified as high intelligent and as highly creative. *Creative Child & Adult Quarterly*, 6, 71-76.

Treffinger, D.J. (1980). The progress and peril of identifying creative talent among gifted and talented students. *Journal of Creative Behavior*, 14, 20-34.

Treffinger, D.J. (1985). Review of Torrance Tests of Creative Thinking. In J.Mitchell (Ed.), *The ninth mental measurements yearbook*. (Vol. 2, pp.1632-1684). Lincoln, NE ; Buros Institute of Mental Measurement.

Treffinger, D.J., Torrance, E.P., & Ball, O. (1980). Guidelines for training creativity test administrators and scores. *Journal of Creative*

Behavior, 14, 47-55.

Vernon（1973）Review of SI tests

Vernon, P.E.（1985）. Review of Cross Geometric Forms Creativity Test for Children. In J.Mitchell（Ed.）, *The ninth mental measurements yearbook*. Vol. 1, pp.626-628. Lincoln, NE ; Buros Institute of Mental Measurement.

Wakefield, J.F.（1985）. Review of Group inventory for Finding Creative Talent. In D.Keyser & R.Sweetland（Eds.）, *Test critiques*. Vol.2, pp.332-336. Kansas City ; Test Corporation of America.

Wakefield, J.F.（1986）. Creativity and the TAT blank card. *Journal of Creative Behavior*, 20, 127-133.

Wakefield, J.F.（1987）. *The outlook for creativity tests*.（ERIC Documents ED 292-249）

Williams, F.（1970）. *Classroom ideas for encouraging thinking and feeling*. NY ; D.O.K.

Williams, F.（1980）. Creativity Assessment Packet ; Manual. NY ; D.O.K.

Williams, F.（1993）. Creativity Assessment Packet ; Manual. Austin, TX ; Pro-ed.

Yamamoto, K.（1963）. Relationships between creative thinking abilities of teachers and achievement of pupils. *Journal of Experimental Education*, 32, 3-25.

Yamamoto, K.（1964）. Creativity and sociometric choice among adolescents. *Journal of Social Psychology*, 64, 249-261.

Yamamoto, K.（1977）. Review of Creativity Tests for Children. In

J. Buros （ Ed. ） , *The eighth mental measurements yearbook* （ pp.365-367 ）. Lincoln, NE ； Buros Institute of Mental Measurement.

Zegas, J. （ 1976 ）. A validation study of tests from the divergent production plane of the Guilford Structure of Intellect model. *Journal of Creative Behavior*, 10, 170-177, 188.

第六章

創造倫理

第一節　創造倫理的涵義及其重要性

一、就創造者而言

倫理乃是規範人際關係的準繩。所以家庭有家庭倫理、社會有社會倫理、政治有政治倫理、教育有教育倫理，所以創造也應有創造倫理。用以規範適當的創造行為和師生之間實施創造思考教學的行為準則。

創造倫理是規範創造者創造意識、創造行為，以及創造成果的準則。在第一章我們曾說：創造乃是想出或做出前所未有的事，在想出或做出前所未有的事時，可以漫無拘束地遨遊在自由的時、空國度裡，但是卻不能以害人為出發點。好的點子可以濟眾生，壞的點子足以害萬民。秦始皇想出焚書坑儒的點子，不能不說是前無古人的新點子，但因係基於一己之私，為了滿足萬世皇帝的幻夢，結果戕害了無數的生靈並毀滅了眾多寶貴的書籍。過去許多所謂的智慧型犯罪，也都是在利慾薰心的驅使下，罔顧倫理信條所惹出來的大禍。所以，如果沒有倫理的規範，越有創造力者，不僅容易因其擁有創造力觸犯法網，而且對於人類社會的破壞力越大。

創造的意圖要透過創造的行為來完成，但有良好的創造意圖不一定能確保良好的創造行為，因此在整個創造的過程中，創造的行為仍須受到一定的規範。例如為了找出治療疾病的藥物，最

快速的途徑是採用人體實驗的方式，但是如果隨意在診療過程
中，在病人不知覺的情況下任意施爲，即使最後找出藥方，但這
種任意犧牲他人的作法，是不合倫理的信條。況且實驗不一定成
功，萬一因此而對人體產生不可磨滅的傷害，更無法挽回。

　　創造的成果更要受到倫理的規範，才不致於造成禍害。諾貝
爾發明了火藥，原先是用來開採礦產之用，誰知後來卻成爲人類
互相殘殺的工具。創造的事務可以助人，也可以害人。所以，如
果對於發明成果的應用不加以約束，則如水一樣，可以載舟也可
以覆舟，不可不愼。

二、就教學者而言

　　創造倫理是教師啓發學習者創造行爲時，選擇教學內容與教
學方法的規範。許多成功的發明家在回想過去奮鬥的歷程時，往
往提到教師對於自己啓迪的功勞，教師對於學生的影響力可說既
深且鉅。在教學過程中，教師所選擇出來的教材內容如何，對於
學生有相當大的影響力。啓發性的教材要兼顧倫理的信條，才不
致於誤導學生的創造行爲，尤對於年齡較小的學童而言，更應審
愼。教師在選擇啓發性教學內容時，如果疏忽了倫理的準則規
範，學生的創造行爲可能會被引導到負面的方向，抹殺了創造的
正當性。教師本身在選擇教材時，也要以身作則，遵守倫理的規
範，如尊重智慧財產權等，才不致於在有形無形之中，誤導學
生。

　　另外，教學過程中，教學方法的運用除了會影響學生學習的
效果之外，也會影響學生的學習態度。如果教師在教學過程中，

本身就沒有採取創造思考的教法，那麼要鼓勵學生創造思考無異是緣木求魚。我們常發現，擔任教材教法的教師要求學生使用創造思考教學法，可是老師本身卻從來不使用，因此，常常引起學生對創造思考教學的負面想法。另外，教師的教學態度也非常重要，老師要知道如何欣賞創造的動機、行為及結果，以培養學生欣賞創造思考的態度，透過欣賞態度的建立，可以不斷激發創造的動機。

三、就學習者而言

　　就學生來說，創造倫理是學生創造學習過程的行為規範。學生在學習過程中的行為，在經過不斷與他人互動之後，所建立起來的行為模式，往往會決定以後的行為，因此，如果能在學生的學習活動融入創造倫理的規範，學生能在有形、無形之中建立起應有的創造行為準則。例如在學習過程當中，學生學習如何尊重別人，才不會在未來運用自己的創意去侵犯別人，或採取不正當的手段去達成自己的創造意圖；學生要學習遵守公平、公正的原則，才不會為了個人私心，去危害國家、社會；學生要學習如何與他人分工合作，才能以創造發明去為整個國家、社會謀福祉。

　　學生是創造的主體，也是未來創造發明的主人，所以，如果一切的倫理無法落實到學生的身上，則一切的努力都將白費，所以創造的倫理一定要以學生為中心去實施。另外，學生是構成倫理網路的基礎，透過學生，可以影響家庭及社會，所以如果學生的創造倫理觀念及行為能落實，則推動全體社會的創造倫理意識及行為，將可收到事半功倍的效果。

第二節　創造倫理準則

不論創造者從事創造活動或是教學者從事創造思考教學，甚至於學習者進行創造思考的學習活動宜遵守下列準則。

㈠創造應有正向的目的

古人說：「賊仔狀元才」。也就是小偷常常會有異於常人的才能，但是不用之正途，例如有些人以偷竊為目的來研究開鎖的方法。也有人以戰爭為目的來研究發明炸彈，都不合創造倫理。創造應以解決人類問題，滿足生活需求，改進生活水準，造福人群福祉為目的；創造者應有強烈的使命感，能夠把握正確的創造目的，才是合乎創造倫理。最近醫學界研究完成了以改進人類基因以治療某些遺傳性的疾病，此為正向的創造目的。又有人研究胚胎的複製，後來因牽涉到諸多後遺症的問題，受到醫學界的質疑和攻訐，最後停止繼續研究發展。此不僅關係醫學倫理的問題，也關係到本文所述創造倫理的問題。

㈡發揮人類的創造潛能應是教育工作者的天職

每個人都有創造潛能，發揮每個人的潛能，且用之於學習、工作、生活，甚至貢獻所能，造福人類，乃是人類的共同使命，教師乃是人類改造的工程師，也是社會進步的舵手。惟有發揮我們的天職，在教學過程中，培養學生的創造，導向正確的目標，正是我們應有的教育信念，也是我們在創思教學過程中所應信守

的創造倫理。可惜，許多教師忽視了這部分的天職，不僅不知激
發學生的創造潛能，反而在教學過程中，處處抹殺了學生創造的
動機興趣。只是一昧地要學生「蔣光超」（我講你抄），「貝多
芬」（多背多分），一定要依照老師或課本的標準答案來作答，
不准學生有不同的思考方式。甚至有許多教育工作者認為創造是
屬於少數天才創造者的事，多數人沒有創造的才能，創思教學只
是徒勞無功，因而反對創造思考教學，也就是放棄培養學生創造
能力的天職，使學生的創造潛能無法發揮，社會進步將受限制，
人類福祉也就無法長足增進，可知我們的責任是何等重大。也許
有人會說，我們過去並不推動創思教學，我們社會還是在繼續不
斷進步之中，並未停止或後退。其實，人類重視創造力的發展由
來已久，且代代均有人因研究創造而受到鼓勵。假使人類很早就
研究出培養創造力的方法，在學校中加強實施，也許今天的社會
將更進步，更發展，人類將更幸福，生活更美滿。所以教師培養
學生創造力的天職，乃是重要的創造倫理。

㈢提供積極正面的創造思考教材

　　任何教學材料都可以用做創造思考的教材，以培養學生創思
能力。但是，就創造倫理而言，提供消極反面的創造教材，雖然
也可化為培養學生創思能力，但非教育的目的。例如要以刀子的
用途來教導學生創造思考活動時，若教師要學生思考用刀子來打
架的方法有幾種，這種創思教學活動，對學生的道德成長毫無益
處可言，甚至有不良的影響。如果教師能夠激發學生運用刀子以
製造工具，解決生活問題，則學生將有更寬廣的思考空間，更具
有道德意識，也正是創造思考教學所應遵循的創造倫理。

㈣引導正面的思考方式

　　創思教學重在訓練學生創造思考的能力。雖然創思教學比較重視水平思考或擴散性思考，但可能有正面和反面的思考方式。許多聰明人面對問題時，雖然有許多解決問題的新點子，但是常常捨正途而毋由。也就是一般人所說的「壞點子」，「鬼腦筋」。總是想以壞主意，走捷徑以達到目的。如果一個人常常習慣於這種不正當的思考方式，則難於成為一位正正常常的好國民。教師在實施創思教學時，應特別注意引導學生以正向的、正當的、正派的思考方式來思考問題。當學生偶而會出現不正派的思考方式時，教師不必加以斥責，但也不可以加以鼓勵，在適當的時機再做檢討，如此才能養成學生正派的、良性的、合法、合理的思考方式。也才能培養正正當當的好國民。這是創思教學時應該加以注意的創造倫理。

㈤有所爲有所不爲

　　人類具有無窮的創造力，應該加以開發，而且應該盡可能加以運用，但是並不是無時無地都必須運用創造力。有時「大智若愚」、「蕭規曹隨」也未嘗不是一件可以偶而爲之的行爲。有時「和而不同」，有時「同而不和」也未嘗不是一種人生境界的崇高表現。因此，實施創思教學時，有些科目、教材或主題適合運用創造思考教學法實施之，有時並不適宜，例如：教學「孝順」的主題，不宜讓學生以創造思考的方式來討論「要不要孝順」。某些具有遵循原則的正義、公理或平等道德觀念似應以直接教導的方式爲宜。但是在實施方法、策略或方式上可以運用創思教學

法。例如：教師可以和學生討論「如何孝順」，「如何達到正
義，公平的原則」等。所以創造思考教學也應注意「有所爲有所
不爲」的創造倫理。

㈥激發社會大衆欣賞創造才能的態度

　　雖然世界上偉大的創造發明是少數天才創造者的傑作。但是
人類都是朝向社會大衆所鼓勵、所欣賞的方向發展。許多研究
（ Brannigan, 1981；Simonton, 1978 ）都證明創造發明和社會背景
與時代環境有關。對於創造者的創造才能和成果，如果能獲得社
會大衆的欣賞，必然更能鼓勵其創造動機。否則，創造者將成爲
非常孤寂的一群，未能獲得應有的掌聲，將使其天才埋沒，終生
無法伸其志向，更是無法自我實現。可是，要社會大衆能夠欣賞
創造才能，必須在平時教育中加以培養。創思教學在國民教育中
實施，主要是在使所有學生了解創思的重要，認識創思的方法，
養成創思的習慣，更重要的培養學生欣賞創思的態度。使學生能
夠給與創造者正向、積極的回饋。其實，我們不僅要欣賞偉大的
創造，更應該對人際間的創造活動，市井間的創造成品，甚至親
友的創造思考的有效想法給與肯定和讚賞，都有益於創造風氣發
揚。有人說，欣賞的方式可以包括出錢、出力、出時間和說一句
讚美的話，只要我們了解欣賞的重要意義，而且我們願意去做的
話，我們一定可以做到前述四項中的任何一項。筆者在街上行
走，或逛百貨公司時，如果發現有些新發明的工具，價格也不
貴，一定買回家試用。雖然有一部分並不如說明書所說那麼實
用，但是大部分都還合用。雖然花一點小錢，給與發明者的鼓勵
可以說是相當大。也許因爲您的一百元或一千元，激發了創造者

繼續研究發展、創造發明的勇氣，您對社會的貢獻其實不亞於創
造者。再說，如果您沒有錢，你可以出力或出時間幫助。如果無
錢、無力又無時間，您也可以說一句鼓勵欣賞的話。這種外國人
所常用的 lip services，我們中國人卻最吝嗇的，難怪淪為「模仿
王國」的惡名。

國家圖書館出版品預行編目資料

創造力研究／毛連塭等合著--初版.--
臺北市：心理, 2000（民 89）
面；　公分.--（資優教育；13）
含參考書目
ISBN 978-957-702-396-4（平裝）

1.創造　　　2.思考

176.4　　　　　　　　　　89013369

資優教育 13　創造力研究

作　　　者：毛連塭、郭有遹、陳龍安、林幸台
總 編 輯：林敬堯
發 行 人：洪有義
出 版 者：心理出版社股份有限公司
社　　　址：台北市和平東路一段 180 號 7 樓
總　　　機：(02) 23671490　　傳　　真：(02) 23671457
郵　　　撥：19293172　心理出版社股份有限公司
電子信箱：psychoco@ms15.hinet.net
網　　　址：www.psy.com.tw
駐美代表：Lisa Wu　　tel: 973 546-5845　　fax: 973 546-7651
登 記 證：局版北市業字第 1372 號
印 刷 者：艋舺印刷有限公司
初版一刷：2000 年 9 月
初版五刷：2009 年 2 月

定價：新台幣 350 元　　■有著作權‧侵害必究■
ISBN 978-957-702-396-4

讀者意見回函卡

No. _____　　　　　　　　　　　　　　　填寫日期：　年　月　日

感謝您購買本公司出版品。為提升我們的服務品質，請惠填以下資料寄回本社【或傳真(02)2367-1457】提供我們出書、修訂及辦活動之參考。您將不定期收到本公司最新出版及活動訊息。謝謝您！

姓名：_____　性別：1□男　2□女

職業：1□教師 2□學生 3□上班族 4□家庭主婦 5□自由業 6□其他____

學歷：1□博士 2□碩士 3□大學 4□專科 5□高中 6□國中 7□國中以下

服務單位：_____　部門：_____　職稱：_____

服務地址：_____　電話：_____　傳真：_____

住家地址：_____　電話：_____　傳真：_____

電子郵件地址：_____

書名：_____

一、您認為本書的優點：（可複選）

　❶□內容 ❷□文筆 ❸□校對 ❹□編排 ❺□封面 ❻□其他____

二、您認為本書需再加強的地方：（可複選）

　❶□內容 ❷□文筆 ❸□校對 ❹□編排 ❺□封面 ❻□其他____

三、您購買本書的消息來源：（請單選）

　❶□本公司 ❷□逛書局⇨_____書局 ❸□老師或親友介紹

　❹□書展⇨____書展 ❺□心理心雜誌 ❻□書評 ❼其他_____

四、您希望我們舉辦何種活動：（可複選）

　❶□作者演講 ❷□研習會 ❸□研討會 ❹□書展 ❺□其他____

五、您購買本書的原因：（可複選）

　❶□對主題感興趣 ❷□上課教材⇨課程名稱_____

　❸□舉辦活動　❹□其他_____　　　（請翻頁繼續）

廣　告　回　信
台　北　郵　局　登　記　證
台北廣字第 940 號
（免貼郵票）

 心理出版社 股份有限公司

台北市 106 和平東路一段 180 號 7 樓

TEL: (02) 2367-1490
FAX: (02) 2367-1457
EMAIL:psychoco@ms15.hinet.net

沿線對折訂好後寄回

六、您希望我們多出版何種類型的書籍

　　❶□心理 ❷□輔導 ❸□教育 ❹□社工 ❺□測驗 ❻□其他

七、如果您是老師，是否有撰寫教科書的計劃：□有□無

　　書名／課程：＿＿＿＿＿＿＿＿＿＿＿＿＿＿＿＿＿＿＿＿＿

八、您教授／修習的課程：

上學期：＿＿＿＿＿＿＿＿＿＿＿＿＿＿＿＿＿＿＿＿＿＿＿

下學期：＿＿＿＿＿＿＿＿＿＿＿＿＿＿＿＿＿＿＿＿＿＿＿

進修班：＿＿＿＿＿＿＿＿＿＿＿＿＿＿＿＿＿＿＿＿＿＿＿

暑　假：＿＿＿＿＿＿＿＿＿＿＿＿＿＿＿＿＿＿＿＿＿＿＿

寒　假：＿＿＿＿＿＿＿＿＿＿＿＿＿＿＿＿＿＿＿＿＿＿＿

學分班：＿＿＿＿＿＿＿＿＿＿＿＿＿＿＿＿＿＿＿＿＿＿＿

九、您的其他意見

謝謝您的指教！

62013